IT エンジニアのための
金融知識

土屋清美

日経BP社

目　次

はじめに　1

第1章　金融業界の基礎知識　5

1-1　金融の基礎　8
資金の出し手と資金の取り手
間接金融と直接金融
リテールとホールセール

1-2　金融機関の種類　14
銀行
　普通銀行／ネット専業銀行／流通系銀行／信託銀行／
　ゆうちょ銀行／共同組織機関／外資系銀行／公的機関
証券会社
　総合証券会社／ネット専業証券会社／外資系証券会社
保険会社
　生命保険会社／損害保険会社
その他の金融関連会社

1-3　金融業界の業務　35
銀行の業務内容と取り扱い商品
　預金／貸付（融資）／保証／為替
証券会社の業務内容と取り扱い商品
　発行市場での業務／流通市場での業務／その他の業務
保険会社の業務内容と取り扱い商品

第2章　金融マーケットの基礎知識　47

2-1　金融マーケットの概要　48
短期市場と長期市場
金融マーケットにおける取引方法
インターバンク取引市場
　コール取引／手形取引／ドルコール取引
オープン市場
　CD取引（NCD取引）／FB取引／TB取引／
　CP取引／現先取引／レポ取引
公社債市場
株式市場

外国為替市場

2-2 為替取引 … 64
為替レートの表し方
為替取引の種類
裁定取引

2-3 デリバティブ … 70
先物取引
　金利先物／債券先物／株価指数先物と通貨先物
スワップ
　金利スワップ／通貨スワップ
オプション取引

第3章　金融業務の基礎知識　85

3-1 金融計算の基本式 … 86
単利と複利
固定金利と変動金利
日数計算
実現／評価損益計算

3-2 金融商品の会計処理 … 101
金融商品の時価評価
ヘッジ会計

3-3 金融機関のリスク … 105
リスクの種類
　信用リスク／市場リスク／流動性リスク／
　オペレーショナルリスク／その他のリスク

3-4 BIS規制 … 110
BIS規制の経緯
新BIS規制からBIS3次へ

3-5 金融商品取引法 … 114
金融商品取引法の骨子

第4章　フロントシステム　117

4-1 フロントシステムの概要 … 119

4-2 取引支援システム　　120
コールセンター／インターネット／
ATM、無人店舗端末／ファームバンキング

4-3 ディーリングシステム　　127
ディーリングシステムの基本機能
マーケット情報／クレジットライン／発注約定管理／運用評価
プライシング機能
イールドカーブ／スポットレート／フォワードレート／オプション価格／
株式評価、為替評価

第5章 バックシステム　　141

5-1 バックシステムの概要　　142
取引管理、口座管理／期日管理／勘定起票、各種帳票作成／
損益管理、決算処理

5-2 対外決済システム　　150
資金決済ネットワーク
日銀ネット／全銀システム／外国為替円決済システム
証券決済ネットワーク
日銀ネット（国債）／証券保管振替機構

5-3 ALMシステム　　158

5-4 銀行の勘定系システム　　160
口座更新の仕組み

第6章 ミドルシステム　　163

6-1 ミドルシステムの概要　　164

6-2 基本的なリスク評価手法　　166
現在価値
感応度
債券の感応度指標／オプションの感応度指標

6-3 ストレステスト　　176

6-4 統合リスク管理　　179
VaRの基本

VaRの計算モデル
　デルタ法／モンテカルロシミュレーション
VaRの信用リスクへの展開

第7章 情報系システム　191

7-1 情報系システムの概要　192
　情報系システムの役割
　MCIFとデータウェアハウス
　SFAとCRM

7-2 顧客セグメンテーション　197
　ライフステージセグメンテーション
　保有資産別セグメンテーション
　プライベートバンク

7-3 商品プライシング　204
　プライシングの原則
　債券の流動化

7-4 情報管理/セキュリティ　209
　技術的対策／運用的対策／人的対策

第8章 一流の金融エンジニアを目指そう！　213

8-1 金融業界でこれから起こること　214

8-2 金融エンジニアとして生きていくには　220

索引　228

はじめに

現代社会になくてはならない「お金」

　金融業界とは、その名の通り「お金」を扱っている業界です。もし私たちが、自給自足または物々交換で生活しているのであれば、お金なんて必要ありません。けれど、現代社会に生きる私たちにとって、お金なしに生活できると答えられる人はいないはずです。お金は、私たちの生活上なくてはならないものです。

　そして、私たちの生活を支える経済活動も、お金を媒介として成り立っています。もし今まで安心して使っていたお金の価値がゼロになってしまったら、また、お金の流れが急に止まってしまったら、一体どうなるでしょう。世界経済はきっと大混乱に陥るはずです。お金は経済の血液であり、それを動かすポンプの役割が金融業界、というわけです。

システムによってお金が仮想化

　このように社会生活において極めて重要な「お金」を扱っている金融業界にとって、システムとはどういう位置づけにあるものでしょうか。

　その昔、コンピュータなどなかった時代でも金融業は存在していました。例えば、江戸時代に町人が「金貸し業」を営んでいたのは、立派な金融業です。けれどもその時代は、自分の目の届く範囲での、限られた社会と金額の範囲でのお金のやり取りでしたから、人手でも十分にこなせたのです。しかし現在のように、国内だけでなく世界中の企業と取引を行うようになり、しかも24時間どこかの取引所で取引が行われているようになると、お金もそれに合わせて機動的に動く仕組みが必要になります。すなわち、システムを利用した迅速で正確な大量データ処理がなければ、現在の世界経済は実現できなくなっているのです。

　いまや、お金は紙幣や硬貨という形のあるものでやり取りされるのではなくなっています。遠く離れた相手と取引を行うのに、いちいち紙幣や有価証券をやり取りしていては時間がかかりますし、途中で紛失や盗難が起こる危険性もあります。お金が支払われる側は実際にお金が到着するまで安心できません。これが、システムの導入によって、お金が数字として扱われるように変わりま

した。システム上で数字を増やしたり減らしたりすることで、遠く離れた相手との取引も瞬時に決済できるようになったのです。システムによって、お金の利便性は向上し、正確性も確保できるようになりました。現在の金融業界はコンピュータがなくては業務が回らない、というくらいに業務とシステムは切り離せない状況にあります。

お金はどんどん仮想化しています。みなさんの身の回りですでに広まっている「電子マネー」はこの一例です。「コンビニでちょっと買い物を」というときに財布を持っていなくても、電子マネーで決済できるカードや携帯電話さえ持っていれば買い物ができるようになりました。コンピュータが、私たちの財布の管理までしてくれる時代になった、ということです。

金融機関のシステム投資

今、金融業界では、他社との差別化を図り収益率を向上させるために、厳しい競争が繰り広げられています。弱い金融会社は淘汰されたり買収されたりして、競争力のある企業だけが残るような世界になっています。他社にはないサービスや商品を少しでも早く提供することが、金融機関の死活問題になっています。最先端のシステムの力なしに新商品開発はあり得ないほど、業界内の競争は高度化・複雑化しています。

また、情報網とお金の流れのグローバル化とIT技術とIT環境の発展に伴い、人間が制御できない非常に短時間でシステムが自動的に判断して、大きなお金の取引が絶え間なく続く金融マーケットができています。そのような環境下で、収益性を保ちつつ、安全に間違いなく取引が行われることが求められます。すなわち金融業界において、今やIT戦略の成功や失敗が、そのままその金融機関の信頼性や収益力にかかわる極めて大きな課題であり、ビジネスの成否も分ける要素となっているのです。

金融業界におけるITエンジニアの役割

このように金融業界では、ビジネス全体にかかわる重要要素としてエンジ

ニアの力が非常に重要になってきています。「ITエンジニア」と一言で言っても、さまざまなプロフェッショナルエンジニアが必要です。たとえば、金融業務を理解してそれをシステム設計に落とし込む業務系エンジニアであったり、大量データを扱ったり超高速取引を処理できるような基盤を設計するような基盤系エンジニア、また大規模なプロジェクトをまとめて推進していく能力を持つPMO（プロジェクトマネジメントオフィス）のエンジニアであったりと、その専門性は多岐にわたって常に優秀な人材が求められています。

　本書は、金融系システムに携わるエンジニアが獲得してほしい最低限の業務知識を伝える入門書です。いきなり金融の最先端の業務知識を説明するのではなく、最低限知っておいた方がいい言葉や金融業界特有の表現の仕方を中心に説明します。少なくとも「ユーザーとの打ち合わせに参加したけど、何を話しているのかさっぱり分からなかった」という状況からは抜け出すことができるでしょう。

　第1章から第3章では金融の業界、マーケット、業務の概要を説明します。銀行、証券会社、保険会社、ノンバンクなど、業種によって必要な知識は異なりますが、「これだけは知っておいて欲しい」という金融業界共通の知識に絞り込んでいますので、なるべく全部を読み通してください。第4章から第7章は基幹系システム（フロントシステム、バックシステム、ミドルシステム）や情報系システムなど、システムの機能ごとの説明です。最初は自分に関係する部分だけを読んでいただいてもかまわないでしょう。

　ただ、本書で取り上げた内容は、非常に基礎的なところに限定したものです。この本をきっかけとして個々の分野の専門書などを活用して知識をさらに深め、プロフェッショナルと自信を持って言えるエンジニアに育っていってください。

第1章

金融業界の基礎知識

日本の金融業界は、変革の時代を迎えています。その大きなきっかけとなったのが、「日本版金融ビッグバン」でした。そもそも**金融ビッグバン**とは、1980年代の英国のサッチャー政権下で実施された証券市場大改革のことを言います。その後日本でも1996年に、金融大改革が行われました。これを「日本版金融ビッグバン」と呼んでいます。その骨子は、自由(Free)、国際化(Global)、公正(Fair)というキーワードによる金融制度の改革です。

それまでは、銀行、証券、生保、損保と業態別に業務内容が規制されていましたが、この改革により業態間の業務の垣根が取り払われ、相互の参入や、自由な取引ができるようになりました。銀行が投資信託や保険を販売できるようになったのもこの改革のおかげです(Free)。外為法(外国為替及び外国貿易法)が改正され、一般の企業でも海外の通貨を取り扱うことができるようになり、個人でも外国通貨の預金を持てるようになった点も重要なポイントです(Global)。顧客の立場では、金融機関に対する十分な情報を持って公正に取引できることが前提となりますので、経営に関する情報の分かりやすい開示を金融機関に義務付けたことも、制度改革の特徴の一つです(Fair)。

「バブル経済の崩壊」以前の金融業界は、各社揃って横並びの中にありました。金融当局(以前の大蔵省、現在の金融庁のことです)を中心に、その周りを金融機関各社が取り巻いて一斉に同じ方向に向かう、ということで「護送船団」と形容されました。種々の規制に守られながら業務を行っていれば、収益もそこそこに確保できるという、非常に恵まれた環境にあったのです。各社は、自らの領域を守り、横並びから外れないことを優先した結果、金融業界全体として、新しいビジネスを作り出し、挑戦していく、という姿勢に欠ける状況が生まれてしまいました。

バブル経済崩壊により経済が低迷する中、当時の橋本内閣が提唱した金融ビッグバンにより、金融機関経営の舵取りは一層難しくなり、以下三つの大きな問題に直面することとなりました。

(1) バブル崩壊とともに顕在化した不良債権問題
(2) バブル崩壊による株式市場の低迷と不況
(3) 金融制度改革により起こった金融自由化の流れ

その後、金融機関への公的資金の投入を経て、負の遺産を清算する目処がたった日本の金融機関は、いよいよ本当の意味での金融ビッグバンで描いた世界を実現するスタートラインに立ちました。金融ビッグバンでは、日本の中に眠る「1500兆円の眠れる資産」を証券市場の活性化につなげていくことや、日本を世界の金融マーケットの中で存在感あるマーケットとすることで、世界の中核市場へと大きく育てて行こうという目的がありました。

　しかし、このような金融の垣根を超える自由化と成長を推進している中、冷水をあびせたように起こったのがサブプライムローン危機でした。日本の金融機関は、これが引き金になって破綻したリーマンブラザーズのような大きな損失を被ったわけではありませんでした。けれども、欧米の金融機関がサブプライムローンの後始末に追われている中で、果たして日本は金融ビッグバンで目論んだような金融の活性化が進んだかというと、そうではありませんでした。むしろ、しばらくして日本を襲った世界的な信用不安による日本の市場への投資マネーの引き上げが、大きなショックとなりました。そしてこの後に起こった東日本大震災を経て、日本の市場は全体的にデフレと成長停滞の長いトンネルに入ってしまいました。規制緩和と成長戦略の下での日本の金融市場の発展は、実際にはアジア諸国に追い抜かれているという状況です。

　2010年に民主党政権下で策定した日本成長戦略「金融アクションプラン」、その後2013年の安倍内閣の「日本再生戦略」は、このような危機感を反映して金融が経済を発展させるリード役となるべき、という戦略です。その中で「3本の矢」として挙げられるポイントは以下の通りです。

(1) 大胆な金融政策
(2) 機動的な財政政策
(3) 企業や国民の自信を回復し、期待を行動へ変える「新たな成長戦略」

　この戦略にのっとってデフレ脱却と日本経済の再生を行う、というものです。今のところ、いわゆる「アベノミクス効果」によって企業の設備投資、個人消費はやや上向きになってきています。経済も活気を取り戻しつつありますが、今後は消費税問題もあり、予断を許さないギリギリの経済と財政、金融政策

の舵取りが続くでしょう。そしてその中で、経済活動の血液とも言える金融業界の役割が、より重要となっていくのは確実です。

　このように今後は金融業界全体として、社会が必要とする新しい金融業務とサービスを金融業自体が取り組むことが求められます。さらに、世界市場の中での生き残りをかけた高度な金融業務を行いながら、金融マーケットの安定と発展に寄与していかなくてはいけません。システムやインフラの重要性は増すばかりです。金融業界に携わるエンジニアのみなさんは、これから起こっていくダイナミックな動きにアンテナを張り、日ごろから業界の動向に注意を向けておくようにしましょう。

1-1 金融の基礎

　金融業と経済活動とは密接な関係があります。金融機関は、経済活動が円滑に回るための重要な役割を担っています。したがって、経済活動の中でのお金の流れを理解することが、金融業の基礎を理解することにつながるのです。

　経済活動を行う中では、「お金を提供したい人」と「お金を必要としている人」の両方が存在します。けれども、お金を必要としている人が、タイミング良く条件に見合った、お金を提供したい人を見つけるのは、なかなか大変です。そのような両者の間を、うまく取り持つ役割を担っているのが、「金融業」です。

資金の出し手と資金の取り手

　「お金を提供したい人」は、「資金の出し手」、「運用サイド」、「投資家」などと呼ばれます。金融機関が資金の出し手になるのは、集めた預金を運用する、投資信託のようなファンドを販売する、というような場合です。大きな資金を、まとめて金融マーケットで運用する投資家（組織）のことを、機関投資家と呼びます。

第1章　金融業界の基礎知識

```
┌─資金の出し手─┐   ┌─金融業─┐   ┌─資金の取り手─┐
│ 資金を提供したい │   │ 両者を取り持つ │   │ 資金が必要 │
│     金銭     │ → │   銀行   │ → │   金銭   │
│    有価証券   │ ← │         │ ← │  有価証券  │
└───────────┘   └───────┘   └────────────┘
```

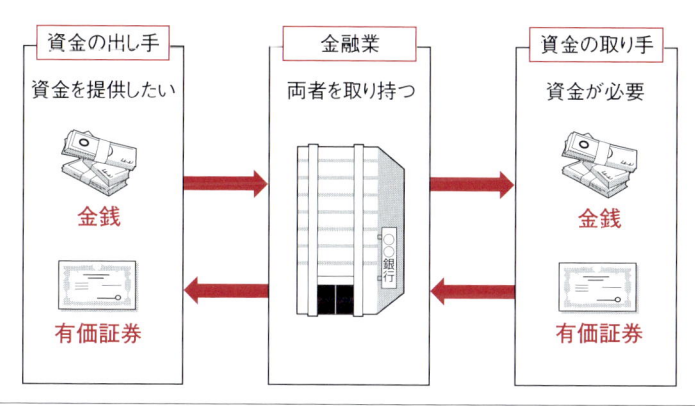

図1-1　金融業の役割

　「お金を必要としている人」は、「資金の取り手」、「**調達サイド**」と呼ばれます。お金を必要としているのは、それを使う目的があるからです。企業が新たに工場を建設するとか、事業拡大を目的に他の会社を買収する、というような場合です。国や地方公共団体が、歳入の一部として債券を発行するような場合もあります。また、金融機関も、自社内での資金不足を短期的に補ったり、顧客のニーズに合わせて資金を調達するような場面では、資金の取り手となります。一般的に、大手都市銀行や外資系金融機関は資金の取り手に、地方金融機関は資金の出し手になる場合が多いです。

　資金の出し手と取り手は、次の二つの関係で結びついています。

(1) 貸借の関係
(2) 投資の関係

　貸借は単純なお金の貸し借りの関係、投資は債券や株式のような有価証券を利用した投資と資金調達の関係です。この二つの関係が、それぞれ「間接金融」と「直接金融」と言われている仕組みに対応しています。この仕組みの中で、資金の出し手と取り手を取り持つ役割を担っているのが、銀行や証券会社のような金融業なのです。

9

間接金融と直接金融

　今までの日本の金融は、間接金融が中心でしたが、最近直接金融に大きくシフトしようとしています。この理由を説明する前に、まず、間接金融と直接金融について説明をしておきましょう。

　間接金融は、金融機関がお金を集めて、それを金融機関がまとめて貸し出しをするという仕組みです。間接金融を行う代表が銀行です。預金者は、銀行に預けたお金がどこにどんな形で貸し出されるかを知りません。一方貸し出された側も、どこからどんな形で調達されたお金かを知ることができません。預金を集めるのも貸し出すのも銀行です。銀行が預金者と貸し出し先を取り持っているわけです。

　「取り持っている」というのはとても重要で、貸し出し先のリスクを銀行が肩代わりしている、ということです。もし貸し出し先が倒産して、貸したお金が戻ってこない場合、その損失は銀行が負わなくてはならず、預金している人には直接及びません。このリスクを肩代わりしている部分が銀行の収益の源になっているのです。

　一方**直接金融**は、資金の出し手である投資する側が、直接どこに投資をするのかを決めてお金を提供する方法です。つまり、借り手である国や企業が株式や債券などを発行し、資金の出し手である個人や企業（投資家）がその株式

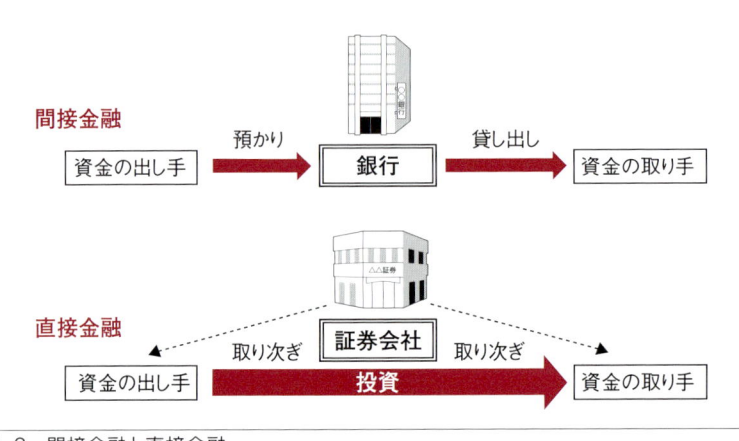

図 1-2　間接金融と直接金融

や債券を購入することで、借り手側(投資先)が直接的に資金を調達することです。投資家と投資先を仲介する代表が証券会社です。証券会社はあくまでも仲介をするだけです。もし投資先の企業が倒産してしまうと、投資家は投資した資金を回収できなくなります。リスクは投資家が直接負っているのです。証券会社は仲介業務に対する手数料で収益を得ます。

保険会社やノンバンク(消費者金融会社やクレジットカード会社、詳しくは「1-2　金融機関の種類」で説明します)が行っている業務も、間接金融業務に分類されます。保険の加入者が支払う保険料が、特定の保険金に直結しているわけではありません。ノンバンクのひとつである消費者金融会社は、金融市場や銀行から独自に調達してきた資金を、お金を必要とする個人や小規模な事業会社へ貸し出しています。

このように、間接金融と直接金融の違いは、資金の提供方法とリスク負担の考え方の違いで分けることができます。実は、リスク負担の考え方と、以下に挙げる金融機関の三つの収益の源泉とは密接な関係があります。

(1) リスクを引き受けることによって得られる収益
(2) 金融商品(株式や債券など)の売買によって得られる売買益
(3) サービスを提供することで得られる手数料

「リスクを引き受けることによる収益」とは、顧客のリスクを金融機関が代わりに負担する、という意味です。**リスク**を言い換えれば、どうなるかよくわからない度合い、「不確実さ」のことです。将来のことを確実に予測することはできませんが、どれくらいの分からなさなのか、不確実さの度合いが分かっていることは非常に重要です。

不確実さが全く見えていなければ、リスクを引き受けられません。間接金融の担い手である銀行が預金者から集めた預金を、資金を必要とする企業(融資先)へ提供する場合、融資先の信用度(倒産して返済できなくなるかもしれない可能性)を把握して初めて、その不確実さの度合いに応じた額の融資を行うことができるのです。この「リスクを引き受ける」というのは、金融業の業務の本質を知るうえでとても大切な要素です。この後も何度か出てくる重要な

考え方なので、覚えておきましょう。ちなみに、融資先の信用度を把握して、貸出や保証を実行するというような信用供与を行うことを、金融機関では**与信**と言います。

　二つ目の「金融商品の売買によって得られる売買益」というのは、金融マーケット（金融市場）でディーリング（株式や債券などの売買）を行うことによって得られる利益です。一般的には、金融のプロがマーケットを相手にした勝負を行うもので、自らがリスクを取って取引を行っています。一瞬のマーケットの隙間を突いて機会を見逃さずにディーリングを実行する、という瞬時の判断力が求められる、「一瞬の美学」とも言える世界です。

　三つ目は「取引の当事者間を取り持つサービスで得る手数料」です。この場合、金融機関はほとんどリスクを負いません。しかし、横並びではなく、付加価値の高いサービスを提供しなければ、大きな収益は得られません。この部分において、金融業はひとつのサービス業と言えます。

　さて、日本の金融が間接金融中心から直接金融へとシフトしようとしている理由はなんでしょうか。それは、直接金融による資金調達がこれまでよりも容易にできるようになったことです。昔は、戦後の日本経済を復興させるためにも、銀行が個人の預金者からお金を集めて、資金を必要とする企業へ安定的に低金利で資金提供する仕組みが、重要な役割として築かれていました。けれども、金融ビッグバンにより金融自由化が進展したことによって、流れが大きく変化したのです。

　まず、新興企業にとっても株式公開して資金を調達できるジャスダックのような証券市場が整備されてきました。企業活動に必要なお金を調達する方法は二つあります。ひとつは銀行から借り入れをする方法、もうひとつは上場をして株式市場で株を売ってお金を得る方法です。借り入れたお金は期日に必ず返済しなくてはいけませんが、株式で調達したお金は特に返済の期日が決まっているわけではないので、企業にとっては使いやすい資金となります。このような、機動的なお金の調達方式としての株式市場への上場基準も緩和されました。

　また、資金調達機会が増えることで、調達のためのコストも低下してきています。信用度の高い企業や成長性が期待できる企業であれば、銀行から借

り入れる場合の金利に比べて、直接金融で調達する方がはるかにコストが安いという状況にあります。間接金融の担い手である銀行は、資金提供する相手企業が倒産する可能性を正確に判断したうえで金利を適用しているのではなく、他の金融機関の金利を参考にしながら決定する傾向が残っています。その結果、直接金融で資金を調達しやすい企業であれば、リスクが小さいので貸出金利を低く設定できるはずなのですが、銀行側がまだそこまで柔軟に対応できていないという問題があるのです。

けれども、間接金融がなくなるわけではありません。直接金融では資金調達が難しいようなリスクがある企業では、間接金融に頼る必要があります。また、個人や小さな商店、町工場、中小企業にとっての資金調達は、基本的に間接金融が中心です。企業の規模や環境によって、資金調達方法が二極化しているのが最近の傾向です。

リテールとホールセール

金融機関が取り持つ資金の出し手と取り手、すなわち顧客の種類によって、金融機関の提供するサービスは次の二つに分かれます。

(1) リテール：個人向けのサービス
(2) ホールセール：企業や機関投資家向けのサービス

このリテール／ホールセールは金融機関、特に銀行や証券会社の中でよく使われる言い方です。「リテール＝個人向け」、「ホールセール＝企業あるいは同業内のプロ向け」、を指しているのだと覚えておけば良いでしょう。

例えば銀行の場合、預金を集めたり個人向け住宅ローンを組んだりするのが「リテール業務」、大企業向けに大型融資を行ったりファンドを組成したりするのが「ホールセール業務」です。体力があり規模が大きな金融機関は、リテール／ホールセールのどちらにも力を入れていますが、中小規模の金融機関では、どちらかの業務に軸足を置いて、経営資源を集中させる、というような動きになってきています。最近はサービスの内容を比較する限りにおいて、

リテールサービスとホールセールサービスの中身の違いがなくなってきているようです。

　各金融機関がどこに軸足を置いてビジネスをするかというのは、金融業の中での生き残り競争と大きく関係があります。バブルのころまでは中小金融機関までもがこぞって大手都市銀行と同様のサービス提供を目指していました。地方が拠点の金融機関であっても、海外に豪華な支店を開設する例が数多くありました。どの銀行も、「銀行と名前が付くのであれば、銀行サービスすべてを均等にお客様に提供しなくてはいけない」、「あそこがやるならば、うちもやる」という横並び意識から生まれた発想でした。

　しかし今は、規模を生かしたフルバンキングを目指すのか、あるいは、地域性を生かした特色あるバンキングを目指すのか、というように各金融機関がそれぞれの得意分野に特化して戦略を考えるようになっています。その中で、中小の金融機関がひとつのファイナンスグループに統合されたり、中小証券会社がリテールのみに特化したり、というような動きが出てきています。外資系金融機関が続々と参入してくる大競争時代になり、勝ち残っていくためには、グローバルな規制対応にしっかりと対応していく体力を持たなくてはいけませんが、これに対して大きな投資と資本が必要となります。経営資源を効率的に利用するための戦略を、各社がやっと真剣に考え動き出したというわけです。

1-2　金融機関の種類

　次に、実際にどのような金融機関の種類があり、どのような業務を行っているのかを説明しましょう。

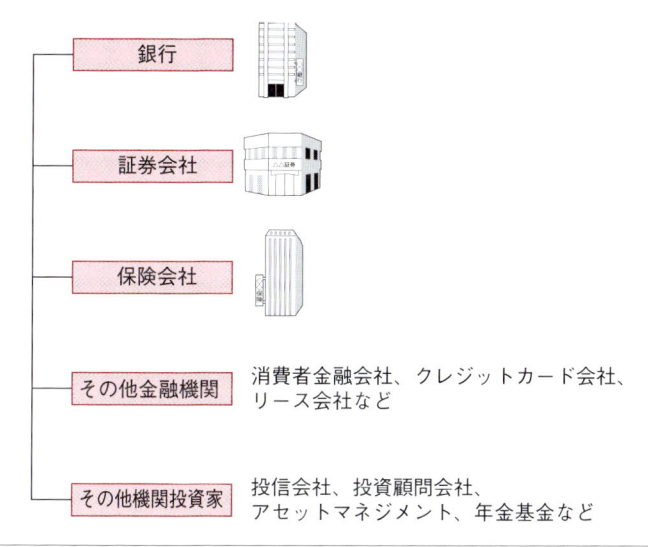

```
┌─ 銀行
│
├─ 証券会社
│
├─ 保険会社
│
├─ その他金融機関    消費者金融会社、クレジットカード会社、
│                    リース会社など
│
└─ その他機関投資家  投信会社、投資顧問会社、
                     アセットマネジメント、年金基金など
```

図1-3　金融機関の主な種類

銀行

　これまで銀行は、規制によって業務範囲が制限される一方で、同時に保護もされてきました。けれども「金融ビッグバン」の掛け声のもと、規制緩和、自由化、国際化の波を受け、銀行は、間接金融を中心にした金融業務から、それ以外の幅広い金融関連業務へと、業務の幅を拡大せざるを得ない状況になっています。

　銀行の種類をまとめたものが、図1-4です。

● 普通銀行

　私たちに最もなじみの深い銀行が普通銀行です。メガバンク（都市銀行・都銀）、地方銀行（地銀）とに分かれます。一般に地方銀行と言う場合、第二地方銀行（以前の相互銀行）も含んでいることが多いです。

　それぞれの業務範囲に大きく違いはありません。メガバンクは全国的に支店を展開して業務を行っているのに対して、地方銀行は特定の地域に密着して業務を行っています。

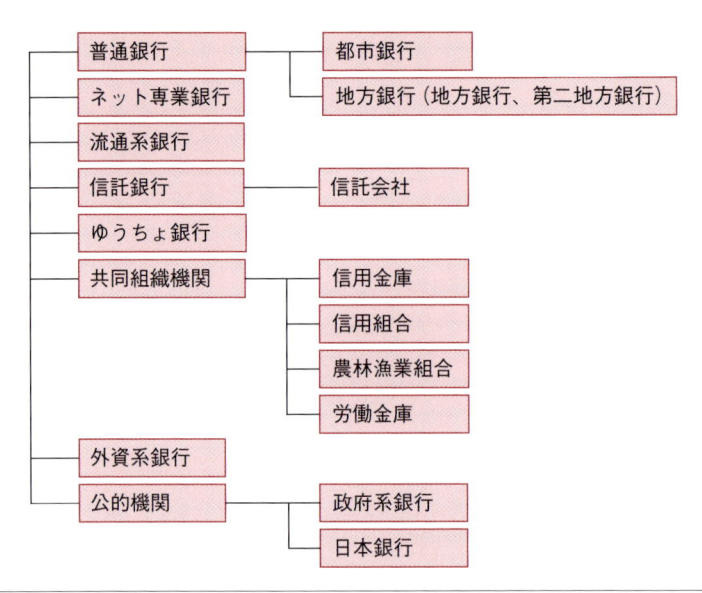

```
┌─ 普通銀行 ──┬─ 都市銀行
│            └─ 地方銀行(地方銀行、第二地方銀行)
├─ ネット専業銀行
├─ 流通系銀行
├─ 信託銀行 ── 信託会社
├─ ゆうちょ銀行
├─ 共同組織機関 ┬─ 信用金庫
│              ├─ 信用組合
│              ├─ 農林漁業組合
│              └─ 労働金庫
├─ 外資系銀行
└─ 公的機関 ┬─ 政府系銀行
            └─ 日本銀行
```

図1-4 銀行の種類

　メガバンクは合併・統合を繰り返して、現在は3大金融グループになっています。2013年6月末時点の時価総額順に、三菱UFJフィナンシャル・グループ、三井住友フィナンシャルグループ、みずほフィナンシャルグループ、です。これに、都市銀行グループとしてりそな銀行グループが続きます。最近は、あまり都市銀行という表現を使わずに、「メガバンク」という表現を使う方が多いようです。

　メガバンクは、不良債権処理と同時に、欧米の金融機関との競争のための体力強化を目指してきました。まず、弱った体力を補うために、多くの銀行に国から公的資金が注入されました。関連企業や外資系金融機関に増資を引き受けてもらうようなことも行いました。そして現在は、「銀行・信託・証券」を傘下に金融コングロマリット化し、総合金融サービスを推進しています。

　メガバンクがこのようなグループ内の連携を推進するのは、預かり資産を増やして手数料収入を稼ぎたいからです。特に日本の場合は、多くの金融資産が銀行預金として眠っていて、この一部でも証券市場への投資に回すことができれば日本の金融マーケットや日本経済にも良い影響があります。グローバル化を視野に入れつつ、プライベートバンク業務を強化するために、三井

▶ 金融コングロマリット　　用語解説

　メガバンクは、銀行＋証券＋保険＋信託のようにできるだけ多くの金融サービスや商品をトータルで提供するような金融ビジネス、すなわち「金融コングロマリット化」を進めています。金融ビッグバン以降の自由化によって、銀行と証券というような異なる業態間の高い垣根が低くなったからです。ひとつの金融グループの中で、金融商品すべてのラインアップを総合的に扱える時代になってきたわけです。

▶ リレーションシップバンキング　　用語解説

　リレーションシップバンキングとは、金融庁の提言に基づいた地域金融機関のあり方を定義する考え方で、簡単に言うと、地域のお客様との関係を強化し親密度の高い取引を実現しましょう、ということです。例えば、融資先の企業に対して、経営相談も含めたより踏み込んだ支援を行う体制を整えるとともに、銀行としてのリスクの管理、収益性の確保、貸し出し先の信用状況の精緻化を推進する、という内容です。

　その具体的な内容のひとつが、ビジネスマッチングです。情報収集や人材の面で遅れている中小企業同士を結び付けるために、ビジネス面での「集団お見合い」を銀行が中心となって開催し、商談が成立すれば一定の手数料を徴収します。

　また、ABL（Asset Base Lending：動産債権担保融資）という、いままでは担保として認められなかった在庫や売掛金などの動産を担保に融資を受けることができる仕組みが広がっています。例えば、仔牛を仕入れて成牛にしてから出荷するまで、畜産農家は資金を回収できませんでした。それが、仔牛を仕入れた段階でこの仔牛を動産担保として資金融資を受けることができるという仕組みです。

　このような取り組みで最も重要なことは「目利き」です。事業性についての目利きがどこまで銀行ができるか、そんな銀行が本来持つべきスキルがあらためて社会から強く求められています。

　住友銀行がフランスの大手銀行ソシエテジェネラル信託銀行を買収したケースもあります。

　一方地銀も、バブル崩壊後、不良債権問題と国際化の中で「どう生き残っていくのか」という命題を突きつけられました。そのため金融庁は2003年に

「地域密着型金融（リレーションシップバンキング、リレバン）の機能強化の推進に関するアクションプログラム」という施策を打ち出し、さらに2008年のサブプライムローン危機以降続く景気後退に対応するため「金融円滑化法」を延長するなど、特に中小企業向けの融資への配慮を促す対応が実施されました。この中で、第二地銀や信用金庫のように経営体力が第一地銀ほどにない金融機関は、厳しい経営環境の中で合併再編を繰り返しています。

今、メガバンクグループや一部の大手地銀グループと、それ以外の地銀や信金などの中小金融機関の間では、経営戦略やシステム投資の差が大きくなりつつあります。

● ネット専業銀行

銀行業に新たに参入してきたのがネット専業銀行です。ジャパンネット銀行、ソニー銀行、楽天銀行（旧イーバンク）、住信SBI銀行、じぶん銀行などが代表的です。

ネット専業である以外には、基本的には普通銀行と同じ業務を提供できる銀行です。普通銀行と大きく違うのは、基本的に店舗を持たないことで業務コストを抑えていることです。これによって決済や振込の手数料を安く設定し、扱い量を多くすることで収益を上げるというビジネスモデルです。さらに、インターネットを利用することで24時間どこからでも利用できる、他の銀行やコンビニに設置されているATMを利用できるなど、利便性と手軽さも大きな魅力のひとつです。

ネット専業銀行は、インターネットの世界に特化して、その中で付加価値の高いサービスを提供して手数料を徴収するという、金融サービス業を前面に出した新しい形の銀行です。その中でも、ソニー銀行や住信SBI銀行のように、預金も集めて住宅ローンを有利な金利で提供するというようなストック型ビジネスを推進する銀行と、ポータルサイトやショッピングサイトと連携しながら、どれだけ多くお金を流してもらえるかという部分で競うフローのビジネスを目指す銀行とに二極化しています。

いずれにしろ、インターネットというインフラの中でどこまで展開できるのか、ネットならではの新しい銀行サービスを生み出せるのかなど、これからの

> **用語解説**
>
> ▶ **インストアブランチ**
>
> インストアブランチは、スーパーマーケットのような小売店舗内に出店する店舗のことを言います。米国で生まれて大きく広がった新しい金融チャネルで、日本でも1997年の金融機関の出店規制緩和で可能となりました。最近になってそれぞれの金融機関が積極的に出店している状況です。「顧客を支店に集める」のではなく、「顧客の集まるところに支店を出す」という発想の転換で生まれました。新たに支店を出すよりははるかにコストを抑えられ、顧客に合わせて利用時間やサービス内容を柔軟に変えることができます。これを発展させて、「ドライブスルー型のATM支店」、「移動店舗としての車がそのまま支店となる移動店舗車」など、いろいろな取り組みが行われています。

発展が非常に興味深い分野です。

● 流通系銀行

消費者に一番近い位置にいる企業が銀行を作るという例に、セブン銀行やイオン銀行があります。セブン銀行は、コンビニエンスストアであるセブンイレブンのATM利用を中心とした、決済業務の利用手数料を主な収益源としています。現代人にとって、いまやコンビニエンスストアは、なくてはならない社会インフラです。手数料を多少取られたとしても、近くのコンビニATMですぐにお金を引き出せる、というような利便性を提供することが、この銀行の最大の売りになっています。今後は、自社店舗内だけではなく人が集まる場所にATMを広く展開していくことも、視野に入れているようです。セブン銀行は、この極めてニッチではありながらも圧倒的な利便性を提供することで、急速に業績を上げているユニークな銀行です。

もうひとつのイオン銀行は、ショッピングセンターやスーパーのイオン店内に店舗を設置しています。この銀行では、通常の預金、住宅ローン、保険などの提供はもちろんのこと、流通系である強みを生かし「WAONカード」という独自の電子マネーを展開しています。消費者にとってお得感があるようなサービスを、電子マネーサービスあるいはポイント付与サービスと連携さ

せて、本業の流通業との相乗効果を狙っているわけです。一般的な銀行業務である、貯める・殖やす・借りるに加え、「使う」というシーンを想定したトータルサービスの提供を目指しています。

● 信託銀行

顧客から資産の委託を受けて、管理運用を行うという「信託業務」を主軸としているのが信託銀行です。信託の種類としては、金銭信託、年金信託（年金基金から受託した運用業務）、土地信託（土地や不動産を受託し運用する）、証券投資信託（投資信託の信託財産の管理業務）などがあります。最近では、遺言信託などもよく目にします。現在は、住友信託銀行と中央三井トラストホールディングスが経営統合した三井住友信託銀行が、メガバンク次ぐ資金量を持ち、三菱UFJ信託銀行が続いています。

年金信託勘定を持つ信託銀行が複数共同で設立した再信託銀行「日本版マスタートラスト」も信託銀行の一種です。日本マスタートラスト銀行、日本トラスティ・サービス信託銀行、資産管理サービス信託銀行、が代表的です。

▶ **マスタートラスト**　　　　　　　　　　　　　　　　　　　用語解説

確定拠出年金制度においては、確定拠出に参加している個人の運用情報を管理しなければなりませんが、通常は年金支払いの期間中なので、結局その人の一生涯にわたってという長い期間となります。この管理業務のシステム化投資は、金融機関にとっては大きな負担です。そこで、金融機関が集まって共同で記録事務運営機関（レコードキーピング）と、事務委託先銀行（**マスタートラスト**）を立ち上げました。マスタートラストは401kだけではなく、年金資金やその他企業から預けられた資産の保管・管理、約定、決済、運用報告などの資産管理を行います。

この分野の業務は、膨大な情報の管理と細かい運用が求められるわりには、コストを下げて競争を戦い抜く必要があります。複数金融機関が集まってマスタートラストを立ち上げたのも、このような背景があったからです。ちなみに、レコードキーピングで代表的な会社は、日本レコード・キーピング・ネットワーク、日本インベスター・ソリューション・アンド・テクノロジーなどです。

これらは複数金融機関にまたがって資産の管理業務を行う専門信託銀行です。

また、2004年に改正信託業法が施行されて、金融機関以外でも信託業を営むことができるようになりました。実際に、大手の商社や不動産業者による信託会社や、独立系の信託会社がいくつか設立されています。

● ゆうちょ銀行

2007年10月1日、日本郵政公社は郵政民営化関連法により民営化されました。その後2012年には「日本郵政株式会社」の下に、郵便業務を担当する「日本郵便株式会社」、銀行業務を提供する「株式会社ゆうちょ銀行」、保険関連

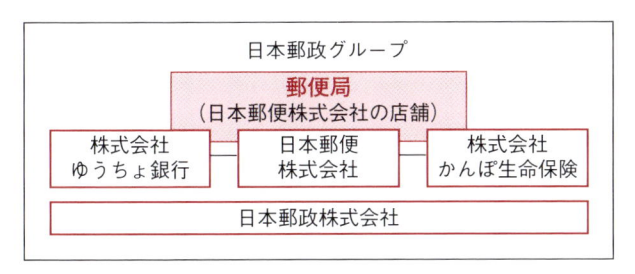

図1-5　日本郵政グループの会社構成（2012年10月1日以降）

▶ 401k　　用語解説

日本でも確定拠出年金の制度（401k、もともとはアメリカの年金制度で、米国内国歳入法401条k項で定められた、税制適格年金制度の中にある現金および繰り延べ契約つき年金のこと）がやっと始まりました。

年金制度には確定給付年金と確定拠出年金の2種類の考え方があります。確定給付年金は「会社に勤めている従業員各人の将来の給付額が一定基準で確定している年金」です。運用利回りが予定通り達成でさなければ、当該年金制度を導入している企業が不足分を補填します。

一方確定拠出年金は「年金の給付額が期間中の運用実績により決定される年金」です。つまり、確定拠出年金は積み立てを行う個人がリスク負担するという点が大きく異なります。国内においては長い間確定給付年金が主流でしたが、年金制度問題を機に、確定拠出型年金制度（通称401k）の導入が始まったのです。

サービスを提供する「株式会社かんぽ生命保険」があるという日本郵政グループとなっています。今後、ゆうちょ銀行とかんぽ生命保険は、2017年までにすべての株式を売り出して完全民営化へと移行する予定です。

新しいゆうちょ銀行は、今後の完全民営化の過程で商品ラインアップを充実させ、フルバンキングを目指していく予定です。このように、資金量や組織力でメガバンクを圧倒するずば抜けた規模を誇り、地域に密着した営業力を持っているために、同じように地域に密着してサービスを提供してきた地方銀行や信用金庫などにとっては大きな脅威になる可能性があります。

● 共同組織機関

特定の地域（主に信用金庫の場合）や特定の組合員（主に信用組合の場合）を対象として、普通銀行とほぼ同様のサービスを提供する金融機関です。取引先が個人や小規模な事業会社、農業や漁業などを営む人などに特定されている点が特徴です。

一般的には集めた預金が多い状態になっていることから、組織下の金融機関の余剰資金をとりまとめて、運用を行う中央機関があります。例えば、信金中央金庫や農林中央金庫などは、大手の都銀とほぼ同じ数十兆円規模の資金量を持っており、代表的な機関投資家として、金融マーケットでの主要なプレーヤーとなっています。

信用金庫　→　信金中央金庫
信用組合　→　全国信用協同組合連合会
農林漁業組合／JAバンク　→　農林中央金庫

上記以外に、労働組合の従業員を対象に一般銀行と同様のサービスを提供する労働金庫（ろうきん）が全国にあります。

● 外資系銀行

外資系銀行も、業務は普通銀行と同様ですが、ここでは最近増えている特色ある金融機関として、分けて取り上げました。外資系には次の2種類があり

ます。

(1) 欧米の金融機関が、日本支店（あるいは現地法人）の形で出店
(2) 既存の銀行が外国資本を受け入れたもの

　前者の代表がシティバンクです。資産運用提案を中心に、数千万円以上の金融資産を持っている顧客向けにサービスを提供する銀行として、都市部を中心に店舗を展開しています。
　一方、外国資本を受け入れた銀行としては、新生銀行、あおぞら銀行、東京スター銀行などがあります。新生銀行はもともとは日本長期信用銀行、あおぞら銀行は日本債券信用銀行、東京スター銀行は東京相和銀行でしたが、バブル崩壊を契機にして経営再建が困難になり、外資に買われました。外国資本の多くは、なるべく短期で銀行価値を上げてエグジット（投資した資金を回収して経営から離れること）したいという思惑や、意思決定に本国との調整が必要となり手間取るなど、経営にあたってはいろいろ難しい問題があるようです。2009年には、いったん合併が決まっていた新生銀行とあおぞら銀行の話が、翌年に解消されるということも起こりました。
　一方で外国資本が入ることによって、経営陣や事業内容が一新され、それまでの古いしがらみを排除できたりすることもあります。システムもグローバルで利用されている「オープン系の勘定系システム」を採用してシステムコストをトータルで削減するケースもあり、発想の柔軟さは日本の銀行も大いに見習うべきところがあるでしょう。

● 公的機関

　政府が決める経済・金融政策について、民間金融機関では提供困難なサービスや商品を提供する目的で活動してきた政府系の銀行や公庫があります。けれども最近になって、これらの政府系機関が民業を圧迫したり、自由な市場経済のメカニズムを犯す危険性があるというような理由から、全面的に見直されたり民営化されたりする傾向にあります。その代表的なものが、すでに民営化された郵便事業です。

このほか、2013年現在、次のような変更が予定されています。
・日本政策投資銀行、商工組合中央金庫（商工中金）は2019年から5〜7年ほどかけて完全民営化を予定していたが、東日本大震災への対処などのため2018年末までに組織にあり方も含めて政府が検討する、と変更
・国民生活金融公庫（国民公庫）などいくつかの公庫を日本政策金融公庫として、民間の金融機関では難しいような融資をの機能見直しと一機関への統合
・住宅金融公庫の廃止と独立法人化

　このように政府系機関が減る中で、唯一特別な存在として、銀行の銀行と言われている日本銀行（日銀）があります。日銀はジャスダックに上場している会社ですが、日銀法という法律のもとで業務を認可されている法人なので、公的機関であると分類してもよいでしょう。日銀は政府の銀行としての顔もありますし、金融マーケットでは資金の取り手や出し手になって、市中のお金の量のコントロールを行っています。また、銀行間の決済を行うためのインフラも提供しています。

証券会社

　証券会社は、直接金融を行う代表的な金融機関です。直接金融は、企業などが株式や債券を発行して資金を調達し、投資家が株式や債券を購入して投資を行う、というものです。債券や株式の市場では、企業や投資家が直接取引を行うことが基本的に禁止されていて、証券会社がこれらを仲介する形で取引を行います。私たちがどこかの企業の株を買おうと思った場合には、必ず証券会社に口座を開かなければなりません。これと同じで、機関投資家なども証券会社を仲介役として取引を行っています。
　証券会社の種類をまとめたものが図1-6です。

● 総合証券会社

　総合証券会社は、大手証券会社、銀行系証券会社、中堅・地場証券会社に分かれます。
　大手証券会社はリテールからホールセールまで幅広い業務を行う証券会社

第1章　金融業界の基礎知識

```
総合証券会社 ─┬─ 大手証券会社
              ├─ 銀行系証券会社
              └┈ 中堅・地場証券会社※
                  ※一部はリテール業務のみ
ネット専業証券会社、FX専業証券会社
外資系証券会社※※
              ※※多くがインベストメントバンク
```

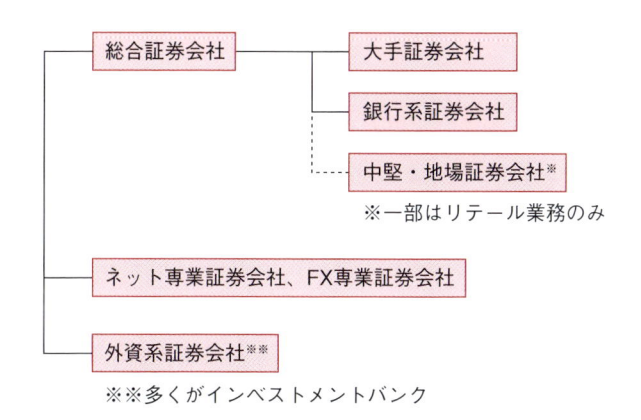

図1-6　証券会社の種類

で、野村證券、大和証券が該当します。同じ業務を行いますが、特に銀行系のフィナンシャルグループ配下の大手を銀行系証券会社と分類すると、SMBC日興証券、みずほ証券、三菱UFJモルガン・スタンレー証券があります。

　サブプライムローン危機の後、日本の証券会社が欧米の証券会社を合併・統合する動きがありました。野村證券のリーマン・ブラザーズの買収や、三

> **証券仲介業とスウィープ**　　　　　　　　　　用語解説
>
> 　債券や株式のような通常は証券会社で売買する商品の取引を、銀行が取り扱う場合があります。この時、銀行はあくまでも仲介としての取引の勧誘のみを業務として行っていて、実際の取引はその顧客の証券会社の口座で行われます。証券会社にとっては、証券に馴染みのなかった顧客を新しく開拓できるようになるので、営業のためのツールを提供したり、窓口担当向け講習を行うなど、銀行などに対して自社との仲介契約をむすぶような働きかけを積極的に行っています。メガバンクではグループ内の銀行と証券会社がこの役割を担っています。
>
> 　また、銀行の普通預金口座と証券会社の預金口座との間で、余剰資金を自動的に利率の良い方の口座に移動してくれるサービスが、スウィープです。口座保有者が指定すると毎日自動的に行ってくれるもので、銀行と証券の垣根を超えたサービスの例です。

菱UFJ証券のモルガンスタンレー証券との合併です。この目的は、投資銀行部門の強化、とりわけ海外戦略も視野に入れたグローバル化を目指したシナジーを期待してでした。この成果が見えてくるのには、もう少し時間がかかりそうですが、きわめてドメスティックな取引をしてきた日本の証券会社が、グローバルに存在感を示せる会社となれるかどうかの試金石と言えるでしょう。

　中堅証券会社には岡三証券、東海東京証券などがあり、地域に密着してリテール中心にビジネスを行う地場証券会社が続きます。中堅・地場証券の各社は、その地域の富裕層に狙いを定めてリテールを推進している会社と、中国株や他の新興国への投資に特化したようなブティック型の会社があります。

● ネット専業証券会社

　インターネットを利用して株式や債券などの売買ができる仕組みを提供しているのがネット専業証券会社です。オンライン証券会社とも呼ばれます。ネット専業証券の特徴は、以下の二つです。

(1) 総合証券会社に比べて圧倒的に安い手数料
(2) インターネットを利用した操作の手軽さ

　主な顧客は個人投資家です。ネット専業銀行と同じように、店舗を持つコストがないために、安い手数料を設定できます。証券売買の手数料は、基本的には売買代金に応じた金額が段階的に設定されていて、売買代金が大きければ手数料率が低くなるような体系になっています。個人投資家は、機関投資家に比べると売買単位が小さいので、取引金額に対する手数料の比率がどうしても大きくなってしまいます。ここに目を付けたのがネット専業証券会社です。ネット証券会社の老舗としては、楽天証券、マネックス証券、カブドットコム証券などがあります。

　最近では、総合証券会社も、自分で投資判断ができて安い手数料を求める個人投資家をネットチャネルに誘導するようになってきており、パソコンやスマートフォンでのセルフ取引機能がどんどん充実してきています。さらに、ネット上のポータルサイトやECサイトと連携するなど、ネット上の集客に力

を入れています。

このようにネットに特化している証券会社とは別に、SBI証券のように店舗を持って対面営業も行っている会社もあります。一方で、もともとは対面営業だった会社が、ネット専業に変わったような松井証券のような例もあります。対面営業とネットセルフ取引、どこに重点を置いていくかは各社の戦略によってさまざまです。

最近特に個人投資家の間で取引が活況なものに、**FX取引**（**外国為替証拠金取引**）があります。これはデリバティブ商品と言われるもので、少ない資金からでもそれを証拠金として預けることで、その何倍にもあたる為替取引を行える仕組みです。FX取引など個人向けデリバティブ取引中心のネット証券会社としてひまわり証券、インヴァスト証券、GMO証券などがあります。

● 外資系証券会社

日本に進出している海外の大手証券会社のほとんどは、日本での業務の中心が「インベストメントバンキング」なので、ここでは総合証券会社とは別に区分しました。ヨーロッパ系では、ドイツ銀行、バークレイズ銀行、BNPパリバ証券など、アメリカ系では、ゴールドマン・サックス、JPモルガン、シ

▶ インベストメントバンク　　用語解説

　ホールセールと近い意味合いで使われる言葉で、「インベストメントバンク（投資銀行）」という業態があります。大企業などが資金を調達する際の仲介・引受業務や、企業の買収・合併（M&A）の仲介、プロジェクトファイナンスの仲介というような、投資業務に特化した証券会社のことを言います。代表的なプレーヤーは外資系証券会社ですが、総合証券会社でもサブプライムローン危機後に弱った欧米の会社と合併・吸収することで戦力強化を図っています。インベストメントバンクの分野は、刻々と変化する市場のデータをリアルタイムに分析しながら、システムによる数理計算を駆使した金融サービスを提供することが求められます。同時に企業間の仲介などでは経験と実績が重んじられるため、この分野ではまだまだ欧米の証券会社がメインプレーヤーになっています。

ティバンクなどがあります。

　外資系証券会社は、主には大規模なホールセール業務を展開していますが、サブプライムローン危機後は自己売買にも力を入れているようです。

保険会社

　保険会社は、生命保険会社と損害保険会社に分けられます。どちらも、収入のほとんどが保険料収入です。集めた保険料を原資として、必要な保険料の支払いを行うのが基本の業務です。資金の出し手と取り手は、どちらも保険料を支払って保険契約をする個人や企業です。ただ、保険会社は集めた保険料をずっと社内に眠らせておくわけではなく、株式市場や債券市場などの金融マーケットで運用しています。この資金はかなり大きな規模のため、保険会社は金融マーケットにおいて、有力な機関投資家となっています。保険会社のこのような収益構造を簡単にまとめたものが図1-7です。

　保険会社も、外資系企業の積極的な参入を受けて厳しい競争の中にあります。また、保険の対象、保険料の支払方法や割引制度、保険金の受け取り方などが非常に多様化しています。このため、各社とも専門的な知識を有する人材（アクチュアリー）のノウハウを活用し、新しい商品の開発や保険料の設定な

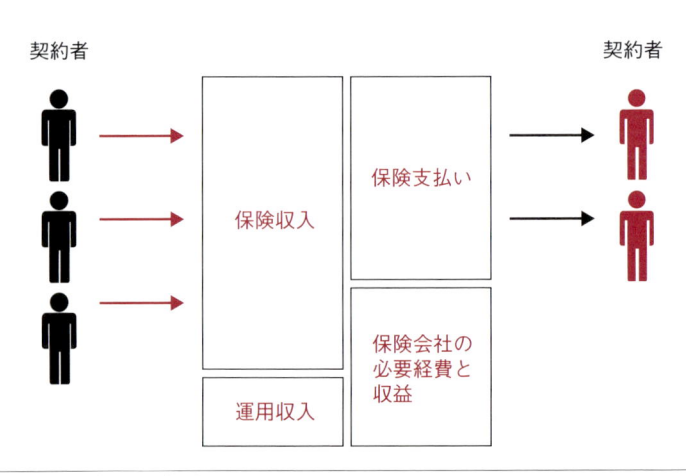

図1-7　保険会社の収益構造

どに力を入れざるを得なくなっています。

また、機関投資家としての保険会社は、バブル崩壊による株式市場の低迷や超低金利の影響によって、集めた資金の運用が「逆ザヤ現象」に陥りました。体力の弱い保険会社は自社で損失を埋めることができずに、破綻したり外資系保険会社に吸収されたりしました。保険会社は、リスクを肩代わりする代表的な金融業ですが、自社の資金運用リスクについてはきちんと把握できていなかった、というわけです。

● 生命保険会社

生命保険会社は次の4種類に大別できます。

(1) 大手生命保険会社
・死亡保険を中心に、豊富な保険商品を提供
・「保険レディー」に代表される顧客対面販売が中心
・新規参入組の特徴ある商品やセールスに押されてきている
・代表的な会社は、日本生命、第一生命、三井生命、住友生命など

(2) 中堅／新規参入保険会社
・特徴ある商品や顧客基盤に特化
・基本的には大手と同じように顧客対面販売であるが、ネット上での販売チャネルを利用している場合もある
・代表的な会社は、T&Dフィナンシャル生命、富国生命、ソニー生命など。ネット専業では、ライフネット生命、アクサダイレクトなど

(3) 外資系生命保険会社
・以前は傷害疾病関連に特化した保険を提供。現在は一般的な生命保険も展開
・営業マンによる顧客対面販売が中心だが、通信販売（主に電話）や代理店も活用している
・老舗ではアメリカンファミリー生命（アフラック）、新規参入組としてプル

デンシャル生命（英米国籍）、アイエヌジー生命（オランダ籍）、アクサ生命（フランス籍）など。「カタカナ生保」とも呼ばれる

　2013年7月には日本郵政とアフラックが提携を強化するなど、生命保険分野でも日本郵政グループの業務拡大が既存保険業界にも大きな影響を与えそうです。将来的には日本と米国との間の問題にも発展しそうな大きな業界内での動きと言えます。

(4) 損保系生命保険会社
・一般的な保険商品を提供
・損害保険会社が既存のチャネルを利用して、生命保険も同時に提供
・代表的な会社は、東京海上日動あんしん生命（ミレアグループ系）、NSJKひまわり生命（損保ジャパン系）。多くの会社名にひらがなの単語が入っているので、「ひらがな生保」とも呼ばれる

● 損害保険会社

　損害保険会社は、ある特定のリスク（予測できない事故により生じる損害）に対する補償を行う会社です。火災保険や自動車保険が一般的ですが、気温の高低をリスクとして補償する天候デリバティブ、というような新しい商品も発売しています。
　損害保険会社は次の4種類に大別できます。

(1) 大手損害保険会社
・各種損害に対する保険商品を幅広く提供
・全国にある代理店経由での契約がほとんど
・代表的な会社は、東京海上日動火災、損害保険ジャパン、三井住友海上など

(2) ダイレクト販売系保険会社
・特定の損害補償目的の商品を提供
・インターネットや電話などのチャネルで購入できる商品を提供

▶ 逆ザヤ（逆鞘） 　　　　　　　　　　　　　　　　用語解説

　サヤは、正確には利鞘（リザヤ）のことで、スプレッドとも言い、資金の運用（出し）と調達（取り）の間の利率の差を指します。銀行であれば、預金利率が1％、貸出金利が3％だったとすると、銀行の利鞘は3％－1％で2％となります。「スプレッドで2％抜けた」という言い方をします。

　逆ザヤとは、運用金利の方が調達金利より低い場合のことで、損が出てしまいます。保険会社は、マーケットでの運用収入も含めて保険料率を決めています。ところが、この運用が逆ザヤ状態になってしまったために、契約者に十分な支払いができなくなり、一部の保険会社の破綻につながったのです。

▶ アクチュアリー 　　　　　　　　　　　　　　　　用語解説

　保険会社には、「アクチュアリー」という専門職の人がいます。確率・統計などの手法を用いて不確定な事象を数理的に処理するプロフェッショナルです。例えば、人が死亡したり病気になったりするような事象の確率を計算して、保険料と給付金のバランスを導き出します。年金基金においては、年金支払額の算出など、数理的な解を導く仕事を担当しています。

・代表的な会社は、イーデザイン損保、三井ダイレクトなど

(3) 外資系損害保険会社
・自動車保険を扱う会社が多い
・営業マンによる顧客対面販売が中心だが、通信販売（主に電話）も活用している
・代表的な会社は、AIU保険、アメリカンホーム保険、アクサ損害保険、チューリッヒ保険など。「カタカナ損保」と呼ばれる

(4) 生保系損害保険会社
・一般的な損害保険商品を販売

・生命保険会社が既存の営業窓口を利用して、損害保険も同時に提供
・代表的な会社は、ニッセイ同和（日本生命系）、スミセイ損害保険（住友生命系）など

その他の金融関連会社

　銀行、証券会社、保険会社以外の金融機関として、消費者金融会社、クレジットカード会社、リース会社などの**ノンバンク**があります。銀行のようにお金を集めてから融資を行うのではなく、自己資金の中で融資やリースを行う会社ということで、「ノン」バンクと言われます。

　このようなノンバンクの融資業務の中では、個人の信用情報が非常に重要な役割を担っています。お金を利用したい人が確実に返済をしてくれるか否かの情報を基に融資できるかどうかを判断します。消費者金融会社やクレジットカード会社は、融資の可否を判断するための個人信用情報を外部共同利用機関に保有していて、迅速な融資判断を行っています。

　最近では銀行に比べて高い金利収入が得られることを狙って、メガバンクがグループの中で、個人向けローンを推進する動きが顕著になってきています。例えば、三菱UFJグループのアコムや三井住友系のプロミスなどが代表的です。

　そのほかの金融関連会社として、投信会社／投資顧問会社があります。**投資信託**を設定したり、大手機関投資家や企業向けに個別に**ファンド**を設定したりして、資金を集めて運用している会社です。ファンドは、投資家からお金を集めて運用することで、一般には投資信託を指す場合が多いです。厳密には、ファンドのうち「不特定多数の投資家」からお金を集めて運用するファンドのことを投資信託と言います。ファンドマネージャーが決めた運用指図に従って、実際に債券や株式を売買するのがトレーダーです。トレーダーは個別銘柄に関する売買銘柄指定と数量を指示し、それを受けた証券会社がマーケットに発注し、取引結果を投信会社に報告します。

　機関投資家がマーケットで運用をする場合の基本的な仕組みを図1-8に示します。この場合、資産運用の指図をする側を**バイサイド**（Buy side）、指図を受けて実際に有価証券の売買を行う側を**セルサイド**（Sell side）と言います。

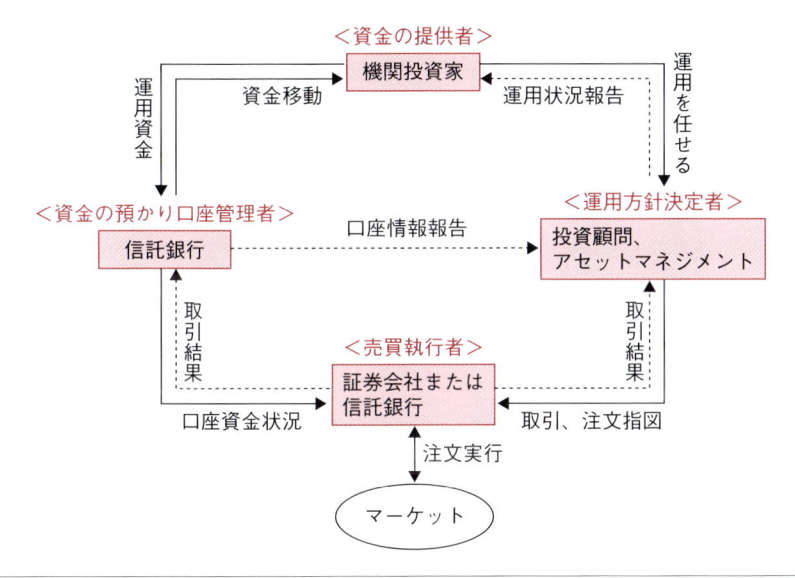

図1-8 機関投資家が資金を運用する基本的な仕組み

バイサイドの代表が、投信会社、投資顧問会社、アセットマネジメント会社、セルサイドの代表が証券会社です。

> ▶ **リースとレンタル**　　　　　　　　　　　　　　　　用語解説

　設備を自分で所有しないで「借りる」形で提供を受ける形態として、リースとレンタルがあります。リースは、自分で購入したいものをリース会社に代わりに購入してもらい、それをリース会社から借りる形を採ります。レンタルは、レンタル会社が保有しているものから選んで借りる、という形態です。一般的にリース契約は長期（数年以上）で基本的に中途解約ができませんが、レンタル契約と比べると割安に借りることができます。リース期間の終了後は、リース会社から買い取ったり、リースを続けたりすることもできます。リースやレンタルは、最新の設備を利用しながら、固定資産を計上しないで会計処理できるメリットがあり、よく利用されています。

▶ 機関投資家 　　　　　　　　　　　　　用語解説

　顧客から集めた大量の資金をまとめて運用するような投資家を、機関投資家といいます。代表的な機関投資家は、保険会社、投資信託・投資顧問、信託銀行、年金基金などです。今の日本で、最も大きな運用資産を持っているのが年金基金です。年金基金は、保有しているお金をどのような資産に分けて運用するか（アセットアロケーションと言う）、という基本的な方針を年初に定めたうえで、その方針に基づいて複数の運用機関に年金資金の運用を委託します。年金基金は、当初予定した利回りで確実に運用されることが大切なので、リスクを取ってリターンを狙うというよりは、リスクを抑えながらの中長期運用が基本のスタイルです。

　一方で、最近話題のヘッジファンドという投資家がいます。ヘッジファンドと一言でいっても、その中にはいろいろな種類のファンドがありますが、基本的には高い利益を目標にして、ハイリスクハイリターン型で短期の売買を繰り返しながら利ザヤを稼いでいくような、投機的な投資方法を採るのが普通です。このようなファンドは、リターンを得るためであればマーケットに対して大きなインパクトを与えることもあります。意図的に大きなインパクトを与えて市場に歪みを生じさせるために、大きな発注を一度に行う場合もあります。アジアの通貨危機がヘッジファンドの投機的な動きがきっかけに広がった、という事件はその代表的な例です。

▶ 個人投資家のすそ野を広げるには 　　　ちょっとひとこと

　日本では個人が保有している金融資産が1500兆円にも上り、それらの半分以上は預金などのリスクのほとんどないお金として眠っています。日本国の1年間の国家予算がほぼ100兆円ということと比べると、いかにたくさんのお金かがわかるでしょう。一方、欧米の国々の個人金融資産は、半分が投資性商品になっていますし、米国では資産のうち貯蓄に回すのは10～15%程度と言われています。日本とはだいぶ状況が異なるのです。

　政府は、2000年前半から「貯蓄から投資へ」というスローガンを掲げて、個人金融資産を投資へ向かわせることで、日本経済が活性化することを期待しました。ところが、その後サブプライムローン危機が起こり、このスローガンもまったく聞かれなくなりました。

　2014年にはNISA（少額投資非課税制度）が始まります。毎年一定金額（一人100万円/年まで）については、そこで得られた収益について税金がかからない、という制度です。金融庁はこのNISA口座を一般の投資家に広めることで、あらためて「貯蓄から投資へ」を推進しようとしています。

このような「税制面での優遇」は制度として良いのですが、そもそも日本人が「貯蓄にお金を滞留させている」のはなぜか、を理解して、そこで障害になっているものを取り除くことも重要なはずです。

　日本人がなぜ投資に消極的なのか。まずなんと言っても「投資はわからない」「難しい」という意識があるからでしょう。わからないものであるから、それが結果として「怖い」ということになります。そもそも若いころから「投資教育」が行われていないために、全体的に投資リテラシーが低い国になってしまった、ということがあるでしょう。

　もう一点は、金融商品を販売する会社が、一般投資家にも理解できる説明をちゃんとしてこなかった、ということが問題なのです。金融自由化の影響で、銀行でも証券でもいろいろな商品が売れるようになりました。これは非常に意味がありますが、今まで預金と融資をメインとしてきた銀行が、日々値動きのある投資性商品をちゃんと説明して売ることができるのか、証券会社の社員が複雑な仕組みを持つ保険商品を売ることができるのか、リテール金融の販売側の説明能力が試されるということでもあります。

　そんな課題がまだ残りますが、ひとつずつ課題をクリアしながら、お金をうまく循環させて個人も企業も元気になる社会になればよいと思います。

1-3　金融業界の業務

　銀行、証券会社、保険会社などが、それぞれどのような業務を行っているのか。どういう商品があるのか。もう少し詳しく説明していきましょう。

銀行の業務内容と取り扱い商品

　銀行の業務や取り扱い商品は金融業界の中でも、最も幅広く多岐にわたっています。その中でも次の基本業務は、必須知識として一通り頭に入れておきましょう。

銀行の業務を大別すると、次の4種類に分類できます。

(1) 預金業務
(2) 融資業務
(3) 為替業務
(4) 付随業務

　預金業務と融資業務は「固有業務」と言われ、銀行に与えられた間接金融として最も重要な「信用媒介機能」の役割を担う業務です。為替業務は、個人や会社間の商取引代金の決済を円滑に行う「資金決済業務」の基本となる業務です。そして、この三つの主要業務に関連したさまざまな業務を総称して、付随業務と言います。投資信託の販売や保険の販売のような新たな業務が含まれています。

　ここで、ちょっと問題です。次の営業店窓口の業務は、上記のどの業務に当たるでしょうか。
(1) Aさんが5万円の現金を引き出した。
(2) Bさんが電話代の口座振替契約の手続きをした。
(3) Cさんが普通預金から50万円引き出して定期預金を作成した。
(4) Dさんが子供の仕送りに10万円をX銀行へ送金した。
(5) Eさんが車の購入資金として200万円の借入をした。
(6) Fさんが自動車税の支払いをした。
(7) Gさんが100万円の小切手を現金化した。
(8) Hさんの普通預金口座に20万円の給与振込があった。
(9) Iさんがカードローンを利用して10万円を引き出した。

　答えは次の通りです。
預金業務…(1)、(3)、(7)
融資業務…(5)、(9)
為替業務…(4)、(8)

付随業務… (2)、(6)

● 預金

預金には図1-9に示すような種類があります。

利息が付く貯蓄性預金としては、普通預金、定期預金、通知預金があります。普通預金は、いつでも預け入れと引き出しができます。低金利の今は極めて少ないとはいえ、元本に対して利息が付きます。定期預金は、満期まで元本を据え置く代わりに、普通預金よりは良い利率で利息が付く商品です。通知預金は通常、7日間の据え置き期間の後、最低2日間の事前通知により引き出しができる預金で、企業に一時的な余裕資金が発生した場合に利用します。

```
         ┌─ 貯蓄性預金 ─┬─ 普通預金
         │              ├─ 定期預金
         │              └─ 通知預金
         ├─ 決済用預金 ─┬─ 当座預金
         │              └─ 決済預金
         └─ 外貨預金
```

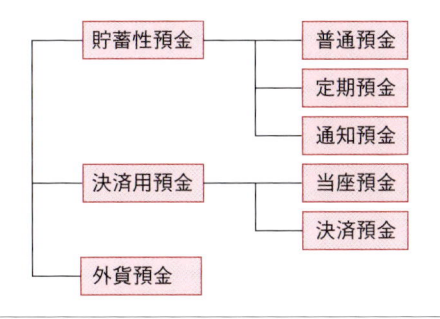

図1-9　預金の種類

▶ 当座預金と当座貸越　【用語解説】

　当座預金とは、顧客が小切手や手形の支払資金を当座預金へ預けておき、支払いの依頼があると銀行が支払いを行うための預金です。当座預金には、当座貸越（O/D、Over Draft）が利用できるという利点があります。当座預金の残高よりも高額の手形を決済しなければならない場合、通常なら決済できないのですが、当座貸越の枠が設定されていて、その金額の範囲内であれば自動的に決済してくれます。貸し越しできる金額（当座貸越枠）は、銀行が個別に審査を行い決定します。企業にとっては、毎日の当座預金残高をそれほど気にしなくてもよいというメリットがあります。短期で少額の資金融資を受けるのと同様の効果があるうえに、特別な審査や申請を改めて行う必要がないため、利便性の高い貸出機能として利用されています。

貯蓄性預金は、銀行が破綻したような場合、一人の人(一つの会社)が一つの銀行に対して合計1000万円までしか保護されません(**ペイオフ**と呼びます)。

決済をするための決済用預金には利息が付きません。主に企業が小切手や手形で決済するための当座預金と、個人向けの決済預金があります。これらは銀行の破綻時にも全額が保護されます。ドルやユーロ、豪ドル(オージー)などのような外貨建てで預金して高い金利を狙う外貨預金もあります。

● 貸付(融資)

預金の形で資金の出し手から集めたお金は、資金の取り手(資金を必要とする人)に貸し出さなければなりません。これが融資業務で、次の5種類があります。

(1) 手形割引
(2) 手形貸付
(3) 証書貸付
(4) 当座貸越
(5) 消費者ローン

手形割引は、決済期日前の商業手形を、決済期日までの期間分の利息を割り引いたうえで買い取る取引です。割引を受ける側にとってみると、本来であれば期日まで入金はないところですが、期日以前に資金繰りがつくので期日までの融資を銀行から受けるのと同様の効果があります。一般の商取引を行う企業における代表的な貸付方法として普及した取引方法です。手形貸付は、借用証書の代わりに約束手形の差し入れを受けて貸付を行う業務です。運転資金の資金繰りのような、短期の融資が中心です。証書貸付よりは、簡易な手続きで融資を受けることができます。現在、最も一般的な貸付の形態は、証書貸付です。借用証書の差し入れを受けて融資を行います。他の貸付方法と比べると複雑ですが、借り手のニーズに合わせ、借り入れ期間や返済方法などを自由に設定できます。

当座貸越は、銀行からお金を超短期間に借りるときに便利な手段です。ま

た、手形貸付と同様の融資形態で、手形の差し入れを行わずに借用書を差し入れる融資形態として一般融資当座貸付という方法が普及しています。形態的には証書貸付や当座貸越に分類されますが、住宅ローンやカードローンのような消費者ローンもあります。

　以上のような貸付を行うときは、貸し出し先のリスクを把握して、リスクに見合った金額と利率にしなければなりません。返済されない場合のために、担保や保証人に対する評価も必要です。

　融資業務は、一般の企業だけではなく個人から大企業まで、取引相手先はさまざまですが、取引先によって融資判断の内容が異なります。

　個人が住宅ローンや教育ローンを申し込むと、銀行は勤め先、勤続年数、年齢、保有資産などをもとに、その人の支払い能力を評価し、いくらまで貸し出せるかを審査します。個別の事情を細かく評価するのではなく、いくつかのグレードのどこに当てはまるのかを判断します。以前であればこの審査に1週間以上かかっていましたが、最近ではオンラインで必要情報を入力するだけで、その場で審査結果がわかるようになっています。インターネット上で審査をする仕組みを提供している銀行もあります。

　企業に対する融資業務は、その企業の信用度についての審査と、個別案件についての審査を行います。それぞれ企業格付と案件格付と呼び、この二つの格付の組み合わせで、最終的な貸し出しの可否を決定します。最近では、

▶ ノンリコースローン　　　　　　　　　　　　　　　　**用語解説**

　通常の貸出業務では、万一借り手が返済不能になった場合、弁済のために担保などを処理して清算処理を行います。これに対してノンリコースローンは、融資の対象をあらかじめ特定し、その物件だけが弁済の対象となるものです。それ以外の弁済義務は借り手に発生しません。例えば、一つのビルを融資対象としてノンリコースローンで購入したとしましょう。万一このローンが返済できなくなった場合でも、この該当ビルを処分するか差し押さえられる以上に借り手は弁済する必要がありません。ただし、一般的なローン（リコースローン）に比べて金利は多少高くなっています。最近では銀行がノンリコースローンにも力を入れ始めていますが、対象物件の収益性や価値を見極める能力がこれまで以上に求められます。ちなみに「リコース」は遡及する、という意味です。

ある程度の信用力のある企業は資金調達をコストの低い直接金融に移行していっています。したがって、銀行による企業向けの貸し出しは、よりリスクの高い企業に対しても実行できる必要が出てきており、銀行にはより高いリスク管理能力が求められています。そのためには、銀行と企業の馴れ合い的な関係から脱して、より客観的で定量的にリスクを計測する能力が必要になります。

● 保証

銀行は、融資を伴わないで保証業務だけを行うこともあります。例えば他の銀行の融資先を保証することで、保証料を融資を行った銀行から徴収するような場合です。保証した銀行が融資先のリスクを引き受けているのですが、その銀行にとっては元本の移動が発生しません。このようなものをオフバランス取引と言います。もし融資先が返済できなくなった場合には、保証銀行が融資を実行した銀行に返済しなければなりません。保証業務というのは、貸出先のリスク（信用リスクまたはクレジットリスクと言う）を原資産としている金融商品のひとつです。

● 為替

為替（かわせ）というと、ドルと円を交換するというような通貨の交換をイメージするかもしれませんが、銀行業務では、もっと一般的に現金を使わな

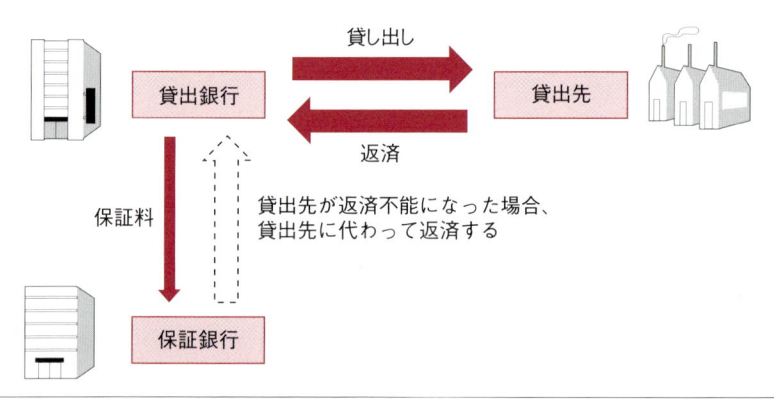

図1-10　貸し出しと保証を別の銀行が行う場合の仕組み

> **用語解説**
> ### ▶ オンバランス / オフバランス
>
> 　オンバランス取引は、バランスシート（貸借対照表）に載せる取引のことです。一方、バランスシートに載せない取引をオフバランス取引と言います。
> 　例えば、銀行が貸し出しを実行した場合、貸出金額を債権（アセットサイド）に計上します。そして、貸出金が戻ってきた場合に、この債権がなくなります。貸出利息は、収益として損益計算書に計上されます。
> 　保証業務の場合は元本金額を動かさないので、バランスシートに債権としては載りません。ただ、いくらの保証を実行しているかという情報は管理する必要があるので、その金額を、オフバランス取引としてバランスシート外で管理します。バランスシート外で管理するという意味で、簿外取引という言い方をする場合もあります。最近活発に行われているデリバティブ取引も、オフバランス取引のひとつです。

いお金のやりとりを為替と言います。送金や振込も為替業務のひとつで、銀行は手数料を徴収することで収益を上げます。為替業務は、

(1) 内国為替　　日本国内での為替業務
(2) 外国為替　　国境を越えて行う為替業務

の2種類があります。
　内国為替に関連した国内の決済の仕組みについては、「第5章　バックシステム」のところで説明します。外国為替は、当事者が国内と海外、海外と海外というように国際間の取引を言いますが基本原理は内国為替と同じになります。ただ、各国間の通貨の交換となるため外国為替相場が存在することと、集中決済機関が存在しないため個々の取引ごとに決済銀行を指定する点を考慮する必要があります。このような、外国為替を行う際に為替業務代行をする契約をした現地の銀行を**コルレス銀行**といい、コルレス銀行内にある自行の口座を通して海外送金処理のような外国為替業務が行われます。
　外国為替を利用するケースのひとつが貿易取引です。輸出、輸入にかかわ

る金融業務はかなり複雑で事務処理も込み入っています。最近では、メガバンクを中心にこれらの貿易事務を電子化してコストを削減する動きがあります。海外では、SWIFTによるBolero（貿易金融EDI）の取り組みは注目されています。図1-11と図1-12に通常の貿易関連業務の流れを示します。

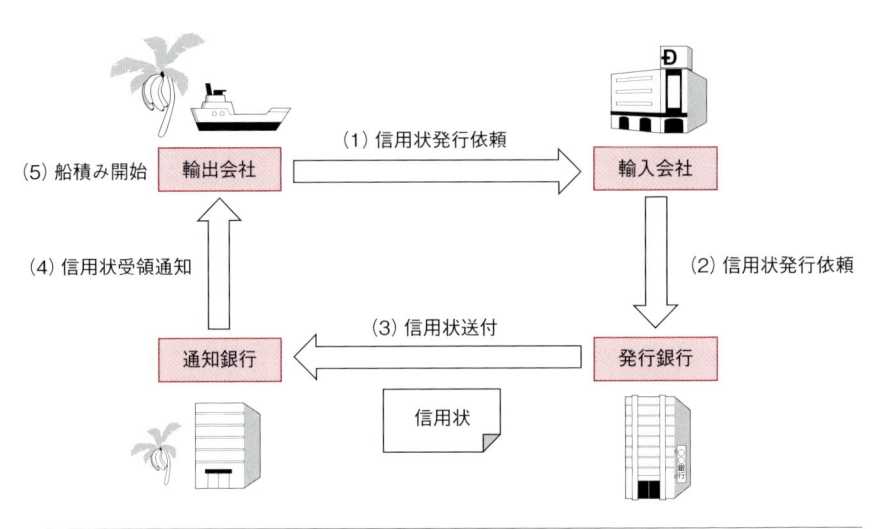

図1-11 船積みまでの輸出入金融の概略

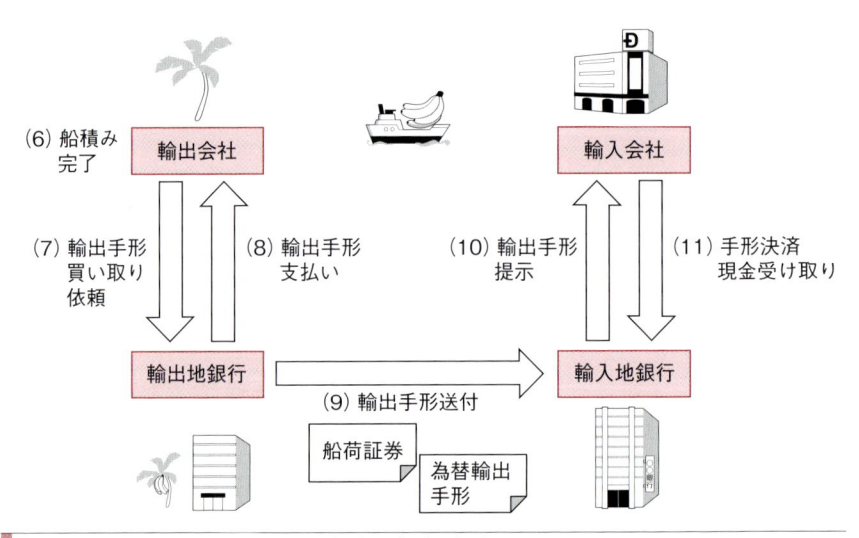

図1-12 船積みから船到着までの輸出入金融の概略

証券会社の業務内容と取り扱い商品

証券会社が主なプレーヤーとして登場する有価証券のマーケットは、次の二つに分かれています。

(1) 発行市場
(2) 流通市場

有価証券にはいろいろなものがあり、プリペイドカードなどもそのひとつです。ただしここでは、証券会社が主に扱う、債券や株式を代表的な有価証券として説明を進めます。

発行市場は、通常**プライマリーマーケット**と呼ばれます。資金の取り手である企業は、このマーケットで新規に有価証券を発行して、資金を調達します。

流通市場は、通常**セカンダリーマーケット**と呼ばれます。すでに発行された有価証券を売買するため、流通させるための市場です。発行市場で発行された有価証券は、その後流通市場で取引されます。

それぞれの市場での証券会社の業務を図1-13に示します。

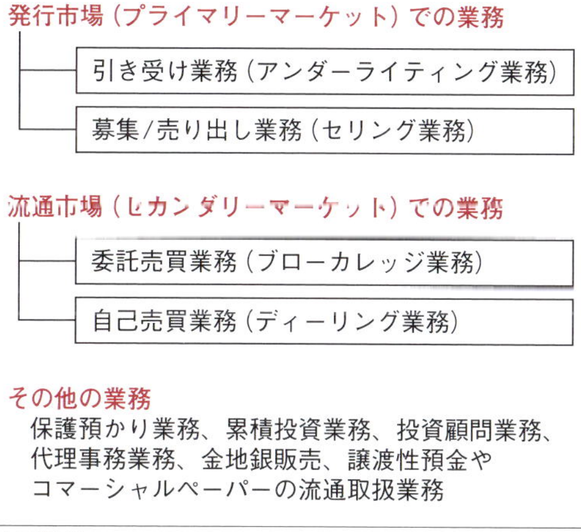

発行市場（プライマリーマーケット）での業務
- 引き受け業務（アンダーライティング業務）
- 募集/売り出し業務（セリング業務）

流通市場（セカンダリーマーケット）での業務
- 委託売買業務（ブローカレッジ業務）
- 自己売買業務（ディーリング業務）

その他の業務
保護預かり業務、累積投資業務、投資顧問業務、代理事務業務、金地銀販売、譲渡性預金やコマーシャルペーパーの流通取扱業務

図1-13　証券会社の業務

● 発行市場での業務

発行市場での業務には、引き受け業務と募集/売り出し業務があります。

引き受け業務は、有価証券を発行する際に、証券会社がいったん買い取ることを言います。買い取った有価証券はその後流通市場で売り出します。引き受けた有価証券が売れ残った場合は、証券会社がそれを引き取らなくてはいけません。引き受け業務は、証券会社が発行にあたってのリスクを肩代わりしていることになります。株式の引き受けは、上場にあたっての新規公開株や第三者割当増資の場合の新株などについて行います。

国債など発行額が大きい場合は、複数の金融機関がシンジケート団を組成して、共同で引き受けを行います。この場合は、銀行や保険会社も含めてほぼすべての金融機関が参加して、シンジケート団を組織します。

社債、事業債、地方債のような一般の企業や地方自治体が債券を発行する場合は、証券会社が引き受けを行うことが多くなっています。債券を発行する企業や団体のことを「発行体」と言います。発行体は発行する債券を市場で流通させるために、事前に「格付け」を取得します。債券の引受証券会社は、債券を購入する投資家に対して該当債券の内容を適正に開示し説明する責任があります。このための審査の業務のことをデューデリ（Due Diligence）と言い、発行体が取得する債券の格付けを公開することも重要なデューデリ情報のひとつとなります。**格付け**は、元本と利息が約束通りに投資家に支払われるかどうかの確かさを表す指標です。第三者である「格付け機関」が審査を行い、AAA、AA、Aというようなわかりやすい指標で示します。

もうひとつの募集/売り出し業務は、有価証券を発行する企業からの委託を受けて証券会社が業務を代行することです。募集は新しく有価証券を発行する場合、売り出しは発行済みの株式や債券を売却する場合です。万一売れ残っても、証券会社が引き取る必要がないところが、引き受け業務と異なります。

● 流通市場での業務

流通市場での業務には、委託売買業務と自己売買業務があります。

委託売買業務は、顧客の委託を受けて、有価証券売買を仲介するものでブローカレッジ業務と言われます。自己売買業務は、証券会社が自社の利益の

> **格付け機関** **用語解説**
>
> 　格付け機関は、海外ではムーディーズ (Moodys) とS&P (スタンダードアンドプアーズ)、国内では日本格付投資情報センター (R&I) が有名です。格付け機関は中立的な立場で投資家のために評価する活動を行っています。
> 　例えばムーディーズの指標は次のようになっています。
>
> Aaa　　信用力が最も高く、信用リスクが限定的
> Aa　　 信用力が高く、信用リスクが極めて低い
> A　　　中級の上位で、信用リスクが低い
> Baa　　信用リスクが中程度
> C　　　最も格付けが低く、元利の回収見込みが極めて薄い
>
> 　債券を担保にお金を借りるような場合には「B格以上の債券であること」というような表現が使われることがあります。「B格」というのは、B (BaやBaaと区別して、シングルビーと言う) 格以上の格付けが取れている債券という意味です。一般的に投資適格債券というのは、BBBあるいはBaa格以上の債券を指します。

ために自社で保有する資金や有価証券を運用することでディーラー業務とも言われます。

　有価証券、特に債券や株式に関しては、「第3章　金融マーケットの基礎知識」のところで詳しく説明します。

● その他の業務

　証券会社には、このほか、保護預かり業務、累積投資業務、投資顧問業務、代理事務業務、金地銀販売、譲渡性預金やコマーシャルペーパーの流通取扱業務が認められています。保護預かり業務は「顧客から有価証券を預かり保管する」、累積投資業務は「顧客から少額の資金を継続的に受け入れて特定の有価証券投資を行う」、投資顧問業務は「金融資産への投資に対して適切な助言を行う」ものです。

保険会社の業務内容と取り扱い商品

保険商品は、次の三つの分野に分かれます。

(1) 第一分類　　人の生死にかかわる保険
(2) 第二分類　　物にかかわる保険
(3) 第三分類　　第一にも第二にも該当しない保険

　第一分類は、定期保険や終身保険などの一般的な生命保険のことです。第二分類は、事故や損害に対する補償をする保険で、火災保険や自動車自賠責保険などが該当します。

　第三分類はこのどちらにも該当しない保険です。例えば、医療保険、がん保険、介護保険、傷害保険などです。以前は日米保険協議に基づく「激変緩和措置」によって、大手生保は単体の医療保険、がん保険の販売を自粛し、アメリカンファミリー生命やアリコジャパンが独占的に販売してきました。2001年にはこの自粛が段階的に自由化される「第三分野の解禁」が行われ、各社が続々と新商品を発売するようになりました。

　最近は、高額な死亡保障の保険が減少の傾向にあり、医療保険や介護保険のような生きるための保険や特定のリスクに対する保険が急速に増えています。個人のライフスタイルが多様になってきたことの反映と言えるでしょう。本当に目的に合った保険を求める傾向に対して、ニーズに合わせた保険商品を提供できるかどうかが保険業界の重要課題となっています。保険会社が提供する商品、配当、サービスなどを一つにまとめて提供する「保険総合口座」は、顧客単位でトータル的なサービスを提供しようというもので、金融のサービス業化が本格的になってきたことを表すひとつの例です。

第2章

金融マーケットの基礎知識

魚屋さんや料理店は、市場に出かけて魚を仕入れてきます。卸売市場は、生鮮食料品を求めてプロの卸売業や小売業が集まります。金融業界でも同じように、お金を調達したり、余っているお金を放出したりするためのプロ向けの市場（マーケット）があります。これを金融マーケットと言います。一般の人にとってはあまり馴染みがありませんが、金融業界にとってはなくてはならない市場です。本章では、この金融マーケットに関する基礎知識を説明します。

2-1　金融マーケットの概要

　金融機関が金融マーケットでの取引に参加する目的は三つあります。

(1) 金融機関の中で資金の帳尻を合わせるため
(2) 金融機関自身のお金でディーリングを行って儲けるため
(3) 金融機関の顧客の依頼に基づいた代理での取引

　お金の運用と調達のバランスを、資金の帳尻（ちょうじり）と言います。銀行の場合、集めた預金をもとに貸出を行い、預金と貸出のスプレッド（利率の差）で儲けます。しかし、集めた預金とちょうど同額を貸出に回せるわけではありません。預金額の方が貸出額より多ければ、銀行の手元にお金が残っています。貸出額の方が多い場合には、手元のお金が足りなくなります。金融機関は、毎日の業務終了時点で、お金の運用と調達が必ず合って（バランスして）いなくてはなりません。したがって、金融マーケットで資金の帳尻を合わせることは重要な業務のひとつです。

　もうひとつの大きな目的は、金融マーケットでディーリングを行い収益をかせぐことです。金融機関が自己の勘定で行う場合もありますし、ブローキングとして顧客からの依頼で行う場合もあります。ディーリング業務は、マーケットの一瞬の機会を逃さない緊迫の技です。外資系の金融機関ではディー

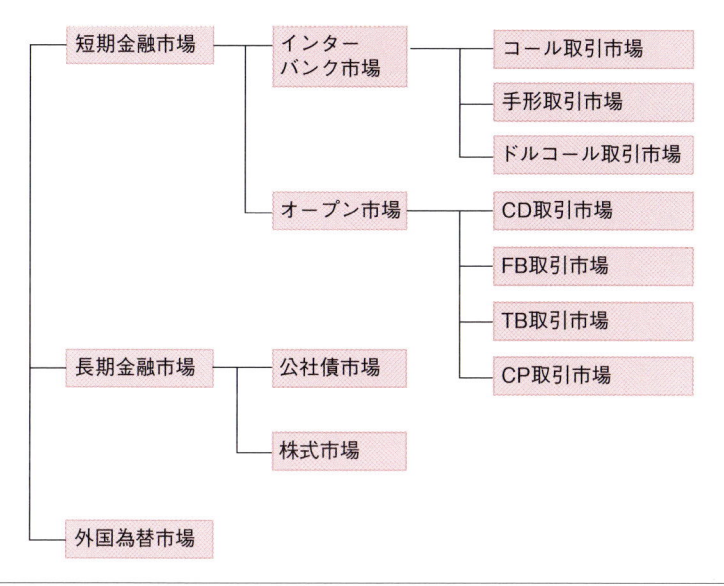

```
短期金融市場 ─┬─ インターバンク市場 ─┬─ コール取引市場
              │                        ├─ 手形取引市場
              │                        └─ ドルコール取引市場
              └─ オープン市場 ─┬─ CD取引市場
                              ├─ FB取引市場
                              ├─ TB取引市場
                              └─ CP取引市場
長期金融市場 ─┬─ 公社債市場
              └─ 株式市場
外国為替市場
```

図2-1　日本の金融マーケット

リング結果に対する成功報酬で給料が支払われるので、何億円もの年俸をかせぐ辣腕ディーラーがたくさんいます。

短期市場と長期市場

金融マーケットは大きく三つに分けられます。

(1) 短期金融市場
(2) 長期金融市場
(3) 外国為替市場

金融業界では、通常「短期」と言うと1年以内、「(中)長期」と言うと1年超を指します。この言い方はよく出てきますから、「短期で…」と言われたら、「1年以内の取引だな」とすぐに頭に浮かぶようになっておきましょう。

短期金融市場は、1年以内の資金取引を行うマーケットで、**インターバンク市場**と**オープン市場**があります。インターバンク市場は、主に金融機関同

士が短期の資金の帳尻合わせのために利用する市場です。オープン市場は、金融機関に限らず一般の企業なども取引ができる短期金融市場です。

長期金融市場は、1年超の資金の取引を行うマーケットで、有価証券を通して資金の調達と運用が行われる市場です。公社債市場と株式市場に分かれています。

公社債市場は債券を扱うマーケット、**株式市場**は株のマーケットです。同じ有価証券ですが、債券は資金の貸借の関係、株式は投資した会社の一部を所有する関係、と捉えることができます。

債券は償還期限として元本が戻ってくる日があらかじめ決まっています。利息（債券の場合は**クーポン**と言う）も当初決められた約束に従って投資家に支払われます。投資家から見ると、債券を購入して償還期限まで保有するということは、償還期限までの間を決められた利回りで資金を運用することと、ほとんど同じ効果をもたらします。このため、債券を購入して保有することは資金の貸借の関係に近いものです。

一方、株式の場合は、償還する期限が決められていませんし、配当金は利息と違って必ず支払われるとは限りません。また、元本（評価額）自体が変動するので、売却の時に初めて実現損益が確定します。

金融マーケットにおける取引方法

金融マーケットにおいて資金の取り手と出し手を結び付ける方法には、OTC（Over the Counter、店頭取引とも言う）取引と取引所取引という二つの形があります。**OTC取引**は、一対一で取引を成立させる形の取引形態で、価格は当事者以外に公開されません。**取引所取引**は、投資家の売買注文を取引所に集中させて、その中で売買注文をマッチングさせる方式で、価格は全員に公開されます。

短期金融市場での取引のほとんどは、OTC取引です。長期金融市場のうち公社債市場と外国為替市場も、基本的にはOTC取引です。これらは「市場」と呼ばれてはいますが、明確な市場としての「場所」があるのではありません。資金の取り手と出し手が電話やコンピュータネットワークを使って直接取引

OTC取引

ブローカー

買いたい人
売りたい人

取引所取引

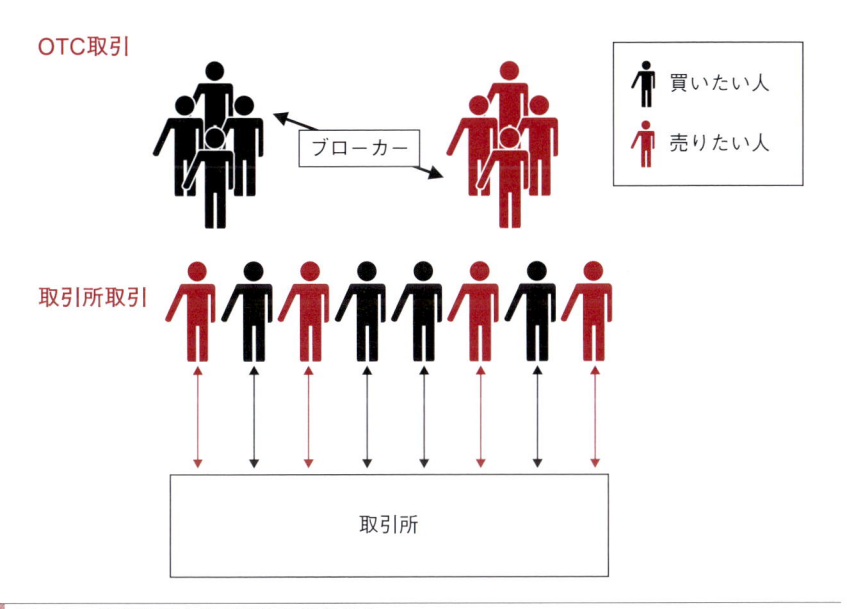

取引所

図2-2　OTC取引と取引所取引の仕組み

を行います。電話での取引の多くは、取り手と出し手を結びつける役割のブローカーが存在します。ブローカーについては、このあとの短期金融市場のところでも説明します。また、金利先物や債券先物取引のようないくつかの短期金融商品は、東京金融先物取引所で取引所取引が行われています。

　取引所取引の代表は株式市場です。ここでは、市場に提示されている価格が、その時点で唯一のその商品に対する価格です。買いたい人と売りたい人が相対で交渉することはできません。取引所というと、以前はフロアに「場立ち」と呼ばれるたくさんの営業マンがいて、身振り手振りで声を張り上げて情報交換していましたが、現在ほとんどの取引所には電子取引システムが導入され、システム上で取引が行われています。東京証券取引所の東証アローズはその代表例です。

インターバンク取引市場

　短期金融市場は、インターバンク取引市場とオープン市場に分けられます。

インターバンク取引市場は、金融機関以外は参加できないマーケットです。オープン市場は金融機関ではない企業なども参加でき、こちらの方が取引規模や取り扱い商品が多くなっています。

インターバンク取引市場には、コール取引、手形取引、ドルコール取引があります。

● コール取引

主に銀行を中心として、資金の貸し借りを行う市場です。「コール」というのは、呼べばすぐに答えが返ってくるという意味で、金融機関にとっては自由にごく短期の資金運用調達ができるマーケットです。もともとは、金融機関同士での資金の帳尻あわせのために自然発生的に生まれたマーケットで、資金調達を**コールマネー**、資金放出を**コールローン**と言います。コール取引は、主に**短資会社**（ブローカーとも言う）による仲介で成り立っています。

▶ ブローカー　　　　　　　　　　　　　　　　　　　　　**用語解説**

ブローカーは、金融市場において取引を行う二者の仲介を行う役割の会社です。OTC取引を行う場合にはほとんどの場合、このブローカーが仲介役をしています。

ブローカー経由の取引の中では、ブローカー自身が取引を行う場合と、単純に双方を引き合わせるだけの場合があります。有担保コール市場や手形市場では、ブローカーが資金の取り手と出し手とそれぞれ取引を行う形で仲介をするため、ブローカーは間接金融の仕組みで二者を取り持っています。上田八木短資やセントラル短資というようなブローカー（短資会社）は、このように自らのリスクで取引両者を取り持つ役割を担っています。

単にブローカーという場合は、資金の取り手と出し手のレートやボリュームを調整しながら取引の仲介をするだけの場合を指します。ブローカーは、仲介の手数料（ブローカレッジと言う）を双方から徴収します。証券会社も、証券取引を取り次ぐという意味で、機関投資家からブローカーと呼ばれることがあります。

◉ 手形取引

企業が発行した商業手形そのものを原手形として売買する、または、この原手形を担保にして振り出される表紙手形を売買する、という形で金融機関同士で資金の貸し借りを行う市場です。コール市場よりは若干長い期間の取引が行われます。資金の取り手も出し手も、実際の取引相手は短資会社です。企業が発行する手形での取引自体が減少しているため、手形市場も減少の傾向にあり、最近の市場残高のほとんどは日本銀行の手形売買によるものとなっています。

◉ ドルコール取引

日本の中のマーケットでも、外貨の取引ができるようにという目的で創設された市場で、為替銀行が短期的な外貨資金の不足を相互に調整する市場です。非居住者（日本に居住していない、すなわち外国に籍のある金融機関や機関投資家など）は取引を行うことができないので、非居住者も参加できる東京オフショア市場（Japan Offshore Market、JOM）がこのドルコール市場とは別に創設され、今ではこちらが国際金融市場としては多く利用されるようになっています。

▶ オフショア／ユーロ　　　用語解説

「国内のお金」の取引はオンショア勘定、「国外のお金」はオフショア勘定と呼ばれ、両者を分けて管理しなくてはいけないことになっています。同じ「円」でも、オンショアの円とオフショアの円は、分けて管理していなくてはいけないのです。したがって、オフショア勘定の通貨の取引も取り扱うシステムでは、通貨だけでなく、オンショアかオフショアかの区分けが必ず必要になります。

一般的には、「国外の」と言う代わりにユーロ（Euro）という言葉を使います。ユーロ円、ユーロダラー（ユーロドル）とは、日本国外で流通している円、アメリカ国外で流通しているドル、という意味で、欧州で発展したことからユーロ（Euro）と呼ばれ、EU（欧州連合）の通貨単位であるユーロとはまったく別のものです。

> ▶ ユーロとユーロ　　　ちょっとひとこと

「国外」の意味のユーロと、ヨーロッパの通貨単位のユーロは違うものです。
　まず「国外」の意味のユーロですが、そもそもドルをアメリカ以外に保管しておくマーケットが1960年代にロンドンに発生したのがオフショア市場の最初です。その時に、このオフショアのドルを最も活発に取引していた銀行が、「ユーロバンク」と呼ばれていた北欧州商業銀行(Banque Commerciale pour L'Europe du Nord)であったことから、このようなドル取引を「ユーロドル」と呼ぶようになりました。
　ヨーロッパ通貨のユーロは、もちろん「ヨーロッパ(Europe)」が由来です。通貨の記号は、アルファベットのEに、平行な横線2本を重ねて引いた形です。これは、欧州文明発祥の地であるギリシャ文字のエプシロンからの着想です。

オープン市場

　オープン取引市場には、CD取引、FB取引、TB取引、CP取引があります。また、単純な売買取引以外に、現先取引やレポ取引の形があります。取引規模が一番大きいのがFB取引で、その次がTB取引とCD取引、そしてCP取引という順番になっています。特にレポ取引は1996年4月に開始されてから規模が拡大し、現在ではFBに次ぐ大きさになっています。

● CD取引（NCD取引）

　CD (Certificate of Deposit、NCD＝Negotiable CD＝と略す場合もある) 取引は、譲渡性預金とも呼ばれます。銀行に預ける預金証書（通帳）は、通常自分以外の人に譲渡できませんが、CDだけは最初から第三者に譲渡することを目的に発行される預金証書です。資金の取り手は、預金証書を渡す代わりに資金を受け取り、預金証書の満期に元本資金と利息を返すので、実質上はこの二者の間での資金の貸借取引となります。

● FB取引

　FB (Financing Bill) は政府短期証券のことで、政府が一時的な資金不足を

補うために発行する短期の証券です。

● TB 取引

TB（Treasury Bill）は短期国債のことで、政府が長期国債の借り換えのために発行する短期の証券です。

● CP 取引

CP（Commercial Paper）取引は、信用力の高い優良企業が、オープン市場で短期の資金調達を行う仕組みです。

CD、FB、TB、CPの各市場には、長期金融市場と同じように、発行市場と流通市場があります。単純な売買取引の買い切りや売り切り以外に、「現先取引」や「レポ取引」という形での取引も多く行われています。日銀が、金融調節のために金融市場で行うオペレーション（日銀オペと言う）では、手形買入オペや、短期国債買入オペのほかに、FB、TB、CPの現先オペやレポオペが頻繁に行われています。

● 現先取引

現先取引は、債券などを一定期間後に買い戻す条件を付けて売る、あるいはこの逆の取引です。実質上は、買い戻す（あるいは、売り戻す）まで、資金の貸借が行われることになります。

現先取引には買現先（かいげんさき）と売現先（うりげんさき）があります。売り戻し条件付きの債券購入、すなわち最初に債券を購入して資金を放出し、期日に売り戻して資金を回収する取引を買現先と言い、一時的に保有している資金を運用したい企業などが利用します。買い戻し条件付きの債券販売、すなわち最初に債券を売って資金を調達しておいて、期日に買い戻して資金を返済する取引を売現先と言い、証券会社など債券を保有している企業が一時的に資金を調達したい場合に利用します。

現先取引は、CD、FB、TB、CPが担保となった取引と考えてよいので、資金を運用する側から見るとリスクが小さく安全に運用できるメリットがあり、

オープン市場では取引が頻繁に行われています。

◎ レポ取引

　レポ（Repurchase Agreement、RP取引とも言う）取引は、契約形態が貸借取引であるという点が、売買関係に基づく現先取引とは異なっています。債券レポ取引（現金担保付債券貸借取引とは、金融機関や機関投資家が現金と債券を一定期間交換する取引）では、債券の貸借契約を双方で結び、債券を担保とした資金取引が行われます。実質的な効果は現先取引と大きな違いがありません。

　レポ取引は債券の貸借を伴った資金取引なので、債券を貸し出して相手から調達する資金は、「担保金」という扱いになり、担保金に対して金利を加えて満期に相手に返還します。一方、相手からは、貸していた債券に対する債券賃貸料を満期時に受け取れます。したがって、資金調達側から見た調達コストは、「支払い金利 － 債券賃貸料」となります。

　国際金融取引の中では、現先取引（英語ではRepurchase Agreementと言う）が日本のレポ取引に相当し、日本の現先取引は国際基準の中では一般的ではありませんでした。このため、日本の現先取引とレポ取引を合わせた新現先取引がスタートしました。新現先取引についての詳しい説明は省略しますが、相手の差し入れている債券の時価を毎日評価して（値洗い＝ねあらい＝と言う）、担保価値が下がった債券については追加の担保を差し入れる、というように、リスク管理が強化された取引形態になっています。

公社債市場

　長期金融市場は、取引期間が1年超の長期取引が行われる市場で、資本市場（キャピタルマーケット）とも言われます。長期金融市場は、公社債市場と株式市場に分けられます。

　公社債とは、国や地方公共団体などの機関（「公」）が発行する債券（公共債）と、企業や団体（「社」）が発行する債券（民間債）のことです。資金を必要とする発行体が主に長期性の資金を調達する目的で発行しますが、その取引を行

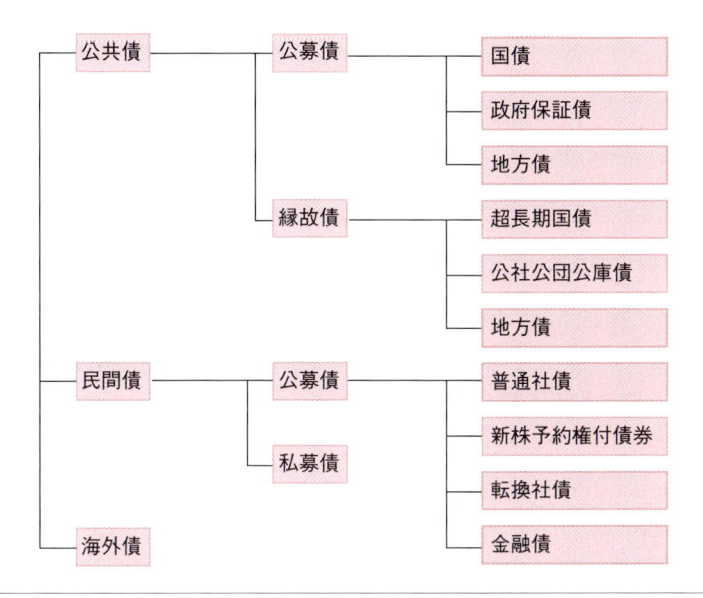

```
公共債 ─┬─ 公募債 ─┬─ 国債
         │          ├─ 政府保証債
         │          └─ 地方債
         └─ 縁故債 ─┬─ 超長期国債
                    ├─ 公社公団公庫債
                    └─ 地方債
民間債 ─┬─ 公募債 ─┬─ 普通社債
         │          ├─ 新株予約権付債券
         └─ 私募債 ─┼─ 転換社債
                    └─ 金融債
海外債
```

図2-3 公社債の種類

う場所を公社債市場といい、基本的にはOTC取引です。また、公社債市場は、債券の発行が行われる「発行市場」とすでに発行されている債券を投資家などが売買する「流通市場」に分けられます。

債券の種類を、債券を発行している発行体と、誰に向けて発行された債券なのか（公募／私募）、を基準に分けたのが図2-3です。公募債は、広く一般の投資家を募る方法で発行する債券です。私募債（縁故債も私募債の一種）は少数の投資家向けに発行するものです。「プライベートファンド」とか「プライベートエクイティ」の「プライベート」という言葉は、特定の投資家あるいは企業向けの、というように読み換えてもよく、私募債に近い概念です。

債券は銘柄数が多いので、銘柄管理をしっかりと行うことがシステム上での大きなポイントです。国際的には、ISIN（国際証券コード体系：ISO 6166:2001）に準拠したコードが使われています。しかし、金融機関によっては、それとは別に独自コードを使っている場合もあるので、ITエンジニアとしてシステムを検討する場合は、どのようなコード体系であるか、またどの単位で銘柄がユニーク（一意）になるのかを確認しておく必要があります。

クーポンが定期的に支払われる債券を、**利付債**と言います。クーポン利率があらかじめ決められている固定利付債が一般的です。これに対して、途中でクーポン利率が変わる債券は、**変動利付債**（FRN、Floating Rate Note）と呼ばれています。

額面金額とは、その債券の債券証書に書かれている債券の価格のことです。発行された債券の満期、すなわち元本が戻ってくることを**償還**、この期日を償還日と言います。償還日には、額面金額が債券購入者に戻ってきます。一部途中で償還が行われる債券もあります。また、当初発行時に額面金額より安い（割引された）価格で発売されて、償還日には額面金額が戻ってくる債券があり、これを**割引債**（**ゼロクーポン債**）と言います。割引債では、当初発行時の価格と償還価格の差が、利付債のクーポンに相当する、という考え方です。

債券の中で最も流動性が高く取引規模も大きいものが、**国債**（JGB、Japanese Government Bond）です。信用度が高いため、債券利回りの基準商品として重要な位置を占めています。国債を、利付債か割引債かという区分と発行から償還までの長さで分類したものが、**図2-4**です。

国債の銘柄は**回号**で特定するので、よく覚えておいてください。ひとつの種類（例えば利付10年国債）に対して、「270回債」というように番号が付いていて、この番号が回号です。10年国債は通常償還月が3、6、9、12月ですが、

▶ **マーケットメーカー**　　　　　　　　　　　　　　　用語解説

　マーケットメーカーとは、主に大手の証券会社で、債券の売り気配、買い気配から売買価格を決定し、その価格で売買相手になる役割を持つ会社のことです。投資家にとっては、少なくともマーケットメーカーの提示している価格であれば必ず取引が行えるので、マーケット上での価格の透明性と流動性を高める効果があります。株式の世界では、ジャスダック市場が唯一マーケットメーカー制度を採用していましたが、この方式が日本では馴染みにくいなどの理由で、2008年3月に廃止されました。一方で、OTC取引が中心の債券市場では、有力な証券会社がマーケットメーカーとして価格を提示していて、それを参考に各社が債券売買を行います。また、外国為替市場にも、マーケットメーカーが存在します。

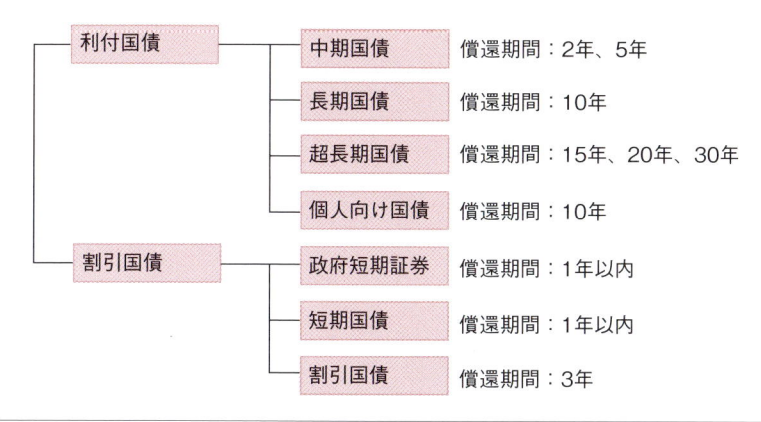

```
利付国債 ─┬─ 中期国債    償還期間：2年、5年
          ├─ 長期国債    償還期間：10年
          ├─ 超長期国債  償還期間：15年、20年、30年
          └─ 個人向け国債 償還期間：10年
割引国債 ─┬─ 政府短期証券 償還期間：1年以内
          ├─ 短期国債    償還期間：1年以内
          └─ 割引国債    償還期間：3年
```

図2-4　国債の種類

発行はほぼ毎月です。発行時に決まる償還月とクーポンレートが前回発行分と変わったところで、この回号がひとつ繰り上がります。

民間が発行する債券で最も一般的なものが、普通社債です。普通社債は、事業会社が設備投資や運転資金の調達のために発行する債券で、発行体の信用度に応じて利率が異なります。固定利率の普通社債が最も一般的で、**ストレートボンド**と呼んでいます。

新株予約権付債券（ワラント債）は、ワラントと社債がセットになった債券です。**ワラント**は、一定の価格（行使価格）で債券発行会社の株式を買える権利のことです。株価が行使価格よりも安くなっていれば、ワラントを行使する必要はありません。株価が行使価格よりも高ければ、市場価格よりも安い値段で買えるワラントは、価値を持ちます。ワラント債は、ワラントと社債を分離して売買できるものと、分離できないものの2種類があります。分離後の社債をエクスワラントあるいはポンカス債と呼びます。分離前のワラント債や分離後のワラント部分は、証券取引所で取引されます。また、2002年の商法改正で「新株予約権」だけの発行が、ストックオプション以外の一般向けにもできるようになりました。

転換社債（**CB**、Convertible Bond）は、償還期限に自動的に株式に交換してから投資家に償還される債券です。したがって、その銘柄の株価の動きに影響されて転換社債も値動きします。成長企業の場合は、CB発行時点で約束し

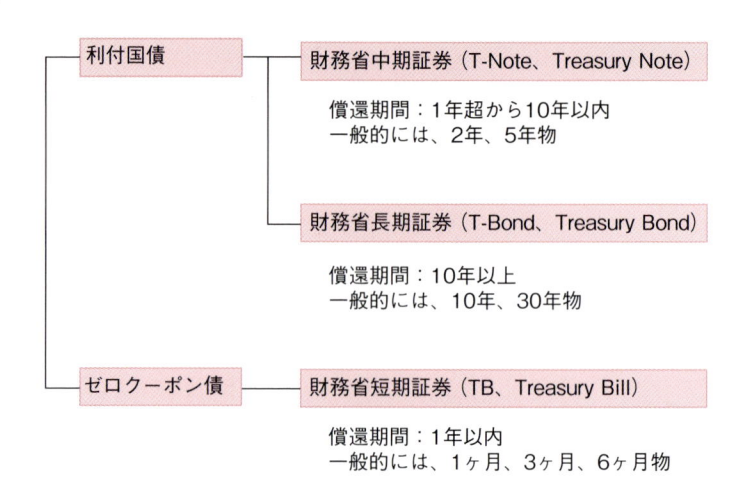

```
       ┌─ 利付国債 ──┬─ 財務省中期証券（T-Note、Treasury Note）
       │            │   償還期間：1年超から10年以内
       │            │   一般的には、2年、5年物
       │            │
       │            └─ 財務省長期証券（T-Bond、Treasury Bond）
       │                償還期間：10年以上
       │                一般的には、10年、30年物
       │
       └─ ゼロクーポン債 ─ 財務省短期証券（TB、Treasury Bill）
                           償還期間：1年以内
                           一般的には、1ヶ月、3ヶ月、6ヶ月物
```

図2-5　アメリカ国債の種類

た転換株価に比べて償還時に株価が高くなると予想できるため、CBを持っていれば償還時の市場価格より安く株式を取得できるというメリットがあります。このため、そういう企業ならCBを普通社債よりも低いクーポンで発行できます。

　CBは償還時に自動的に株に変換されますが、ワラントを行使して株式を購入する場合にはその資金が別に必要です。

　外国債は、外国通貨建ての債券や海外の企業が円建てで発行する債券の総称です。外国の政府が発行する公共債と民間会社が発行する民間債に分かれています。アメリカ国債は、発行量が多いこと、ドルが世界の事実上の主軸通貨であること、国の信用度が高いことなどにより、国際的な債券市場の中で最も重要な銘柄です。一般に、「トレジャリー（国債）」と言うと、アメリカ国債のことを指します。図2-5にアメリカ国債の種類を示します。

株式市場

　株式市場は、基本的にはすべて取引所取引です。国内には東京証券取引所（東証）、大阪証券取引所（大証）などいくつかの取引所があり、ひとつの取引所に複数の市場がある場合もあります。現状での主な市場を図2-6に示します。

第2章　金融マーケットの基礎知識

```
東京証券取引所 ─┬─ 市場第一部
                ├─ 市場第二部
                ├─ マザーズ
                ├─ JASDAQ
                └─ TOKYO PRO MARKET

大阪証券取引所 ─┬─ ※東証との合併により2013年に現物株取引終了
                └─ デリバティブに特化した市場　先物・オプション取引
                                              FX取引

地方取引所　　　名古屋・札幌・福岡
```

図2-6　国内の主な株式市場

　株式市場は、午前中（**前場**＝ぜんば）と、午後（**後場**＝ごば）に分けて取引が行われます。**約定**（取引が成立すること）した値段の動きを**四本値**（よんほんね）という四つの値段で表示します。最初の値段（始値＝はじまりね）、最も高かった値段（高値＝たかね）、最も低かった値段（安値＝やすね）、最後の値段（終値＝おわりね）の四つで、これをチャートにしたものを**ロウソク足**と言います。ロウソク足は対象期間によって、1分足（いっぷんあし）、5分足（ごふんあし）、日足（ひあし）、週足（しゅうあし）、月足（つきあし）、と言います。また、売買の注文がどういう値段で何株出ているかという情報を、**板**（いた）と呼び、投資家はこの板情報に基づいて、売り気配か買い気配かを見て投資判断を行います。株式市場では特有の用語が数多く使われますので、必要に応じて調べてみてください。

　投資家が株式投資に期待する収益には次の三つがあります。

(1) 配当収入（**インカムゲイン**）
(2) 値上がり益（**キャピタルゲイン**）
(3) 株主優待

株式マーケットにおいて実際に売買を行うメインプレーヤーは証券会社です。保険会社、ファンド、年金基金などの機関投資家も証券会社を通じて取引を行います。さらに市場に直接参加できるのは、その証券取引所の正会員だけです。正会員でない証券会社は取引を正会員に委託します。

　銀行も株式を保有していますが、積極的なディーリング業務はほとんど行っていません。取引先の依頼で新株を引き受けたり、株主構成の安定化という

▶ 取引所の再編と株式会社化　　ちょっとひとこと

　かつては世界第2位の取引高を誇った東京証券取引所も、今では上海証券取引所に取引高では抜かれ、グローバルに取引される金融マーケットの中で、これまで以上にその競争力を高めることが求められています。東証と大証の合併もそのような危機感から生まれた話です。

　ただ、世界での取引所再編はもっとダイナミックに動いていて、ユーロネクストやOMXなどが代表例です。この背景にあるのは、取引所間の競争です。なるべく多くの取引が執行されるように取引所間での競争が激化してきており、そのために取引所のシステムへの投資も非常に大きくなってきています。東証が2010年に新たな売買システム「東証アローズ」をリリースし、これまでの1000倍のスピードで売買取引ができるようになりました。

　そして、このようなシステム投資を積極的に行うために、株式市場である取引所が株式会社化して上場する、という動きがあります。取引所という、ある意味「公共的」の位置づけであったものが、大きく変わりつつあるのです。

▶ 株主優待　　ちょっとひとこと

　個人株主が増えてきたことで、企業は株主優待にも力を入れ始めています。主に個人株主を対象としているので、お食事券とかお米10キロとか、そういう品物が中心です。ただ、機関投資家のようなプロの運用者も株主ですから、一律に株主優待が届けられます。それを受け取った機関投資家はどうしていると思いますか？　基本的には、市場で売買できるものは極力換金して運用益に組み込みます。街のチケットショップに出回っている金券の一部は、こういうルートのものです。どうしても換金できないものは、社内のくじ引きで配分したりすることもあるようです。

ような政策的な意味合いで株式を保有している場合がほとんどです。最近では、企業会計規則の変更により保有する株式の評価方法が時価会計（決算時の株価による評価）に変更になったことも影響して、このような「持ち合い株式」という企業との関係は薄れてきています。

海外の株式市場のうち代表的なものは、ニューヨーク証券取引所（NYSE、New York Stock Exchange）、NASDAQ（ナスダック）、ロンドン証券取引所、シンガポール証券取引所などがあります。

外国為替市場

通貨の交換を行う取引が外国為替市場です。金融機関にとっては、顧客の要請に基づく通貨交換業務と、ディーリングによって収益を上げる目的の為替ディーリング、の二つの業務があります。

通貨交換は、私たちが海外旅行に行く際に円を外貨に換えるのと同様に、企業が輸出先外国企業への支払いのために円を外貨に換えるというような業務です。このような交換業務で生じた通貨の不足や余剰をある程度解消するため、あるいは積極的にディーリングを行って収益を確保するために、金融機関は外国為替市場で為替の取引を行います。

外国為替市場は、電話を中心としたOTC取引で、売りたい人と買いたい人を仲立ちするブローカーが介在しています。電話を中心とした取引をボイスブローキングと呼びます。金融機関のディーリングルームでは、常にスピーカーからボイスブローキングの音声が流れています。そして、ディーラーはここだと思った時に、すばやくディールを行います。外国為替で主要な通貨の為替レートは、他の金融商品に比べて動きが速く、その動きの幅も大きい場合が多いので、為替のディーリングルームは緊張感があります。

最近では、電子的にリアルタイムで為替情報を提供するシステムを使って、ディーラーが電子ブローキングを行うケースが急激に増えています。このような流れは為替取引に限りません。これまでの「人」に頼った取引慣行から、電子的な情報のやり取りに移行することで、正確性や迅速性が高まり、やり取りの過程の情報も残せるようになります。今後はさらにシステム化が進んで

> **▶ マイン/ユアーズ/ダン** ちょっとひとこと
>
> 　ディーラーの間でだけ使われる言葉として「マイン（Mine）＝買った」「ユアーズ（Yours）＝売った」というものがあります。取引が成立した時は「ダン（Done）」と言います。「いい店を見つけたので、週末に飲みにいかない？」と誘われたときに、「いいよ」という代わりに、「ダン」なんていうことがあります。ちょっとカッコつけているかな、と思いますけれども…。

いくでしょう。

2-2　為替取引

　為替市場は、24時間世界中のマーケットで常に取引が行われている、金融マーケットの中でも一番ダイナミックに動くマーケットです。いろいろな金融商品をディーリングしているトレーディングルームの中でも、最も緊迫感があるのは為替スポットディーラーでしょう。最近は個人投資家もFX取引を行う投資家が増えてきています。

為替レートの表し方

　為替レートには、**ビッド**（買い）と**アスク**またはオファー（売り）のレートが一緒に提示されています。図2-7のドル円レートの例を見てみましょう。
　このときのビッドとアスクの差（図では、0.1＝10ポイント。ポイントは価格提示の最小単位。ここでは0.01）を**スプレッド**と言います。
　為替レートの建値（たてね）の表示方法には、**自国通貨建て**と**外国通貨建て**があります。自国通貨建ては、外国通貨を固定し、自国通貨を変動させる方式です。例えば日本円は、1ドル＝98円というように表示されますが、これ

$$98.\ 50\diagup60$$

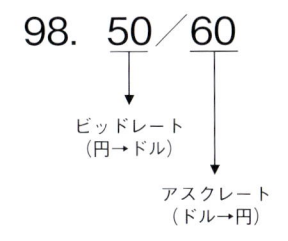

↓ ビッドレート（円→ドル）
↓ アスクレート（ドル→円）

図2-7　ドル円レート

は自国通貨建てです。この時、ドルを「ベース通貨」、円を「建値通貨」と言います。多くの通貨は自国通貨建てを採用しています。

　一方、米ドル、英ポンド、ユーロ、オーストラリアドルなどは、自国通貨を固定し外国通貨を変動させる外国通貨建てを採用しています。もし日本円を外国通貨建てで表現すると、1円＝0.01ドルというようになります。建値方式は通貨によって決まっているので、為替システムでは売買する通貨によって自動的に選択される仕組みになっています。

　為替市場においては、世界で行われる為替取引のほとんどの通貨が、対米ドルの取引になっています。したがって、円を売ってポンドを買う場合にも、円を売ってドルを買い、ドルを売ってポンドを買う、というように米ドルを介

▶ SWIFTコード　　　　　用語解説

　通貨の名称は、SWIFTコードと呼ばれる3桁のコードが標準になっています。SWIFT（スイフト、Society for Worldwide Interbank Financial Telecommunication）は、ベルギーに本部がある国際的な銀行間決済ネットワークのことで、支払い指示などはSWIFTを通じてメッセージを交換しています。以下はSWIFTコードの例です。

USD　　米ドル
JPY　　日本円
EUR　　ユーロ
CAD　　カナダドル

して売買するのが一般的です。ただこの場合も、最終的には円を売ってポンドを買う取引なので、円/ポンドレートも重要です。このような、米ドルを介さない通貨同士のレートのことを、**クロスレート**と言います。クロスレートは、それぞれの通貨と対米ドルのレートから計算して求めることができます。

為替取引の種類

為替取引には、以下の三つの種類があります。

(1) スポット取引
(2) アウトライト取引（フォワード取引とも言う）
(3) 為替スワップ取引

スポット取引は、為替取引が約定された2営業日後に、外貨とその対価の通貨受け渡しが行われる取引です。スポット取引が行われる市場を**直物**（じきもの）市場、提示されているレートを「スポットレート」あるいは「直物レート」と言います。このマーケットでは、ドル円レートのところで示したように、必ずビッドとアスクの双方のレートが提示されます。

アウトライト取引と**為替スワップ取引**は、将来における受け渡しの約束をする取引で、これらが行われる市場を直物市場に対して**先物**（さきもの）市場と呼びます。

アウトライト取引は、将来の特定日に受け渡しをする約束で締結される為替取引です。主には、資金交換ニーズが将来発生するような企業と、それを受ける銀行との間の取引に使われます。この場合に締結されるレートは、「フォワードレート」あるいは「先物レート」と言い、

先物レート ＝ 直物レート ± 直先スプレッド

という関係があります。直先（じきさき）スプレッドを足す場合は基準通貨が相手通貨に対して「プレミアム」な状態、逆の場合が「ディスカウント」な状

```
直物相場              ：1ドル＝110円
円の3ヶ月物（91日）金利  ：0.1％
ドルの3ヶ月物（91日）金利：2.5％
円とドルの金利差        ：−2.4％

直先スプレッド          ：$\dfrac{110円×（−2.4％）×91日}{365日}$ ＝ d0.66円
```

図2-8 直先スプレッドの計算例

態と言います。pおよびdと記号で表現することもあります。直先スプレッドは、二つの通貨の金利差から計算されます。為替ディーラーは、この直先スプレッドを単純に「スワップレート」と呼んでいます。直先スプレッドの計算例は図2-8のようになります。

先物市場で取引が多いのは、アウトライト取引より、為替スワップ取引の方です。為替スワップ取引は、同額の通貨の売りと買いを、二つの異なる期日に同時に約定するものです。

アウトライト取引はマーケットで取引される量が少ないため、一般的にはアウトライトの予約が入った場合には、図2-9のようなスポット対先物（直先スワップと言う）の為替スワップを行ってから、スポット側だけ逆のスポット取引を行い、先物だけ残す「カバー取引」を行います。これによって結果としては、将来に受け渡しを行うアウトライト取引だけが残ります。

例えば、将来ドルを売って円を買いたい企業があった場合に、銀行側はスポットと為替スワップの取引を為替市場で行います。すると将来企業からドルを買って円を売る取引についてレートを確定できますから、銀行にとって為替リスクがなくなります。

為替スワップ取引では、最初の取引をファーストレグ（First leg）、二つ目の取引をセカンドレグ（Second leg）と呼びます。例示したような、ファーストレグがスポットの直先スワップの形だけというわけではありません。ファーストレグもセカンドレグも将来期日の場合もあります。例えば、ファーストレグが3ヶ月後でセカンドレグが6ヶ月後の場合には、「3×6（スリーバイシックス）の先先スワップ」と呼ばれます。

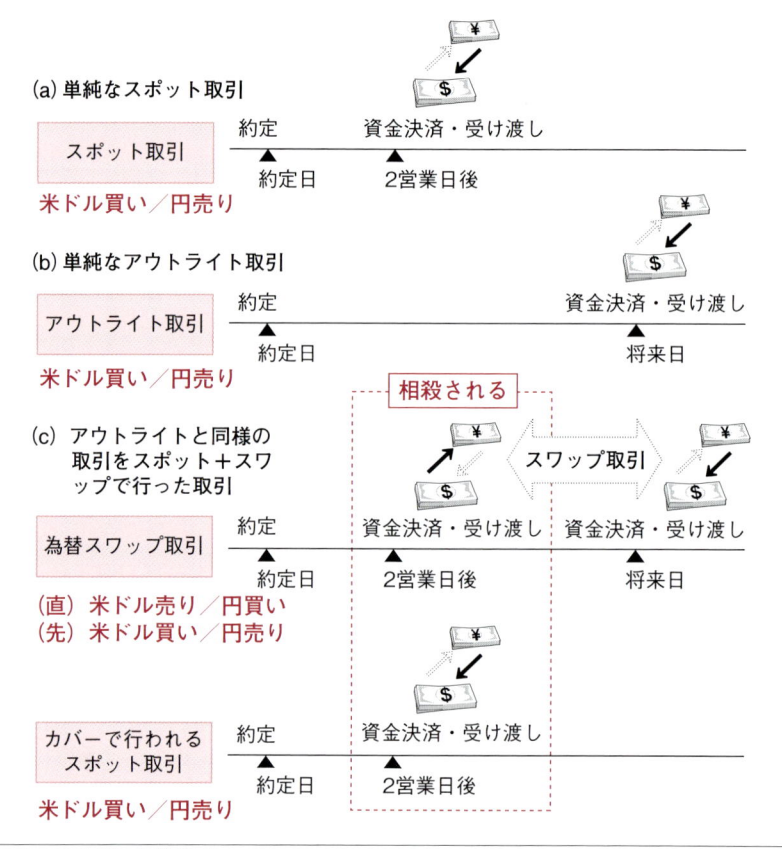

図2-9 3種類の為替取引

さらに、例えばファーストレグが今日で、セカンドレグが翌日のような、ずっと短い期間のスワップもあります。

裁定取引

裁定取引とは、市場間や商品間でのゆがみ（参加者にとっては有利な時点）を利用して鞘を抜く（利鞘をかせぐこと）取引を言います。例えば、ドル円為替の直先スプレッドが2％、ドルの金利マーケットの金利が5％、円の金利マーケットの金利が2.5％で、金利マーケットにおける金利差が2.5％であるとすると、為替マーケットと金利マーケットの間に裁定機会がある、という

ことになります。

　このケースであれば、円ベースでの運用が2％（直先スプレッド）＋2.5％（円での運用金利＝金利マーケットでの金利）の4.5％であるのに対して、ドルベースでは5％（ドルでの運用金利＝金利マーケットでの金利）で運用できるので、直物市場で円を売ってドルを調達して、先物市場で逆の取引を行う取引が増えます。この直先の期間はドルで運用した方が鞘（＝0.5％）が抜けるからです。

　けれども、市場参加者はこのような取引機会を逃しませんから、すぐに直先スプレッドが上昇して、為替マーケットと金利マーケットは均衡状態に戻ります。ちなみに、このように円をドルに換えて運用する取引を**円投取引**、逆の取引を**円転取引**と言います。

　このように、市場間や商品間では常に裁定取引が行われていて、それが市場を常に均衡状態に保つ役割を果たしています。

▶為替レートと金利の関係　ちょっとひとこと

　為替レートは何によって動くのでしょうか。ある国の金利が他の国に比べて高くインフレ率が低ければ、実質金利が高いので債券運用が魅力的となります。当然、外国の投資家にとっても魅力的なので、外貨を売ってその国の通貨を買うという動きになり、その国の為替レートは強くなります。

　このように、資産運用の観点からみると、各国の為替レートとその国の金利は密接な関係にあります。最近、一般の投資家の中で、外国の債券に投資する投資信託に人気が集まっています。また、外貨預金では金利の高い豪ドルや南アフリカランドなども人気のようです。確かに、日本に比べて高金利の国の債券に投資することは高い金利をもらえることになりますが、必ず同時に為替レートのリスクがあることも認識することが大切です。高い金利をもらえても、その時の為替レート次第で必ずしもプラスになるとは限らないからです。長期の運用で海外の債券に投資してメリットを得ることができるということは、同時に、長期的に円が弱くなっていくことによって得られるメリットであることを覚えておく必要があります。

2-3 デリバティブ

　金利、債券価格、為替レートといった金融資産の価格は、金融マーケットで日々刻々と変化しています。このような金融商品について、将来において決められた価格で取引することを約束する取引を、**デリバティブ**（金融派生商品）と言います。デリバティブ (Derivative) は「派生的、副次的」という意味で、もともと価格変動リスクのある資産のリスクを減らすための取引のことでした。しかし最近では、デリバティブ取引自体でディーリング収益を上げる機会が多くなってきています。

　デリバティブ取引は、以下の四つの種類に大きく分類できます。これらが基本のデリバティブ取引ですが、デリバティブとデリバティブを組み合わせた新たなデリバティブも続々と開発されています。

(1) 先物取引
(2) スワップ取引
(3) オプション取引
(4) その他の取引

　デリバティブ取引で動くお金は、証拠金や金利部分だけで、元本はこれらを計算するためだけの名目上のものです。このように売買単位となる名目上の元本を**想定元本**と言います。

先物取引

　先物 (Future) 取引は、将来の金利や価格を決めて行う取引です。例えば、6ヶ月後に借入れを行う予定の企業が、今の時点で6ヶ月後の借入れ金利水準を確定させておきたい、というような場合に利用します。6ヶ月後スタートの

ユーロ円先物金利を購入しておけば、この金利で6ヶ月後に借入れができる、というわけです。予約権を購入するようなイメージです。

先物取引はすべて取引所取引で、次のように分類されます。

(1) 金利先物
(2) 債券先物
(3) 株価指数先物
(4) 通貨先物

　先物取引は、購入時点で約定元本に相当する金額（想定元本）を支払う必要がありません。その代わり、双方の当事者は清算機関に対して証拠金を支払います。清算機関の業務は取引所が行っていて、当初証拠金（イニシャルマージン）として集める金額は予約金額の3%程度です。この金額は、取引対象商品や内容によって異なります。

　購入した先物は、決済日までの間であればいつでも売却できます。売却は「反対売買」という形で、同じ商品を同じ枚数だけ買うことで行います。これを手仕舞うと言います。

　また、先物は毎日時価が評価されています。購入した先物を時価で評価することを値洗い（ねあらい）と言います。値洗いにより評価損が発生して、証拠金に不足が生じたときには、取引所が証拠金の追加を要求します。不足分を補うために支払う証拠金を、変動証拠金（バリュエーションマージン）と言います。逆に証拠金に余裕が出た場合には、余裕分を引き出すこともできます。このような証拠金は、取引参加者から徴収する担保の意味合いを持っています。

　先物取引によって、証拠金さえ払えば、実際に資金取引を行うより少ない資金でそれの何倍もの取引を行うことができます。そのため、先物取引や後で説明するオプション取引は、「レバレッジ効果（てこの効果）が高い」取引であると言われています。先物取引における実際の資金の移動は、想定元本や金利ではなく、証拠金と反対売買による決済時の清算金です。決済時に、転売・買戻しと呼ばれる反対売買を行い、差金の授受によって決済することを差金決済と言います。

◉ 金利先物

例えば、東京金融先物取引所に上場されている3ヶ月物ユーロ円金利先物取引の概要は、以下の通りです。

対象商品：3ヶ月物ユーロ円金利（銀行間）
取引単位：元本1億円
価格　　：100.00から年利率を引いた値で表す
限月　　：3、6、9、12月の20日
決済方法：差金決済

取引所取引特有の見慣れない単語がいくつか出てきています。「3ヶ月物のユーロ円金利」が商品です。取引は1億円が最小単位です。価格（**クウォート**と言う）は、％ではなく100から金利を引いた値で表します。例えば、現在の3ヶ月ユーロ円金利が0.22％であったとすると、先物価格は、

　100 − 0.22 ＝ 99.78

と提示されます。

限月は決済期日のことで、3、6、9、12月の20日となっています。そのため、対象商品を特定するためには、どの限月の先物かを指定する必要があります。決済期日には、「差金決済」の形で決済が行われます。

例えば、99.000で1枚（1億円）を買い付けて99.500で決済（あるいは転売）した場合、約定価格差は0.500となり

　1億円 × 約定価格差 × 1/100 × 90/360 × 取引数量
　（3ヶ月物ユーロ円金利なので、90/360を日数として掛ける）
　＝ 1億円 × 0.5 × 1/100 × 90/360 × 1枚
　＝ 12万5000円

の収益を得ることができます。この式は、

　2500円（1ティック）× 約定価格差 /0.01 × 取引数量

と書くこともできます。**ティック**は先物取引でよく使われる単位で、値幅の最小単位のことです。この例では、

　取引単位 × ベーシスポイント /100 × 契約期間

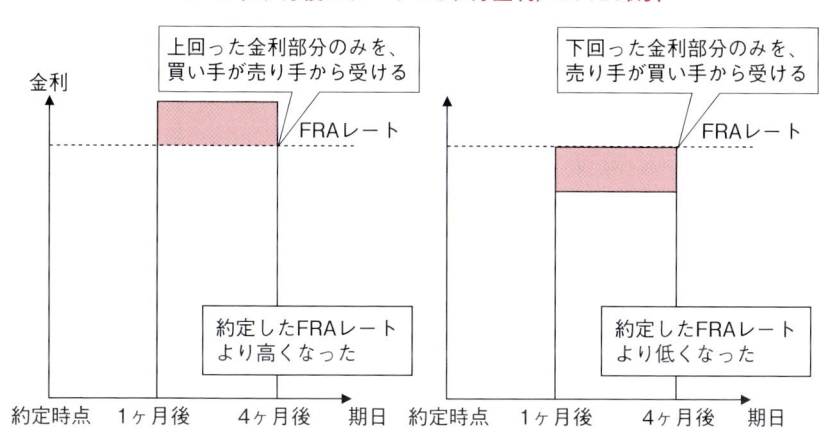

1×4（1ヶ月後スタートの3ヶ月金利）のFRA取引

図2-10　FRA取引

　＝ 1億円 × 0.01/100 × 90/360
　＝ 2500円

が1ティックの価格です。**ベーシスポイント**（Basis Point）は価格の最小単位で、ユーロ円金利の場合は0.01（1bp）です。

　FRA（Forward Rate Agreement）取引は、将来のある時点からさらに先の時点までの金利を決めるOTC取引で、金利先物取引と同様の効果があります。その期間の金利が最初に取り決めた基準金利より上がった場合には、FRAの買い手が上回った分の金利を売り手から受け取ります。逆に、基準金利より下がった場合は金利を売り手が買い手から受け取ります。

　FRAは想定元本に基づいたOTC取引で、取引条件などは取引を行う両者が自由に取り決めることができますが、取引期間の途中で契約を中止できません。また、委託証拠金のようなものはありません。このようなOTC取引を「先渡し取引」と言って、取引所取引の「先物取引」と区別します。

● 債券先物

　債券先物は、将来の債券価格を売買する取引で、東京証券取引所には以下の債券先物が上場されています。

(1) 中期国債先物　（原資産：中期国債標準物　　3％、5年）
(2) 長期国債先物　（原資産：長期国債標準物　　6％、10年）
(3) 超長期国債先物（原資産：超長期国債標準物　6％、20年）

　原資産は、デリバティブで対象としている元の資産のことです。原資産が債券の場合は、残存期間5年でクーポンレート3％というような架空の中期国債を想定して先物取引を行います。このような架空の債券商品を**標準物**と言います。

　債券先物の場合も、基本的には金利先物と同様の仕組みになっていて、決済時に差額を決済する場合が多いですが、債券の現物を受け渡して決済することもあります。このときには、先物の原資産である標準物と、実際の現物債券との価格の違いを調整する「交換比率（コンバージョンファクター）」に従って、受け渡す銘柄と数量を決めます。

◎ 株価指数先物と通貨先物

　株価指数に対する先物が株価指数先物で、東京証券取引所（東証）にはTOPIXの先物、大阪証券取引所（大証）には日経225や日経300の先物などが上場されています。株価指数先物は、期日決済で実際に受け渡しを行う現物がないために、取引最終期日の翌営業日に「特別清算指数（スペシャルクォテーション、SQ）」が提示されて、SQとの差額が決済されます。

　その他の先物取引として、通貨先物があります。実際には為替市場で行われる為替先物予約と同じ取引となるため、日本では通貨先物はあまり利用されていません。

スワップ

　スワップ（Swap）取引とは、取引を行う当事者が金利や元本部分を「交換する」取引で、次の三つの種類があります。スワップはOTC取引です。スワップは、短期金融市場と長期金融市場（特に債券マーケット）の間を取り持つ取引として、頻繁に利用されています。

> **株価指数** 　　　　　　　　　　　　　　　　　　　　**用語解説**
>
> 　株価指数は、上場銘柄全体の値動きを表す指標で、この指数によって株式市場全体が上がったか下がったかを見ることができます。代表的なものが、TOPIX（東証株価指数）と日経225（日経平均株価）です。TOPIXは「時価総額加重型」で、東証市場第一部全銘柄の時価総額から算出します。日経225は「株価平均型」で、計算対象の銘柄（構成銘柄と言う）の株価を足し合わせ銘柄数で割って求めます。
>
> 　これらの指数は、資産やファンドの運用成績評価の基準として利用される重要な値です。投資信託などで「インデックス連動型ファンド」というのがありますが、これはTOPIXなどの指数と同じ成績を目指すものです。「パッシブ型ファンド」とも呼びます。ちなみに、インデックス連動ではなくもっと積極的に収益を求めていく形のファンドを「アクティブ型ファンド」と言います。
>
> 　世界の株式市場でも同様の指数があります。アメリカではS&P500やNYダウ、香港ではハンセン指数などが代表的です。

　例えば、異なる金利の債務を交換する場合を想定すると、債務を直接交換するには法的な手続きが必要になります。けれどもスワップ取引では、金利支払い部分のみを交換するだけで債務の交換と同様の効果を得られるため、現物取引と比べてコストが小さく、事務手続きが簡単になるメリットがあります。

(1) 金利スワップ　　　　同じ通貨間の異なる金利の交換
(2) 通貨スワップ　　　　異なる通貨の交換
(3) 金利通貨スワップ　　異なる通貨間の異なる金利の交換

金利スワップ

　代表的なスワップが金利スワップです。その中でも、固定金利と変動金利を交換する固定変動スワップが最も一般的です。このような基本的で単純な取引のことを「プレーンバニラ」型の取引、と呼びます。

　スワップ取引では、取引当事者間で金利部分だけを交換し、元本は交換しません。交換金利の対象となる元本部分を想定元本と言います。具体的な例

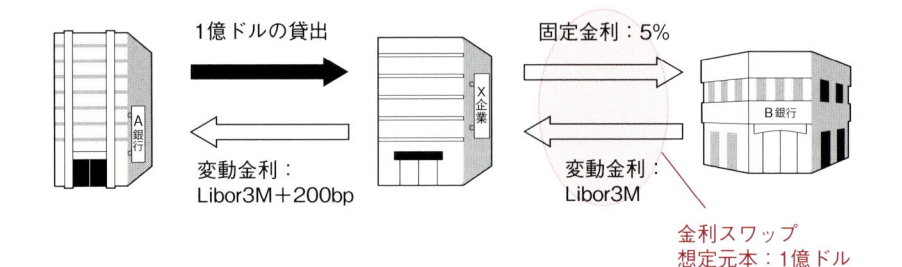

図2-11　金利スワップ取引の例

を図2-11に示します。

　X社は事業拡大のために、A銀行から5年間で1億ドルの借入をしました。この時の金利が、3ヶ月物Libor（ロンドン銀行間出し手レート、詳しくは第3章で説明します）に連動する変動金利型だったとすると、X社が支払う金利は3ヶ月ごとに変動します。X社が金利を固定したいと考えたため、これとは別にB銀行と金利スワップ取引を行うことにしました。

　図中の「200bp」という表現は**ベーシスポイント**の略で、0.01％のことを指します。したがって、図中の「Libor3M＋200bp」は、3ヶ月物Libor金利に2％を上乗せした金利、ということです。

> **▶ プレーンバニラとエキゾチック**　　　用語解説
>
> 　プレーンバニラというのは、単純な形の取引のことです。スワップなら、単純に変動金利と固定金利を交換するような取引です。この言葉はスワップ取引に限らず、この後で説明するオプション取引でも使われる表現です。「vanilla」という形容詞が、定番のとか、標準的なという意味で、これにさらに「plain」が付いて、「明らかに標準的な取引」の名称になりました。これとは反対に、いろいろなデリバティブ取引を組み合わせて複雑な形にした取引をエキゾチックと言います。特にオプション取引では、エキゾチックオプションといわれるものが多数あります。「exotic」という形容詞は、風変わりなとか、珍しいという意味で使われています。想定元本が変化しないで、単純にキャッシュフローを交換するような取引がプレーンバニラで、想定元本も変化するような複雑な取引がエキゾチックです。

想定元本1億ドルで5年間について、X社は固定金利5％をB銀行に払い、B銀行は変動金利Libor3MをX社に支払う契約をしました。これが金利スワップです。これによって、X社にとっては取引全体で、

(Libor3M＋200bp)＋固定金利5％－Libor3M＝固定金利7％

となり、1億ドルの5年間の借入を固定金利7％で行うのと同じことになりました。この結果スワップ取引によって、X社にあった金利リスクがB銀行に移動したことになります。

● 通貨スワップ

 通貨スワップは、通貨の異なる想定元本の元本交換を行う取引です。

 例えばX企業は円のマーケットで優位にあり有利な金利で資金が調達できますが、あるプロジェクトでドル資金が必要であるとします。一方Y企業はドルのマーケットで有利な金利で資金を調達できますが、現在円資金を必要としているとします。このような両者を取り持つ取引が通貨スワップです。それぞれが有利な条件で調達できる金融マーケットで資金を調達して、それを交換することでそれぞれが必要としている通貨の調達ができる、ということです。実際には、銀行がX企業とY企業の間を取り持っている場合が多いです。

 金利と通貨の両方を交換する場合を、金利通貨スワップと言い、単純な通

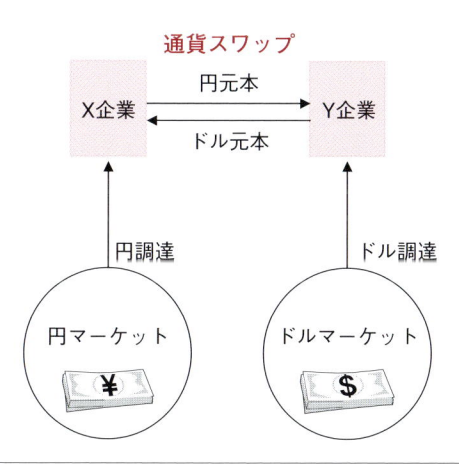

図2-12 通貨スワップ取引の例

貨スワップよりは金利通貨スワップの方が多く利用されています。

オプション取引

　オプション（Option）取引は、将来の金利や価格を決めて取引を行う権利を売買する取引です。将来についての取引の約束という点では先物取引と似ていますが、先物取引は期日が来ればその通りに実行しなくてはなりません。しかし、オプション取引は、あらかじめ対価を払って権利だけを購入するもので、期日にその権利を使うかどうか（権利行使）は、オプション購入者が決めることができます。

　オプション取引には、次の種類があります。

(1) 金利先物オプション
(2) 債券先物オプション
(3) 株価オプション（株価指数先物、個別株式）
(4) 通貨先物オプション

　原資産はそれぞれ、金利先物、債券先物、株価指数先物、個別株式、通貨先物です。これらの中で、通貨先物オプションだけは、外国為替市場でOTC取引で行われますが、その他の先物オプションは先物が上場されている取引所と同じ取引所で取引されます。

　オプション取引では、オプションの買い手がオプション料（**プレミアム**と言う）を払って権利を購入します。オプション料を受け取ったオプションの売り手は、期日に買い手が権利を行使した場合に取引を約束どおり行う義務を持ちます。

　買い手が権利を行使するかどうかは、オプション購入時に決定した**権利行使価格**（ストライクプライス）が、期日での原資産価格と比べてどうなっているかで決定します。この両者が同じか近い価格である場合を**アットザマネー**（ATM）、行使した方が収益を上げられる場合を**インザマネー**（ITM）、行使しても収益を上げられない場合を**アウトオブザマネー**（OTM）、と言います。そ

第2章 金融マーケットの基礎知識

オプションの売り手

権利行使価格：100
3ヶ月後に金融商品Aを100で買うことができる権利

オプションを5円で売る

オプションの買い手
−5円

金融商品Aの現物価格

120円に値上がりしていたら

オプションの買い手
＋15円
＝(−5)＋(120−100)

オプションを行使（売り手から約束通り100円でAを購入する）。それを市場で売ると120円で売れる。

3ヶ月後

80円に値下がりしていたら

オプションの買い手
−5円

オプションを行使しても意味がないのでオプションを放棄。なにもしない。

オプションの売り手は買い手と全く反対の損益となる。

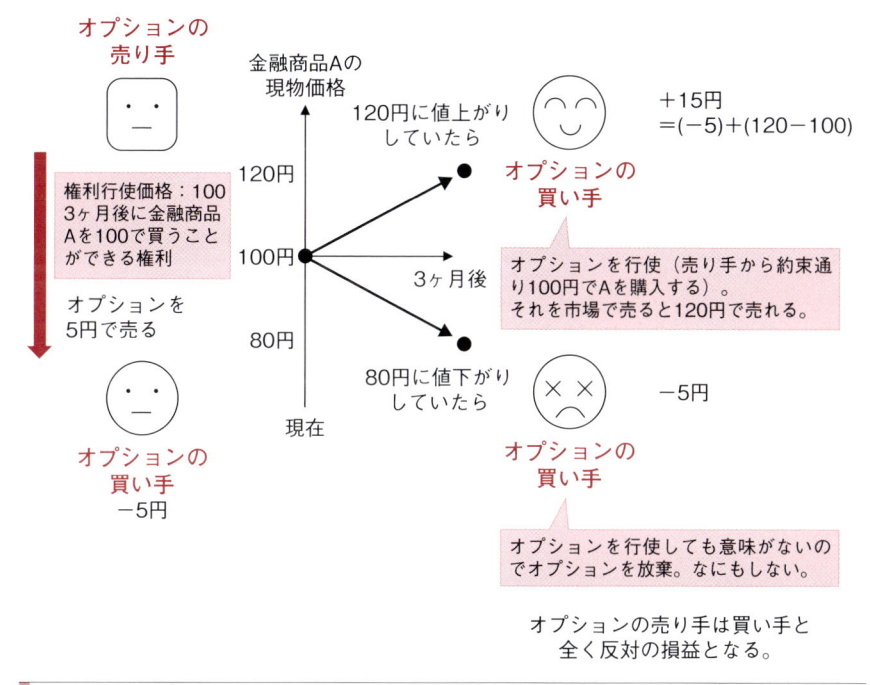

図2-13　オプション取引の例

して、ITMやOTMの傾向が大きい時（ATMから大きく外れた場合）に、「ディープITM」とか「ディープOTM」と表現します。買い手にとってはITMでないと意味がありませんから、OTMのオプション価値はゼロということになります。

したがって、買い手の最大の損失はオプションを行使しなかった場合のプレミアム（オプションの価格）です。一方、ディープITMであればあるほど無制限に利益を上げることができます。売り手の損失と利益はその逆になります。

売買する対象のオプションの権利は二つあります。

(1) **コールオプション**（買う権利）
(2) **プットオプション**（売る権利）

また、取引にあたっては、二人の当事者が存在します。

(1) オプションの買い手（ホルダーとも言う）
(2) オプションの売り手（ライターとも言う）

そして、買い/売りと、買い手/売り手の組み合わせで、以下の四つのタイプのオプションに分類できます。

(1) ロングコール　　コールオプションを買う
(2) ショートコール　コールオプションを売る
(3) ロングプット　　プットオプションを買う
(4) ショートプット　プットオプションを売る

ロングは買う、**ショート**は売る、という意味でよく使われる言葉です。例えば、金利が将来下落するリスクを回避しようという場合には、金利先物オプションのコールを買っておきます。逆に、金利上昇リスクを回避したければ、プットを購入しておきます。

オプションは満期日にのみ行使できる**ヨーロピアンタイプ**と、満期日までの期間であればいつでも行使できる**アメリカンタイプ**があります。アメリカンタイプの方が取引の自由度が増えるので、やや価格が高くなる傾向にあります。

オプション取引の価格は、原資産、コールかプットか、限月、行使価格ごとに決まります。

▶ ロングとショート　　ちょっとひとこと

「long」には、才能などを十分持った、という意味があります。例えば、「He is long on experience.」は、「彼は経験十分である。」という意味になります。ここから、金融の世界でも、強気で保有することを、「ロング」と言うようになりました。そして、この逆が「ショート」です。けれども、ショートセールと言うと、単純に持っているものを売るのではなく、「空売り」のことを指しますので注意しましょう。ちなみに空売りとは、投資家が、将来値下がりが確実と予想した株式を、証券会社からその銘柄の株券を借りて売却し、将来時点で買い戻して利益を上げる取引のことを言います。

コールオプションの損益（プレミアム100円の例）

行使価格＝900円
オプションの買い手
オプションプレミアムの受け取り
オプションプレミアムの支払い
オプションの売り手
原資産の市場価格

プットオプションの損益（プレミアム100円の例）

行使価格＝1100円
オプションの売り手
オプションプレミアムの受け取り
オプションプレミアムの支払い
オプションの買い手
原資産の市場価格

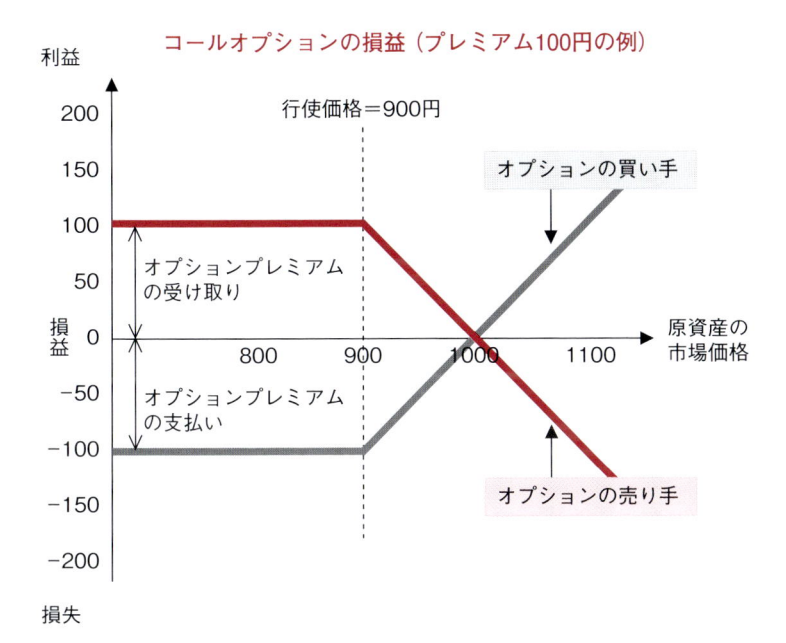

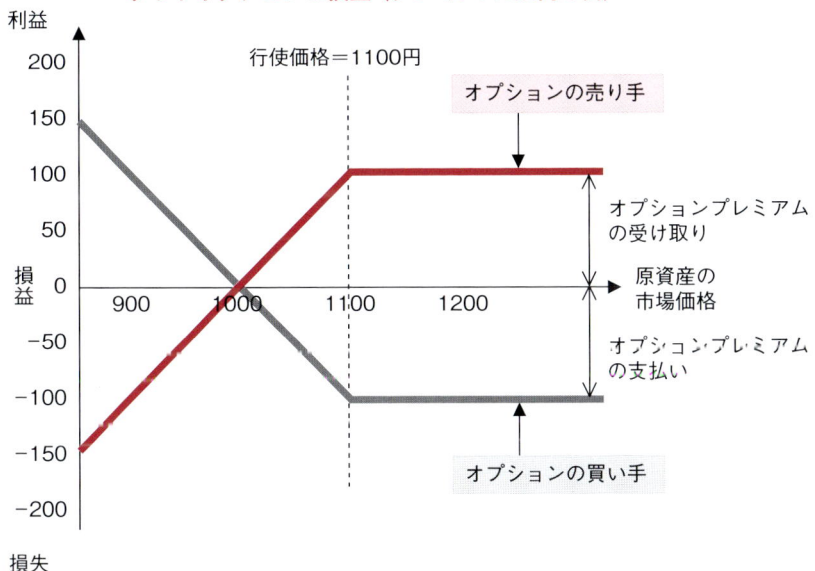

図2-14　オプション損益曲線

オプションは組み合わせでいろいろなエキゾチック物を作ることができます。そのような複雑な商品の取引戦略を考えるうえで必ず使うのが、図2-14のような損益図です。これで、オプションを購入した側と売った側の損益が、原資産価格の変動によってどう変わるのかが分かります。このような図が出てきたら「オプション商品だな」と気づくようになるとよいでしょう。

このほかに、次のようなオプションもあります。

(1) キャップ、フロア、カラー
(2) スワップション

キャップ（Cap）、**フロア**（Floor）、**カラー**（Color）は、金利の上限や下限を設ける取引です。キャップは、対象となる変動金利が行使レートを上回った時に、その差額を売り手が買い手に支払います。逆に、行使レートを下回った場合に、その差額を売り手が買い手に支払うのがフロアです。キャップの買いとフロアの売りなどで、金利の上限と下限の両方を確定させるのがカラーです。

例えば、変動金利のLibor3Mで借入を行っている場合に、将来の金利が高

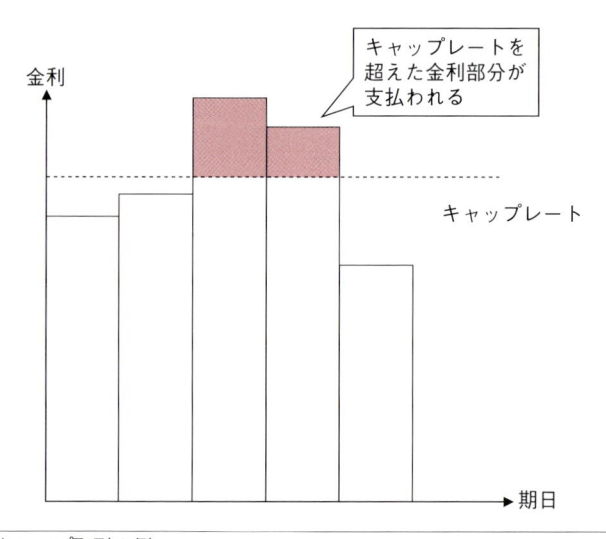

図2-15 キャップ取引の例

くなるのをヘッジするならば、4％をキャップレートとしたキャップを購入します。この時に、買い手はプレミアムを売り手に払います。これによって、将来Libor3Mが4％以上になったとしても、その部分はキャップの売り手によって支払われるので、実質上は最大で4％の金利の借入となったことになります。このようなキャップ付きローンは、一般の個人向けローンでもよく見かけます。

　<u>スワップション</u>（Swaption＝Swap Option）取引は、スワップが原資産のオプション取引です。将来のある時点で決められた内容のスワップを行う権利の売買で、買い手は売り手に対してプレミアムを支払います。買い手が固定金利を受け取る場合を「コールスワップション」または「レシーバーズスワップション」、買い手が固定金利を支払う場合を「プットスワップション」または「ペイヤーズスワップション」と呼びます。

▶ 日本の国は大丈夫か？　　ちょっとひとこと

　日本の財政は大丈夫か、という話は皆さんもいろいろなところで耳にしているのではないでしょうか。日本の財政について将来への不安要素が言われていますが、その中でも特に危険な要素が、「日本国の債務」つまり日本の国の借金の額が多い、ということです。

　日本の国の借金は、主に「国債の発行」でまかなわれています。これ自体は他の国もすべてやっていることで全く問題はないのですが、その額が日本の場合は非常に多いのです。借金ですからいつかは返済しなくてはいけません。国債で言うと、国債の償還期限というのがあり、その期限が来たらもともとの元本分のお金を買ってくれた人に返さなくてはいけません。今はその返済を、新たに国債を発行することでまかなうという、いわゆる「自転車操業」でやりくりしている状態なのです。

　そんな危機的財政状況でも、日本が世界の他の国から高い信頼を得ているのはなぜでしょうか。それは、日本の国が「誰から借金しているのか」、ということに理由があります。日本の国が発行している国債を買っているのは、ほとんどが日本国民なのです。日本の国民は、投資のリスクを嫌って多くのお金を貯蓄に回しています。このお金が集まっている銀行は、運用のために大量の国債を購入して保有します。リターンを狙ってどんどん売り買いをする海外の投資家よりは、日本の国の中で国民や銀行が保有した方が国債から見れば安定した投資家に保有してもらっている、ということになります。これが債務の金額は異常に多くても日本の国の信頼が下がらない理由です。

　ただ、これは決して良いことではありません。日本の国は債務を

なんとか減らす努力をすべきです。また、現在は金融緩和政策がとられていて金利が低いすなわち債券の価格が高いために、国債を保有するだけで銀行の収益があがる構造になっています。しかし、将来もし金利が高くなって国債保有で損が出る状況になった時に、本来の業務で成り立つようになっていなかった金融機関は存続できなくなります。銀行は、本来の融資や、日本経済をうまく回すための金融サービスをもっと展開すべきでしょう。

第3章

金融業務の基礎知識

本章では、それぞれの金融機関が毎日行っている金融業務について、一般的なキーワードや考え方を説明していきましょう。当局から出る新しい指針や、その時々の金融業界の求める方向によって、個別の仕組みや方法が変わる場合もありますが、基本となる考え方がまったく転換してしまうわけではありません。したがって、ここで細かい部分をすべて覚えるというよりは、まず、基本の考え方を頭に入れるつもりで読み進めて下さい。

3-1 金融計算の基本式

　実は金融業務で使う数式のほとんどが四則演算です。「＋－×÷」以外の複雑な計算はほとんど出てきません。
　基本の式は次の二つです。

(1) 利息／クーポン計算　　利息金額 ＝ 元本 × 年利率 × 日数 ÷ 年日数
(2) 実現／評価損益計算　　損益金額 ＝ 現在価格 － 取得時価格

　(1)の式は利息収入またはインカムゲインと呼ばれるもので、資金の出し手があらかじめ決められた形で受け取ることのできる収入です。(2)の式は資産益またはキャピタルゲイン／キャピタルロスと呼ばれるもので、投資した元本そのものについての値上がり益または値下がり損のことです。貸付や、一般的な債券を満期まで保有する場合では、元本金額が変動しませんから、(2)の損益は発生せずに(1)の収益のみが得られます。株式やデリバティブ取引、また債券を途中で売却する場合には、(2)の損益が(1)よりかなり大きな金額になったりすることがあります。

▶ 計算誤差 　　　　　　　　　　　　　　　　　　用語解説

　金融業務では、1円の単位で数字がぴったりと合っていないといけないことが数多くあります。ところが、コンピュータは桁数が有限であることや、二進法を使っていることなどから、計算に誤差が出る可能性があります。

　「丸め誤差」は、四捨五入、切り捨て、切り上げを行うことによって生じる誤差です。どの種類の丸め処理を行うかは、取引種類によって決まります。金融マーケットの世界では四捨五入が多いですが、一般の個人向けの取引金額の計算においては、切り捨てや切り上げのケースが多くなっています。どの桁を丸め処理するのかは、基本的には通貨の種類で決まります。日本円であれば、計算の途中経過では銭（1円の100分の1の単位）で計算して、最後に小数点以下1位を丸めて円の単位にする、というケースが一般的です。ドルであれば、セント（1ドルの100分の1）も流通単位なので、このさらにひとつ下の位を丸めてセントの単位で算出します。実際の計算の際には、何桁目をどのように丸めるかということが細かく規定されているので、それに従って計算します。

　銭やセントなど、基本となる1通貨単位よりさらに小さい単位を「補助単位」と言います。例えば、12円15銭を「12.15円」と書くこともありますが、金融機関では一般的に、

12.^{15}円

と書きます。補助単位であることをはっきりさせるためです。

　計算の順序にも注意が必要です。利息計算では

　利息金額 ＝ 元本 × 年利率 ×（日数 ÷ 年日数）

というように、年日数による割り算が発生します。基本的に（日数 ÷ 年日数）は割り切れない小数になるので、有限桁に収めるために計算を途中でやめなければなりません。この結果生じるのが「打ち切り誤差」です。また小数については、十進数と二進数とで相互に変換をする際に誤差が生じます。

　このため、誤差が許されない金額計算を行う場合は、通常浮動小数点数型の変数を使わず、通貨型や整数型の変数を使います。一方情報系システムのように、「大まかな数字を早めに知りたい」という業務には、浮動小数点数型を使うのが一般的です。このように、業務の性質に応じてシステムが適切な計算を行っているかどうか、についてもITエンジニアは気を配らなければなりません。

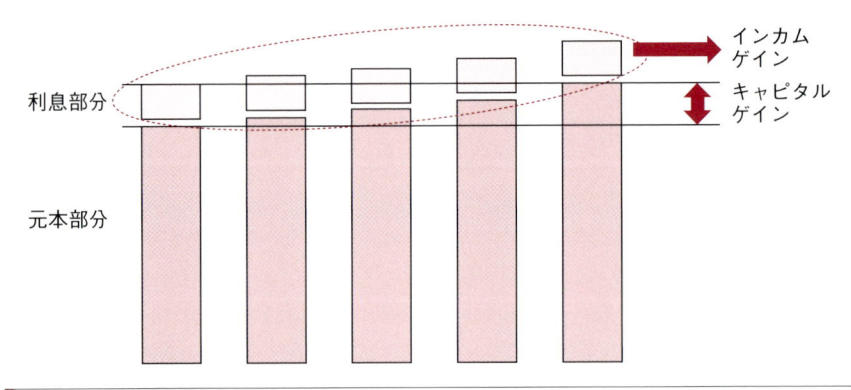

図3-1 インカムゲインとキャピタルゲイン

単利と複利

利息の計算は、次のような式で表されます。

利息金額 ＝ 元本 × 年利率 × 日数 ÷ 年日数

利息の計算には、単利と複利の二つの方式があります。**単利**は、計算される利息を元本に組み入れずに、上記の式で単純に計算する方式のことです。**複利**は、計算される利息を元本に組み入れて計算する方法です。両者の違いを、100万円を5％で10年間運用した場合で比較したのが図3-2です。10年間で13万円もの差が出ています。

単利の場合は、途中で利払いが行われてもその利息は元本に組み入れませんから、満期までの利息額は利息の基本式で計算できます。複利の場合は、利息を元本に組み入れるので、例えば満期までに10回の利息が支払われる場合には、

当初元本金額 ×（1 ＋利率）×（1 ＋利率）× … ×（1 ＋利率）

のように（1 ＋利率）を全部で10回掛けます。この例のように、債券を購入して、途中支払われるクーポンをすべて同じ債券購入に再投資して運用したとしたら、最初の投資額に対する利益は何％になるか、という**運用利回り**を計

		1年目	2年目	3年目	4年目	5年目
単利	元本	1,000,000	1,000,000	1,000,000	1,000,000	1,000,000
	利息	50,000	50,000	50,000	50,000	50,000
	元本+利息	1,050,000	1,100,000	1,150,000	1,200,000	1,250,000
複利	元本	1,000,000	1,050,000	1,102,500	1,157,625	1,215,506
	利息	50,000	52,500	55,125	57,881	60,775
	元本+利息	1,050,000	1,102,500	1,157,625	1,215,506	1,276,282

		6年目	7年目	8年目	9年目	10年目
単利	元本	1,000,000	1,000,000	1,000,000	1,000,000	1,000,000
	利息	50,000	50,000	50,000	50,000	50,000
	元本+利息	1,300,000	1,350,000	1,400,000	1,450,000	1,500,000
複利	元本	1,276,282	1,340,096	1,407,100	1,477,455	1,551,328
	利息	63,814	67,005	70,355	73,873	77,566
	元本+利息	1,340,096	1,407,100	1,477,455	1,551,328	1,628,895

図3-2　単利と複利の比較

算する場合には、複利の計算式で算出します。

固定金利と変動金利

　金利(利率)には、固定金利と変動金利の二つの方式があります。
　固定金利は、その取引期間の間は当初設定した利率がずっと変わらないものです。金利支払い側も受け取り側も、取引期間の中でのキャッシュフローが確定しているというメリットがあります。**変動金利**はその時々の指標となる金利に合わせて、定期的に利率の見直しが行われる取引です。例えば、一般の企業向けの銀行の貸出金利では、プライムレートが指標金利として使われています。
　そもそも金利は、次の三つの要因で決まると言われています。

(1) 経済や景気の状況
(2) 金融政策
(3) 市場の需給関係

　景気が良くなれば企業は設備投資を増やして増産しようという動きが活発に

▶債券の利率と利回り　　　　　　　　　　用語解説

　債券の場合、利率のほかに利回りという数字が別にあります。利率というのは、当初債券発行時に決められた額面金額に対して支払われるクーポンの率のことです。額面が100万円で年1回5万円のクーポンが支払われるなら、利率は5％です。

　一方で、債券は流通市場において常に売買取引が行われていて、市場での値段（時価）はいつも変化しています。クーポン利息5％が魅力的だと思う投資家は、債券の額面価格（100万円）を上回る価格（例えば110万円）でも購入するかもしれません。逆に5％が魅力的でなければ、額面価格を下回る価格（例えば90万円）であっても購入しないかもしれません。このときの判断基準は利回りです。110万円で購入して満期まで保有していると償還は100万円ですから、元本については10万円の損が出ます。けれども、満期までに何度か利息の5万円が支払われて全体で利益が出れば投資価値があると判断できます。この場合、

　損益合計金額 ＝ インカムゲイン ＋ キャピタルゲインまたはロス
　＝（受け取る利息収益の合計金額）＋（売却あるいは償還金額 － 購入時金額）

となります。この損益合計金額を購入時金額（投資元本金額）で割った数字が、利回りです。

　つまり、利回りとは、インカムとキャピタルの両方の収益の合計金額が投資元本に対して何％だったかを計算したものです。債券購入後に償還時まで保有した場合の利回りを最終利回り、債券購入時から途中売却時まで保有した場合の利回りを所有期間利回り、と言います。

　債券ではこのほかに、直利（＝クーポン収入）、単利（＝クーポン＋償還損益）、複利（＝クーポン＋償還損益＋クーポンの再投資益）という見方で分類する利回りもあります。このように、債券ではいろいろな種類の利回り計算が出てくるので、何に対する何の利回りかをよく確認するようにしましょう。

なり、資金需要が増えるために借り入れニーズが増えて、金利が上昇します。逆に不景気になれば、借り入れニーズが減りますから、市場金利を下げて資金を借りやすくします。これが、当局が行う金融政策の一例です。市場の需給関係というのは、金融マーケットにおける資金の出し手と取り手のバランスのことです。出し手の方が多ければ、金利は下がる方向に動き、その逆の場合には金利が上がります。

▶ プライムレート　　　　　　　　　　　　　　　　用語解説

　プライムレートは、銀行が優良企業に貸出を行う場合の最優遇貸出金利です。貸出期間が1年以内の貸出用の短期プライムレート（短プラ）と、1年以上の長期プライムレート（長プラ）があります。もともと短プラは、日本銀行が他の銀行に貸出を行う場合の基準金利である「公定歩合」に連動した標準金利でしたが、金融自由化の流れの中で、現在は銀行ごとに資金調達コストを上乗せさせた「新短プラ」が使用されています。また、長プラは、5年もの利付金融債の表面金利に一定の利鞘を上乗せした金利でしたが、最近は新短プラに連動する形で決定する「新長プラ」が一般的です。この二つのプライムレートが、銀行が行う貸出金利の基準となっています。

　このような金融マーケット全体の中での金利の関連を簡単に示したのが、図3-3です。

　変動金利の指標となる金利は、コールであれば翌日物（O/N、後述）、CDであれば3ヶ月物、国債であれば10年国債、というように決まっています。

　また、海外の金融市場での取引であれば、Libor（ライボー、London InterBank Offered Rate、ロンドン銀行間出し手レート）がよく使われます。ロンドン市場でロンドン時間午前11時時点の、複数の指定銀行（リファレンスバンク）のオファードレート（資金提供側が提示する金利）の平均値を算出して、英国銀行協会（BBA）が集計して公表しているものです。変動金利が

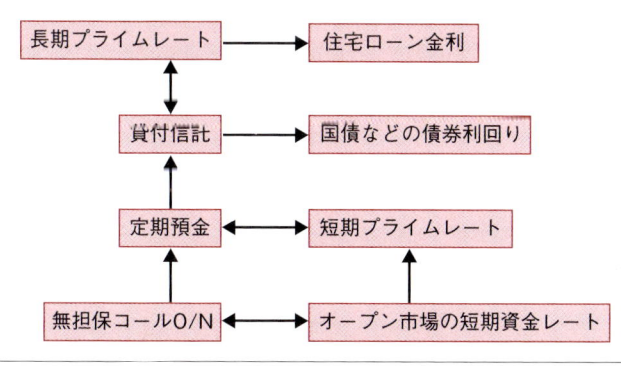

図3-3　金利の相互関係

> ▶ **Liborの不正操作事件**　ちょっとひとこと
>
> 　2011年には、英国のバークレイズ銀行ほかの大手投資銀行が、Liborの不正操作で摘発されました。複数の国際的な銀行が、自分が保有している金融商品が有利になるようなレートを申告して自行の財務状況が悪化していないように見せていた、というものでした。建設業界で言えば、複数のゼネコンが結託して入札価格を決めていた、というような事件と同じ種類です。Liborは、この金利自体がいろいろな金融商品の値付けの根拠になるレートなので、それがこのような形で恣意的に操作されていたことは、金融マーケット自体の信頼を損なう、非常に大きな問題となる事件でした。

「Libor 3M」と書いてあれば、3ヶ月物のLibor金利を適用する、という意味になります。

　ちなみに円では同様に、**Tibor**（タイボー、Tokyo InterBank Offered Rate）があり、東京オフショア市場における、銀行間出し手レートのことです。東京市場で日本時間午前11時時点の、資金を貸し出す側が提示するレートを、全国銀行協会が集計して平均値を公表しています。

　ここで、固定金利での取引と変動金利での取引について、金融機関側から見た違いを見てみます。例えば、銀行が企業に1億円を10年間、固定金利5%で貸し出す場合を考えてみましょう。銀行は、この貸出のための資金を調達しなくてはいけません。そこで、金利1.5%の6ヶ月物で資金調達をした場合には、この銀行はその後も6ヶ月ごとに調達を繰り返し、10年間の貸出との相殺を図らなければいけません。

　銀行にとっての最初の6ヶ月間の利鞘は

　5% − 1.5% = 3.5%

です。けれども、もし将来金利が上昇して6ヶ月物の金融マーケットでの金利が5%以上に上昇すると、この貸出取引は逆鞘になります。このように、銀行から見ると、固定の長期金利での取引は将来の金利に対してリスクを負うことになるので、そのリスクも織り込んで少し高めの利率とするのが普通です。

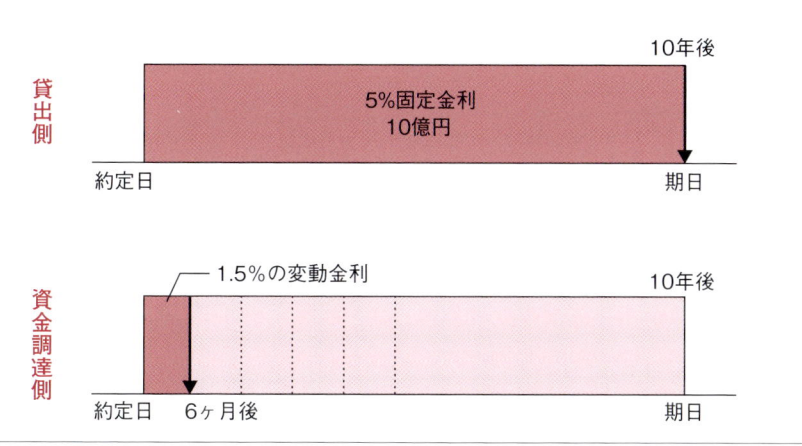

図3-4　固定金利の貸出に対する調達

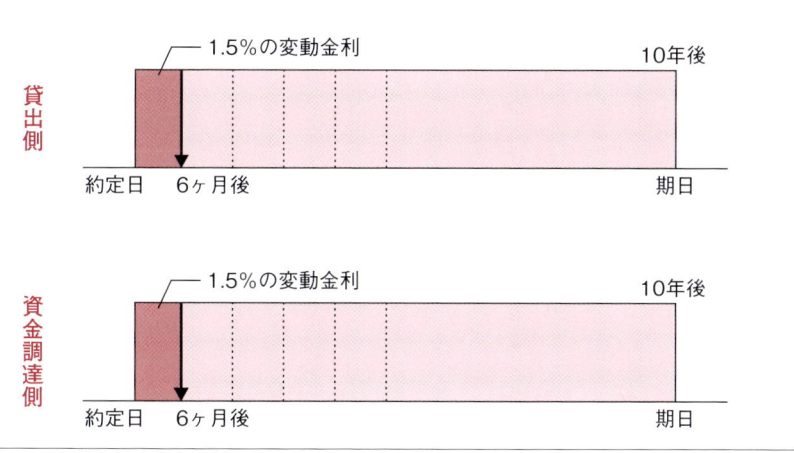

図3-5　変動金利の貸出に対する調達

　一方、変動金利で貸し出す場合だと、調達の金利に対応して貸出の金利も見直せるので、常に一定の利鞘が確保できます。貸出の金利を（6ヶ月物標準金利＋2％）とすれば、銀行としては満期まで2％の利鞘がほぼ確定できます。通常は貸出と調達の指標金利が同じではありませんが、短期金融市場での金利はほとんど同じ水準になり、大きな差は出ません。この場合は、貸出を受けた企業の方が、金利のリスクを持つ形になります。

　次に「元本」についての説明に移りましょう。元本の金額は、取引期間中ずっと変わらないとは限りません。途中返済や途中償還が行われると元本は

減少します。途中で元本を一部返済することを**アモチ**（Amortization）と言います。

図3-6は、4月1日に100万円を借りて、10日ごとに20万円ずつ返済し、4月30日に残りの60万円を返済した場合です。利息は

利息金額 ＝ 元本積数 × 年利率 ÷ 年日数

で計算します。**積数**は、元本残高と日数を掛けたものの合計です。図では棒グラフの面積に相当します。積数は、よく出てくる言葉ですから覚えておきましょう。

利息金額は次のように計算します。

（100万円 × 10日 ＋ 80万円 × 10日 ＋ 60万円 × 10日）× 5% ÷ 365日 ＝ 3287.67円

で、利息金額は3288円（四捨五入）になります。

平残や末残という数値も、金融機関の内部資料や報告用資料で頻繁に出てきます。**平残**（へいざん）は平均残高のことで、積数を全体の日数で割った値、すなわち1日あたりの残高金額の平均値です。**末残**（まつざん）は、月末や年度末時点での残高のことです。図3-6で言えば、4月中の平残は

（100万円 × 10日 ＋ 80万円 × 10日 ＋ 60万円 × 10日）÷ 30日 ＝ 80万円

返済が終わっているので、4月末の末残は0円です。

貸出取引において代表的な元本返済方式は、次の三つです。

(1) 元利均等返済

途中返済ありの貸出

100万円 { 元本100万円 | 元本80万円 | 元本60万円
4月1日　　4月10日　　4月20日　　4月30日
20万円返済　20万円返済　60万円返済

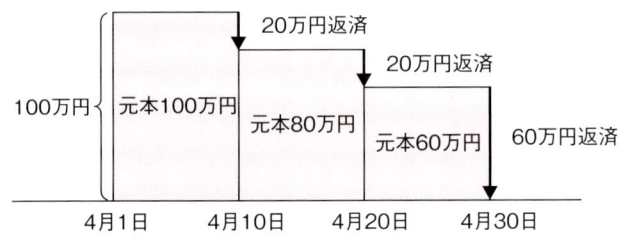

図3-6　約定返済型（アモチ型）ローン

(2) 元金均等返済
(3) 元本一括返済

　(1)と(2)はアモチ型、つまり途中で元本部分の返済があるタイプです。元利均等返済は返済金額（返済する元金と利息の合計）が最後まで同じで、返済額に占める元本と利息のうち元本の返済額が次第に増えていきます。元金均等返済は元本返済金額が最後まで同じで、利息の返済額が次第に減っていきます。利息は、利息計算期間の積数に比例しますから、最初に元本を早く返してしまう元金均等返済の方が利息の支払いは少なくなります。元本一括返済は、途中利息だけを払い最後の期限に一括して元本を返済します。私たち個人が借りる住宅ローンの返済は(1)が多いですが、事業性のローンなどを企業が借りる場合は(2)や(3)が多いです。
　また貸出の中には、ある限度額（コミットメントラインと言う）を決めておき、その中でいつでも返済したり追加借入したりできるというものもあります。当座貸越はこの形の取引です。

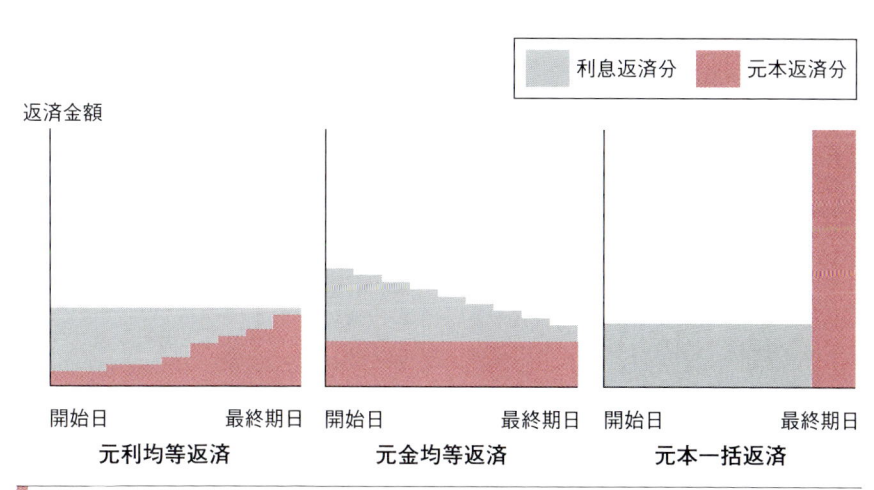

図3-7　元本返済方式

日数計算

　日数の数え方には、**片端**（かたは、片落ちとも言う）と**両端**（りょうは、両端入れとも言う）の2種類があります。利息日数計算期間の最初か最後の日を片方だけ入れるか、両方とも入れるか、という意味です。預金の利息計算や金融マーケットにおける金融商品の利息計算は、片端の場合がほとんどです。銀行が行う貸出の利息計算は両端が多いです。

　図3-8の●（黒丸）はその日が含まれるという意味、○（白丸）は含まれないという意味です。片端でも、最初の日を入れるのか（●─○）、最後の日を入れるのか（○─●）、の二つの場合があります。

　金融機関は営業日（土日と祝日は休み）で日数を数える**営業日**ベースという考え方が基本です。例えば、4月1日に1ヶ月の貸出を行った場合には、1ヶ月後の応当日（5月1日）の前日の4月30日が返済期日で、日数は両端で30日です。けれども、4月30日が日曜日だった場合には翌日の5月1日に返済となり、この場合は31日で計算します。営業日ベースを考えるためには、祝日の情報が必要ですが、祝日は国ごと（国の中で異なる場合には、都市ごと）に違います。したがって、利息計算を行うには計算の基準国のカレンダーを持つ必要があります。例えば、ロンドンのマーケットでドルを買う取引を行った場合には、英国のカレンダーを参照して日数を算出します。このように、金融マーケットでの取引を行うシステムでは、国ごとのカレンダーの管理がシステム内で必須となります。

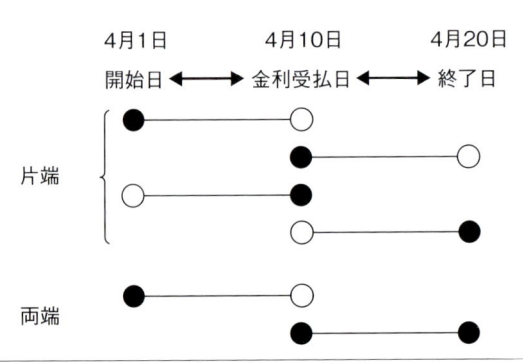

図3-8　片端と両端（途中で金利受け払いがある場合）

第 3 章　金融業務の基礎知識

　金融マーケットにおいて、取引は取引約定日に行われますが、実際に資金を受け渡しする決済日が約定日と同じであるとは限りません。いつ実際の資金受け渡しが行われるのかで、金融商品を以下のように分類します。

(1) Cash（キャッシュ物、当日物）
　　当日に約定して当日に資金が受け渡される
(2) Tom（翌日物）
　　当日に約定して翌営業日に資金が受け渡される
(3) Spot（スポット物）
　　当日に約定してスポット日と言われる翌々営業日に資金が受け渡される

　当日物の取引は、取引が行われた当日に決済も行われるので、このような取引が行われる市場を「現金市場」と言います。金融マーケットで一般的なのは、取引の2営業日後に決済されるスポット物で、このような取引が行われる市場を「直物（じきもの）市場（Spot Market）」と言います。**スポット**という言葉は、いろいろな場面で出てくるので、覚えておくとよいでしょう。また、これに対応して、資金取引の開始日と取引期間で以下のように分けられます。

(1) O/N（Over Night、オーバーナイト）
　　当日約定・当日資金受け渡しで、翌営業日に資金決済をする取引。無担保コールのO/N取引を指す場合が多い
(2) T/N（Tomorrow Next、トモネ）
　　当日約定で、翌営業日が開始日で資金受け渡しを行い、翌々営業日に資金の決済をする取引
(3) S/N（Spot Next、スポネ）
　　当日約定で、スポット日が開始日で資金受け渡しを行い、スポット日の翌営業日に資金の決済をする取引
(4) その他のレギュラー物
(5) 半日物

レギュラー物は、金融マーケットで取引される一般的な取引期間のことです。1ヶ月物（1M、One Monthと言う）はスポット日が開始日でスポット日の1ヶ月後が終了日です。同様に、2ヶ月物、3ヶ月物、6ヶ月物、12ヶ月物（1Yと略す）があります。

　半日物はその名の通り、半日だけの取引です。朝借りて昼返す「朝半」、昼借りて午後返す「後半」、午後借りて夕方返す「夕半」があります。各金融機関同士が日銀の当座預金間で決済していくうえで、残高に不足が生じると、その時点で決済が行われなくなってしまいます（**フェイル**すると言います）。したがって、各金融機関は常に当座預金残高を確認しており、半日物の取引を利用してフェイルしないようにしています。銀行間の決済の仕組みについては「第5章　バックシステム」でもう一度説明します。

　例えば「T/Nの無担コールマネー1本」というと、

約定日　　　　　当日
取引スタート日　翌営業日
取引エンド日　　翌々営業日
資金入金日　　　翌営業日
資金返済日　　　翌々営業日
元本金額　　　　1億円

という取引を表します。

　日数計算の最後は、年日数です。

　利率は、通常パーセントで表示され、なにも書いていなければ年率のこと

約定日	取引スタート日 資金の入金日	取引エンド日 資金の返済日
<当日>	<翌営業日>	<翌々営業日>

図3-9　T/Nの無担コールマネーの場合の取引日

> **▶ 1本**　　　　　　　　　　　　　　　　　　　　　用語解説
>
> 　金融マーケットでディーラーがよく使う「1本」とは、1億円のことです。ドルの取引では、1Million（100万）を表す「1M」をよく使います。1ドルが100円前後ですから、1Mと1本は同じぐらいの規模の金額です。金融マーケットでは取引の規模が大きいですから、このような単位で呼ぶ方が都合がよいのです。システムにおいても、取引金額そのままだとゼロをたくさん入力する必要が出てしまうので、多くのシステムでは「1M」と入力すると100万に変換するような仕組みを持っています。入力がすばやくできるうえに入力間違いが少なくなるので、金融マーケット関連のシステムではよく採用されています。

です。ただし、1年間の日数の決め方が国やマーケットによって異なります。代表的なものは、以下の通りです。

(1) ACT/365　　日本、香港、シンガポール、イギリスなど
(2) ACT/360　　アメリカ、ヨーロッパ（ユーロ）、オーストラリアなど
(3) 30/360　　　スイス

　ACT（Actual）は、実日数という意味です。取引開始日から終了日までの期間の日数を、実日数で数えるということです。365あるいは360というのは、年日数ベースのことで、1年間を365日とするか、360日とするかという「決め方」です。日本も含めたアジアの国やイギリスは365日を、アメリカや欧州の各国は360日を採用しています。
　(3)はちょっと特殊で、年日数は360日、期間に1ヶ月がまるまる含まれている場合には、その1ヶ月の日数を30日とするという計算です。
　図3-10では、半年の預金の例で計算結果を比較しています。
　この例からもわかるように、「年率0.5％」と言っても、年日数の計算方法で利息額が変わってくるので、外貨を扱ったり国外の金融マーケットで取引する場合などは注意が必要です。ちなみに、銀行で販売されている外貨預金も、360日ベースの利率が提示されていて、国内の円預金とは異なっています。

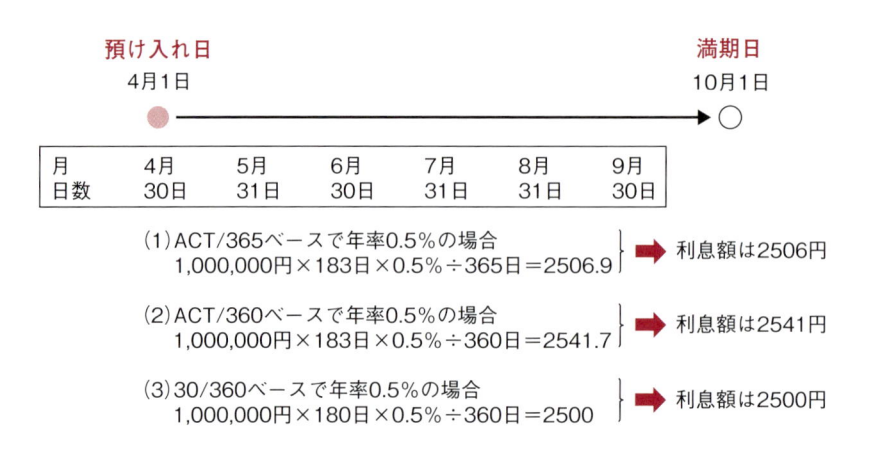

```
         預け入れ日                                    満期日
         4月1日                                       10月1日
         ●━━━━━━━━━━━━━━━━━━━━━━━━━━━━━━━━○
  ┌─────┬─────┬─────┬─────┬─────┬─────┬─────┐
  │ 月  │ 4月 │ 5月 │ 6月 │ 7月 │ 8月 │ 9月 │
  │ 日数│ 30日│ 31日│ 30日│ 31日│ 31日│ 30日│
  └─────┴─────┴─────┴─────┴─────┴─────┴─────┘
```

(1) ACT/365ベースで年率0.5%の場合
1,000,000円×183日×0.5%÷365日＝2506.9 ➡ 利息額は2506円

(2) ACT/360ベースで年率0.5%の場合
1,000,000円×183日×0.5%÷360日＝2541.7 ➡ 利息額は2541円

(3) 30/360ベースで年率0.5%の場合
1,000,000円×180日×0.5%÷360日＝2500 ➡ 利息額は2500円

図3-10　年日数ベースの違いに基づく利息額の違い

ユーロ円の取引も、360日ベースで取引されます。

またさらに厳密に区分すると、うるう年の場合に年日数を365日のままとするか366日にするのか、という違いで、上記(1)の中もさらに、ACT/365(366)（2月29日を含む取引の場合に、年日数を366日とする）と、ACT/365（うるう年の年日数も365日で固定）に分かれます。年日数ベースや日数の数え方は、基本的なこれらの数え方以外の例外ケースもありますので、システムでは基本パターンだけ自動的に計算できるようにしておくとともに、別途手で計算した値を直接入力できるような仕組みを持っているのが普通です。

実現／評価損益計算

実現損益と評価損益の計算式は非常に単純で、売却価格あるいは時価価格と、購入時の価格の差を求めて、実際に元本ベースでどの程度の利益あるいは損益が出たか、あるいは出ているのかを求めます。**実現損益**は実際に売却した場合の損益、**評価損益**はもし今売却したとしたらいくらの損益が出るか、です。したがって

実現損益 ＝ 売却価格 − 取得価格

評価損益 ＝ 時価 − 取得価格

となります。

　ここで一番難しいのは時価の算出です。売却価格は実際に売却していますから簡単ですが、「もし今売却したとしたら…」という場合の価格は、評価する人によって異なる可能性があります。取引所取引で売買されている金融商品であれば、市場価格を入手できますからそれを時価とします。しかし、債券などOTC取引の商品では市場価格というものがないので、「合理的に算出された価格」を適用します。この価格の求め方については、「第4章　フロントシステム」のところでもう少し詳しく触れます。商品の時価を求めることを、**時価評価**（Mark to Market、**MTM**）と言い、これは次に説明する金融商品の会計区分とも関連があります。

3-2　金融商品の会計処理

　金融ビッグバンにより金融取引の手法や種類が増えると同時に、金融機関が抱えるリスクの種類や量も一挙に増えました。そして、金融機関自身の財務内容の透明性と公開（ディスクロージャー）が強く求められるようになり、日本でも国際会計基準にも通じる**時価会計**の導入が始まりました。

　それまでの「購入取得原価主義（原価を基準に資産や負債を評価する方式）」では、実際に売却するまで損益が計上されずに、資産価値が実態からかけ離れながらも損益計算書上には現れない「含み損」を抱えたままとなる、という問題がありました。「時価会計主義」は、貸借対照表上の資産と負債を毎期末の時価で再評価し、そこで現れた損益を損益計算書に計上する会計方法です。この時価会計導入によって、「含み損」という不透明さが排除され、企業の財務状態の実態に近いものになったのです。

金融商品の時価評価

　金融商品に関しても 2000 年 4 月に時価会計制度が導入されました。ただ、すべての商品に時価評価が適用されるわけではありません。例えば、受取手形や貸出金などは、市場がないうえに客観的な時価評価が難しいため、時価評価は行いません。ただし、債務者の返済能力に応じて貸倒引当金を計上することで、リスクに対する備えを行っています。

　金融商品の中で、時価評価の対象になるのは、以下の二つの商品です。

(1) 有価証券
(2) デリバティブ取引

　有価証券は原則として時価評価ですが、保有目的によってその処理方法は異なります。

売買目的の有価証券	時価評価
満期まで保有する債券	償却原価
関係会社の株式	原価
その他の有価証券	時価

　売買目的の有価証券は時価評価の対象で、その時点の評価損益も損益計算書に計上されます。満期まで保有する債券は、満期の時点での損益が一度に計上されないようにします。取得原価と償還金額との差額をその取得時から償還時までの期間に配分し、毎期一定の方法で益金または損金に算入します。これが償却原価法です。関係会社の株式は、基本的に売買目的ではないため、原価法（取得原価による評価）が適用されます。その他の有価証券は時価で評価したうえで、評価損益は損益としないで直接資本勘定とする（資本注入法）処理が行われます。

　このように、同じ有価証券であっても、その保有目的で会計処理が異なりますから、会計処理に連動するシステムでは、保有区分を管理する仕組みが

必要になります。

多くの銀行や証券会社では、**商品勘定**（トレーディング勘定）と**投資勘定**（バンキング勘定）という名前で分けて管理しています。「商品勘定」が時価評価の対象となるもの、「投資勘定」が時価評価不要なものです。銀行が保有している株式は、ほとんどが投資勘定です。

デリバティブ取引は貸借対照表に載らないオフバランス取引で、以前はその損益が実現するまで損益計算書にも載りませんでした。しかし、デリバティブは小さな元本で大きな損益が発生することがある取引です。デリバティブ取引については、市場価格があったり合理的な市場価格を算出できたりするので、原則すべて時価評価でその時点の評価損益を計上する、ということになりました。ただし、デリバティブ取引の時価会計にも、ひとつ例外的な適用があります。それが次に説明する「ヘッジ会計」です。

ヘッジ会計

もともと保有する資産のリスクを限定させるために行う取引を**ヘッジ**(Hedge)取引と言います。「ヘッジ」とは、ある取引を行った場合に、その取引と反対方向の取引（同じ効果の別の取引でもよい）を行うことです。もともとの取引や商品のリスクを減らしたりなくしたりするために行う取引で、元の取引とヘッジ取引を合わせて全体でリスクを減らす効果があります。

このような場合に、元の資産が時価会計でなく（原価主義会計で）、ヘッジ取引であるデリバティブ取引が時価会計だと、会計上の整合が取れなくなってしまいます。そこで逆に、デリバティブ取引を、原価主義での計上損益に合わせるようにして、全体の損益が実態にあった数字になるような手法を採ることになりました。これが**ヘッジ会計**です。

ヘッジ取引は大きく次の二つのタイプがあります。

(1) 資産や負債にかかるキャッシュフローが固定され、その変動が回避されるもの
(2) 市場の動きで価格変動がある商品であっても、その評価損益が損益とし

て処理されないもの

(1)は、変動金利ベースの利息の支払いを、固定金額の支払いに変換するスワップ取引を行った場合などです。変動金利ベースで借入を行っている借り手が、支払い額を将来にわたって確定させたいと考え、変動金利と固定金利を交換するスワップ取引をヘッジ取引として行うようなケースです。

(2)は、将来いくらになるか分からない取引や資産について、将来時点での時価評価（価格）を今の時点で確定させたい、という場合に行うヘッジ取引のケースです。図3-11で具体的に見てみましょう。

ある会社が、2ヶ月後に20万ドルの入金予定があるとします。現在の円ドルレートが110円として、もしこのままレートが変わらないとすれば、2ヶ月後には

20万ドル × 110円 ＝ 2200万円

が入ってきます。しかし、もし2ヶ月後の円ドルレートが90円になっていたとしたら

20万ドル × 90円 ＝ 1800万円

となってしまいます。

この会社は、最悪でも2000万円を確保して、それを自社の次の事業拡大に

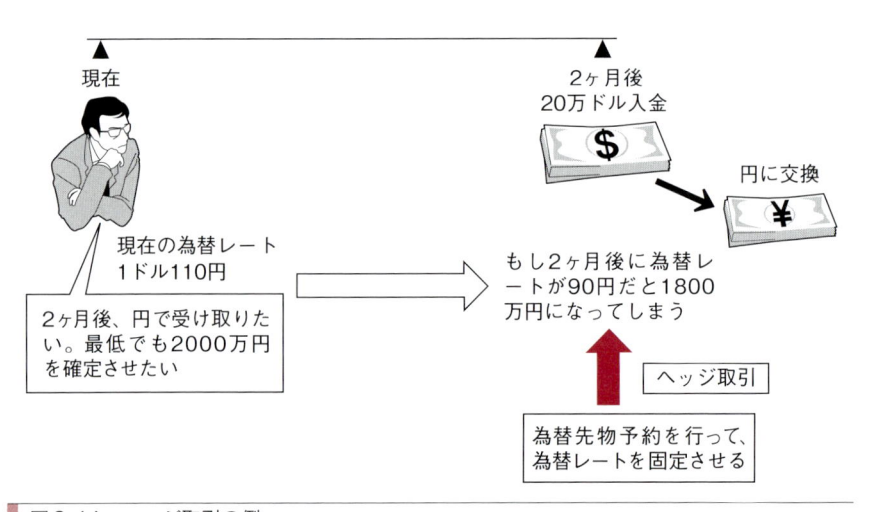

図3-11　ヘッジ取引の例

使いたいと考えています。つまり、この会社は将来の20万ドルを2000万円で確定させたいわけです。そこで、ヘッジ取引として、2ヶ月後に100円で決済できる為替先物取引を行うわけです。この場合、為替予約は入金予定取引とセットなので時価評価されずに、ヘッジ取引として認識されます。

　このケースで、入金予定が原価評価のままで、為替予約が時価評価となるとどうなるでしょうか。円ドルレートが少しでも動くと、為替予約の評価損益が計上されてしまいます。けれども、この為替取引は入金予定とセットで、為替のリスクを結果としてゼロにしているヘッジ取引なので、為替予約だけの損益が計上されるのは実態と合っていません。

　このため、為替予約の時価評価差額を貸借対照表上で繰り延べて、当期の損益に計上しない方法を採ります。日本でのヘッジ会計はこの方法（繰り延べヘッジ）を採用しています。今後は、IFRS（国際会計基準）の**公正価値算定**方針に合わせて会計処理が変わってくる可能性があります。

　実際には、ヘッジ取引かどうかの条件判断など、ヘッジ会計の会計処理基準はさらに細かい規定があります。少なくとも、ヘッジ取引は他の取引と分けて認識できるようにしておくことが必要である、ということだけは覚えておきましょう。

3-3　金融機関のリスク

　金融業務の中では、「リスクを引き受ける」ことが重要な要素です。この「引き受ける」というのは、「管理する」と言い換えてもいいでしょう。では「リスクを管理する」というのは、具体的に何をすることでしょうか。

　そもそも「リスク」とは「不確実さ」のことです。リスクと聞くと、思わぬ大きな損失を被ること、というイメージを持つかもしれません。もちろんそれもひとつの不確実さですが、想定以上の思わぬ利益を得ることも同様に不確実さなのです。不確実さとは、どうなるかわからない度合いのことです。そし

て、この不確実さを減らすことではなくて、不確実さ度合いをどこまで正確に把握できるか、がリスクを管理することなのです。

このように考えると、思わぬ利益が上がることは喜ばしいとは言え、リスク管理の観点ではきちんと管理できていない状況です。大切なことは、利益も損失も含めて、どの程度の確かさで見極められているか、です。

リスクを「業務上損失を被る可能性」と説明していることがありますが、これは、リスクの片方の面しか見ていない表現です。厳密には「ダウンサイドのリスク」と言うべきでしょう。一般的に、「リスク」というとダウンサイド側のみを取り上げて言うことが多いですが、「リスクの本質とは何か」をしっかり頭に入れておくことは、リスク管理を考えるうえでとても重要です。

ここでは、どのようなリスクの種類があるのかという概要を説明します。リスクの具体的な評価方法は「第6章　ミドルシステム」で説明します。

リスクの種類

金融自由化と国際化を背景に、管理すべきリスクも多様化し複雑化してきています。今後は、あらゆるリスクをいかに的確に管理していくことができるかが、金融機関が生き残るひとつの大きな鍵になっています。

リスクは次のように分類できます。

(1) 信用リスク
(2) 市場リスク
(3) 流動性リスク
(4) オペレーショナルリスク
(5) その他のリスク

● 信用リスク

貸出先（信用供与先）などの財務状況が悪くなることにより、債権が回収できなくなるリスクを、信用リスクと言います。信用リスクの管理は、特に間接金融を行う銀行や保険会社にとって、とても重要です。

貸付を行う際、与信先の信用リスクを把握するために、銀行は「企業格付け」と「案件格付け」を行っています。与信先の資産状況などを自分でしっかりと評価・管理するという自己責任原則を徹底させるために、銀行には**自己査定**する仕組みを確立することが義務付けられています。この自己査定は、まず企業を以下の五分類に分ける「企業格付け」から始まります。

(1) 正常先
(2) 要注意先
(3) 破綻懸念先
(4) 実質破綻先
(5) 破綻先

正常先は健全で問題ない企業、要注意先は金利を減免するようななんらかの問題が発生している企業です。破綻懸念先、実質破綻先、破綻先は、経営がすでに破綻しているか今後破綻する可能性の高い企業で、貸出債権のうち担保によって保全されていない部分は、「個別引当」の対象となります。個別

▶ **クレジットデフォルトスワップとCVA**　　　用語解説

　クレジットデフォルトスワップ（CDS）は、貸付債権や社債などにおける信用リスクをヘッジする目的で行われるスワップ取引です。「第2章　金融マーケットの基礎知識」で説明したように、通常のスワップ取引はその取引の市場リスク部分を交換するような取引ですが、CDSは信用リスク部分を交換することになります。

　また最近は、金融機関同士で取引相手ごとに信用リスク分を付加して取引をする場合が多くなっています。これをCVA（Credit Value Adjustment）と言います。さらに、担保付きのスワップ取引が増加しています。担保としては国債などの債券を使う場合が多いですが、デリバティブ取引の評価損益は毎日評価すると変動するので、その勝ち負けを担保の受け渡しで毎日調整しています。このように、金融機関同士の間での信用リスクの管理手法はリーマンショック以降に特に活発になってきています。

> **▶ ソブリン債**　　　　　　　　　　　　　　　　　　**用語解説**
>
> 　国が発行する国債と、国が保証する債券をまとめて、ソブリン債と言います。国がクーポンと償還の支払いを保証しているため、外債の中では最も信用度が高いと言われています。現在一般に販売されている投資信託の中でも、一番人気があるのは、ソブリン債に投資をする投資信託（グローバルソブリンなど）です。
> 　しかし、必ずしもすべてのソブリンの信用度が高いわけではありません。例えば、2002年に発生した、アルゼンチン債の償還停止事件は、最終的には債券購入者に元本の25％が返ってきただけでした。この債券は、ソブリン債であるということで信用度が高いうえに、金利も4％以上と高かったために、一般投資家だけでなく東京都や公益法人なども、多額のアルゼンチン債を保有していて、大きな社会問題となりました。このように、国に対しても格付けを考慮した信用リスク管理が必要になります。実際、格付け会社は、個々の国に対しても格付けを行っています。

　引当とは、どの程度破綻しそうであるかに応じて、破綻時の損失予想額をあらかじめ引当金として銀行側で準備しておくことです。企業格付けを行った後、個別の債権について担保や信用保証などの保全状況を加味して、「案件格付け」を行い、最終的な査定額を決めます。

　銀行にとってみると、引当金は損益の数字に直接影響が出ますから、個別引当金はなるべく積み増ししなくていいように、「破綻しそうな度合い」を低く見積もりたいところです。銀行が不良債権処理を進めていたときには、この見積もりをめぐって、監査当局と銀行とで、かなり激しいやりとりがありました。

　貸出相手は個人や企業に限りません。外国の国が対象になることもあります。証券会社では、保有している有価証券の発行体が償還に応じられなくなるというような信用リスクもあります。

● 市場リスク

　金利や有価証券の価格、あるいは為替のように市場が動くことにより、保有している金融資産の価値が変化するリスクを、市場リスクと言います。リスク定量化の分野で、最も先行して仕組み作りが進んでいます。仕組み作りが進ん

だ理由としては、ニーズが高い分野だったこと、分析や定量化にあたってのデータが分析しやすい形で手に入ること、そしてその結果の検証が容易であること、などが挙げられます。そして、市場リスクで実践されている定量的なリスク管理手法が、ほかの分野のリスクにも応用されるようになっています。

● 流動性リスク

　金融機関の財務内容が悪化すると、市場で必要な資金が確保できなくなります。金融商品やお金がうまく流れなくなるようなリスクを、流動性リスクと言います。基本的には個々の金融機関の問題ですが、信用不安が市場全体に広がって、金融マーケットでの取引自体がうまく回らなくなるような事態も起こりかねないので、流動性リスクは今後一層重要視されてくるリスクだと言われています。

　特定の企業が発行する社債や新興市場に上場されている株式などは、発行量や流通量が少なく（流動性が低く）なっています。したがって、この流動性リスクがある部分を補うために、流動性プレミアムとして、普通よりも高いクーポンを付けたり高い配当を出したりすることで、資金を調達しています。

　銀行の場合は、預金者から資金を預かり、その資金を貸出金や金融市場で運用することで利鞘を得ています。しかし、預金者から預かっている資金は、預金者の求めにより払い戻さなければなりませんが、運用している資金はすぐに回収できない可能性があります。銀行の信用が悪化し、預金の払い戻しが集中するとその払い戻しに応じることができなくなる可能性もあります。このような事態の発生も、ある意味では流動性リスクとして捉えることができます。

● オペレーショナルリスク

　オペレーショナルリスクは、コンピュータシステムの不備やダウンによるシステムリスクと、役職員が事務を怠ったり不正を行うことによって被る事務リスクの両方のことを指します。

　オペレーショナルリスクが注目され出したのはつい最近のことです。それまでは、システムのダウンや事務ミスはあるはずのないことと、リスクとして積極的に捉えられていませんでした。けれども、1990年代に起こった巨額損失

事件や、社会問題となるような大規模なシステムダウンをきっかけに、信用リスクや市場リスクと同様のレベルでの定量的なリスク管理が必須である、という考え方が浸透してきています。

● その他のリスク

保険会社にはこのほかに「保険引き受けリスク」があります。重大な災害や事故が起こったりすると、当初の予測を上回る金額の保険支払いが生まれる可能性があります。また、保険会社はバブルの時期に不動産にかなり投資したため、償却損が起こっています。これらもリスク要因として挙げられます。

3-4 BIS 規制

銀行の健全性を判断する国際的な基準として、国際決済銀行（BIS、Bank for International Settlements、ビス）が定める自己資本比率に関する指標があります。一般的には、BIS規制と呼ばれています。これは、銀行が持っているリスクアセットに対してどの程度の自己資本を持っているか、という指標です。以下の式で表され、国際業務を営む銀行は8％以上と定めています。日本独自の基準としては、日本で国内業務だけを行う銀行は4％以上というものもあります。

自己資本（Tier I ＋ Tier II ＋ Tier III）÷ リスクアセット

例えば、自己資本100億円の銀行というのは、もし銀行を清算しなくてはならないような状況に陥った場合に、最悪でもこの自己資本を清算金に充てれば債務を弁済できる、という意味です。自己資本が大きければそれだけその銀行は安全だと言えます。式の中のTier I～IIIは、自己資本に組み入れられる資産や損益の区分です。

リスクアセットというのは、銀行の保有している資産をリスクの度合いに応じて換算した値です。リスクの大きな資産は大きな値に、リスクの小さな資産は小さな値になります。式を見ると分かるように、分母であるリスクアセットが小さい（リスクの小さな資産を持っている）ほど、分子である自己資本が大きいほど、自己資本比率が大きくなり、健全な銀行と言えるのです。

BIS規制の経緯

BIS規制は最初に1999年に作られ、その後、経済環境や国際金融の流れに応じて何度か改定されていて、現在は「BIS 3次」が段階適用されています。

最初のBIS規制は「BIS 1次」と呼ばれ、主に信用リスクについて計算を行う比較的単純な指標でした。2006年末から導入された新BIS規制（標準的手法において）では、リスクアセットを求めるためのリスクウェイトを、各資産のリスト度合いとそれに対する引当金の状況に応じてきめ細かく定義しています。

さらに、企業向け債権の引当金について90日以上の延滞がある場合に、引当金ゼロの場合には150％になるが、引当金が50％あればリスクウェイトは50％になる、というように不良債権処理が進むような仕組みになっています。

2001年に導入された「BIS 2次」では、市場リスクをリスクアセットに取り込みました。BIS 1次でも、オリジナルエクスポージャー法、カレントエクスポージャー法という、簡易的な計算式でデリバティブのリスク量をリスクアセットに加えていました。それを、BIS 2次では、銀行の持つ内部モデルを使ってより精緻な形で算出してもよいということになりました。

簡易モデルは保守的な数字で計算されるため、リスクアセットが大きめに出る傾向があります。また、銀行内部のリスク管理の必要性から、主に大手銀行は、より精緻で実態にあったモデルの構築を盛んに進めました。このと

BIS 1次		新BIS規制	
外国の国債（OECD加盟国）	0%	外国の国債（格付けに応じて）	0%〜50%
銀行向け債権	20%	大企業・中堅企業向け債権	100%
事業法人向け債権	100%	中小企業向け・個人向け債権	75%
個人向け債権	100%	住宅ローン債権	35%

きに導入されたリスク量を定量化する考え方が、VaR（バー、Value at Risk）です。VaRについては「第6章　ミドルシステム」であらためて説明します。

2006年末には「新BIS規制」が導入されました。目玉は、信用リスクの高度化と、オペレーショナルリスクの導入です。

信用リスクの高度化では、BIS 1次で決めた**標準的手法**（リスクウェイトを掛ける手法。リスクウェイトテーブルの一部見直しあり）のほかに、銀行独自の**内部格付け手法**を取り入れてもよいことになりました。BIS 2次のときと同様に、先進的な銀行は、独自のモデルによってリスクアセットを下げることができる、ということです。

新BIS規制からBIS 3次へ

新BIS規制の中心となる、信用リスクとオペレーショナルリスクの枠組みだけを簡単に説明しておきましょう。

信用リスクについては、内部格付け手法が新たに取り入れられます。標準的手法は、「相手先がどこであるか」によってリスクウェイトを決めていますが、内部格付け手法では以下の三つのパラメータでリスクウェイトを決めます。

(1) 借り手の今後1年間の予想デフォルト確率　PD（Probability of Default）
(2) デフォルト時の損失率　LGD（Loss Given Default）
(3) デフォルト時の与信額　EAD（Exposure at Default）

デフォルトとは、債務が返済できなくなった、つまり倒産したような場合です。(1)のPDは一般的にデフォルト率と呼んでいる確率です。(2)のLGDはデフォルトした時に、担保などで回収できる分を除き、純粋に銀行が被る損失はどの程度か、という数字です。(3)のEADは、LGDを推計する際の貸出名目額です。銀行は、貸出にあたり貸出枠（コミットメントライン）を設定している場合があるので、その場合には現在の貸出額よりもさらに大きな金額がEADとなります。

現時点で一般的な信用リスクの計量化モデルでは、信用リスク量を「信用供

与した企業が一定期間（1年間）の間に業績が悪化して、倒産（デフォルト）し、信用供与した資金のうちで回収できなくなる損失額」と定義しています。これを計算式で表すと、

　回収できなくなる損失額
　＝ 信用供与額 × デフォルト確率 ×（1 － 予想回収率）
となります。

　これらの数値は、「リスクファクターの抽出」や「変動させるパラメータの統計的予測」などの過去の実績情報が不足していることから、精緻な理論値を算出できないのが実態です。また、予想回収率は、デフォルトした債務者別の過去の回収実績を基に算定する必要がありますが、貸出形態や貸出先の経営実態、担保や保証の扱い、さらには金融機関としての融資姿勢方針により異なっていて、標準化するまでには至っていません。このため金融機関ごとに、あらかじめ当局が定めた値を使う方法（基礎的アプローチ）と、銀行独自に算出する方法（先進的アプローチ）のどちらを採用することもできるようになっています。

　そして、現在適用されつつある **BIS 3次** は、リーマンショックに代表される金融危機の反省を踏まえて、自己資本の質の強化、レバレッジ比率規制の導入、流動性比率の規制、という3点が新たな規制比率として導入されます。金融危機になっても安定した経営を保てるように、自己資本を損失耐性の強い普通株式化を促す、過剰なレバレッジを規制する、危機の時でも資金繰りに困らない流動性を確保する、という内容です。規制内容が複雑化する中で、これらの数字を計算するためのシステムのニーズはどんどん大きなものになりつつあります。

3-5 金融商品取引法

2007年9月に「**金融商品取引法**（金商法）」が施行されました。さまざまな金融商背品について、開示制度や取扱業者にかかわる規制を定めることによって、利用者保護ルールの徹底と金融・資本市場の国際化への対応を図ることを目的としたものです。

それまでは、株式や債券については証券取引法、金融先物取引については金融先物取引法など、それぞれの商品ごとに法律が定められていましたが、金融商品取引法の成立によって、これらの商品すべてを「金融商品」と定義し、幅広く包括的に管理できるようになりました。

金融商品取引法の骨子

金融商品取引法は、次の四点が大きな柱となっています。

(1) 投資性の強い金融商品に対する横断的な投資家保護規制
(2) 開示制度の拡充
(3) 取引所の自主規制機能の強化
(4) 不公正取引等への厳正な対応、罰則制度

一つめの「投資性の強い金融商品に対する横断的な投資家保護規制」では、対象者がプロであるか否かによって対応のレベルに違いを持たせています。すなわち、参加者がプロであれば（機関投資家同士の売買など）、それまで課せられていた開示情報を免除する代わりに、より柔軟な情報提供の仕組みを構築するように求めています。一方、対象者がプロではない場合（一般消費者など）には、販売会社による徹底的なわかりやすい形での情報提供が義務付けられるようになりました。

また、「開示制度の拡充」「取引所の自主規制機能の強化」では、公開買付制度や大量保有報告制度の見直しと、四半期開示制度の整備などを行うことを求めています。これによって、日本のマーケットが透明で信頼性のある市場へと成長し、ひいてはグローバルスタンダードレベルの市場へと発展することを目指しています。

さらに「不正取引等への厳正な対応」として、インサイダー取引や相場操縦、開示書類への虚偽記載などについて、それまでの課徴金の金額水準を上げたり新たな課徴金の対象を追加したりというように、罰則を強化しました。

> ## ▶ EDINET　　　　　　　　　　　　　　　　　　　用語解説

EDINET（エディネット、Electronic Disclosure for Investors' NETwork）は、金融商品取引法に基づいた有価証券報告書などの開示書類に関する電子開示システムです。金融庁によって提供されているシステムで、企業が開示する書類をWeb上で閲覧することができます。2008年4月1日以降に開始する事業年度にかかる提出書類から、財務諸表部分をXBRL（Extensible Business Reporting Language、財務諸表などを電子化するためにXMLをベースに作った言語）形式で提出することが義務付けられたため、ビジネスレポート作成の効率化や比較分析が容易にできるようになりました。

2008年1月には、上場企業6社の株式（総額20兆円超）を取得したとする虚偽の大量保有報告書が提出され、EDINETに掲載されてしまう事件が発生しました。これを受けて、EDINET上での情報掲載のルールが厳密に決められ、より正確な情報が迅速に公開されるように取り組む方針が発表されています。

> ## ▶ 個人投資家のすそ野を広げるには　その２　　ちょっとひとこと

金融商品取引法が施行された当初、実際の販売現場では問題が発生しました。当局から提示される通達の中で、「合理的な範囲で」とか「適正な範囲で」というように表現されている部分について、具体的にどこまでが必要になるのか、どこまでやらないといけないのか、というような混乱が多少あったようです。

現在では、各金融機関の中にコンプライアンス部門といわれる部署で、金融商品販売もにおいて一般投資家の目に触れるものがすべてチェックされています。欧米の企業では、コンプライアンス部門は「どんなことがNGか」を明確に示すことで一般投資家に誤

解を生むような表現を規制しています。NGなことをしなければ、あとは各金融機関の裁量に任されています。一方で、日本の場合は多くのケースで、できるだけ保守的に、金融庁に指摘されないための過剰なコンプライアンスチェックがなされています。例えば、金融商品を説明するにあたり、必ずに一緒に表記しなくてはいけない過剰なディスクレーマー文言などがその一例です。

　このような状況を見る限り、まだ日本は金融機関も一般投資家も、金融や投資についてのリテラシーが高いとは言い難い状況です。

第4章

フロントシステム

現在の金融業はシステムなしでは業務が回らないほど、システムと業務は切り離せない関係にあります。ひとことで「システム」と言っても、それが担う業務分野ごとにさまざまな種類があります。ITエンジニアも、担当するシステムの分野が違うと同じ「金融エンジニア」とは言えないほど違いがあります。それは、システムの中身が違うこと以外に、システムの目的や思想が違う点も大きな理由です。

　金融機関の基本業務を処理するために必須のシステムを総称して、**基幹系システム**と言います。この基幹系システムは、大きく三つに分けられます。

(1) フロントシステム
(2) バックシステム
(3) ミドルシステム

　フロントシステムは、金融機関が顧客と取引を行うためのシステムです。業務の最前線に位置するために、「フロント」という名前が付いています。バックシステムは、勘定の起票や決算処理などの計数管理を受け持ちながら、業務全体を支える役目（バックオフィス業務と言います）を担います。ミドルシ

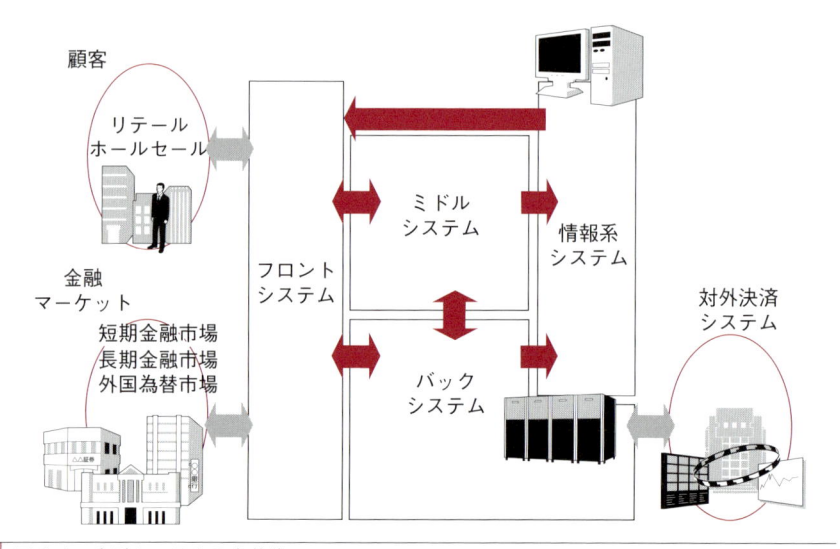

図4-1　金融システムの全体像

ステムは、フロントとバックの間に位置し、全体の業務の流れや状況を監視したり調整したりする役目を担います。

このような基幹系システムとは別に、いろいろな情報を分析評価して、業務に生かすための**情報系システム**の重要度も増しています。情報系システムがないと業務がまったく回らないというわけではありませんが、金融機関の差別化と生き残り競争の中では重要な役割を持っています。

ただし、実際に各社のシステムが必ずしもこのような分け方になっているとは限りません。ある機能をバックシステムに組み込んでいる会社もあれば、ミドルシステムとして実装している会社もあるでしょう。フロント、バック、ミドルというように分けていないこともあります。また、銀行、証券会社、生命保険会社などの業種によっても分け方や機能の違いがあります。本書では以下の四つの章でシステムごとに説明していきますが、便宜的に分けたもので、実際のシステムと厳密には対応しないこともある点には注意してください。

4-1 フロントシステムの概要

「フロント」とは、普通の会社で言えば「営業部門」です。営業部門は、自社の製品を顧客に売ります。金融機関において、顧客との接点を取り持っているのがフロントシステムです。フロントシステムでは、「確実に受注すること」と「少しでも自社に有利な条件で取引すること」が重要なポイントになります。

フロントシステムの相手先は次の二つに大別できます。

(1) 個人顧客および法人顧客
(2) 金融マーケット

(1)の個人や法人は、顧客の数が多いうえに、その所在地もさまざまです。

これまでの金融業は、店舗を開いていればそこに顧客がやってくる、というような「殿様商売」をしていました。したがって、顧客向けの営業チャネルは「営業店舗」が主体でした。

　しかし金融機関同士の競争が激しくなった今、利便性が高く、分かりやすいサービスを、あらゆる機会を利用して顧客に提供しないと、金融機関自体が生き残れなくなっています。顧客向けのフロントシステムが目指すべきものは、大きく二つ、「利便性」と「わかりやすさ」です。実際の取引内容は、銀行であれば「残高照会」や「振込操作」であったり、証券会社であれば「指定銘柄の注文発注」であったりと、取引自体は定型化されていて、それほど複雑なものではありません。このような取引を、いかに利用者に負荷なく自然に実行してもらえるか、という観点での工夫と仕組みが大切なポイントです。

　(2)の金融マーケットとの取引では、相手が限られています。しかも相手もプロですから、取引内容をわかりやすくするような気遣いも必要ありません。それよりも、収益を確保する機会をタイミングよく捉え、よりよい条件で取引を執行できるか、が最も求められるポイントです。

　このように、対象とする相手によって求められる要件が異なるので、なにを実現することが求められているのかを確認したうえで、システム化を考えるのがITエンジニアにとってとても大切です。以下では、個人顧客や法人顧客向けの取引支援システムと、金融マーケットで取引を行うためのディーリングシステムに分けて解説します。

4-2　取引支援システム

　個人顧客や法人顧客向けのフロントシステムが取引支援システムです。各金融機関は、顧客がどこからでも気軽にアクセスできるよう、アクセスチャネルの拡大に力を入れています。チャネルは主に次の4種類があります。

第4章 フロントシステム

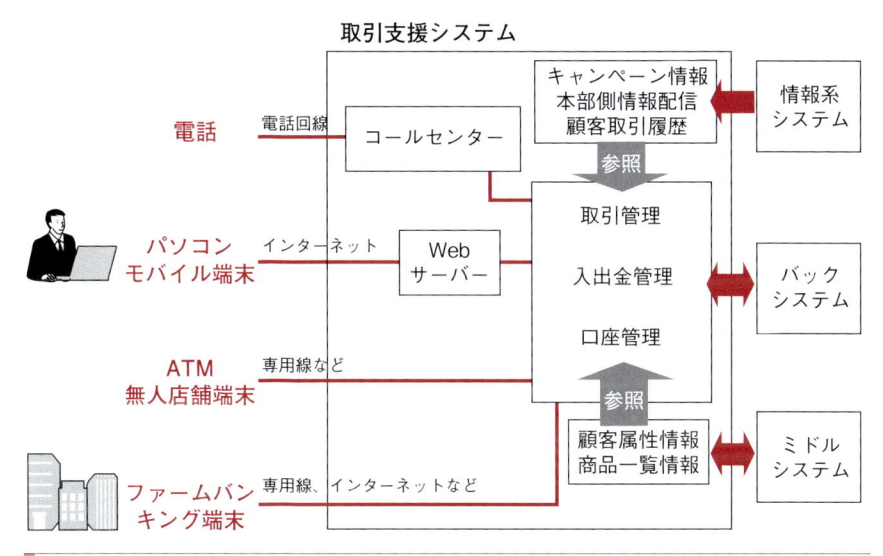

図4-2 取引支援システムの全体像

(1) 個人顧客からの電話を受けるコールセンター
(2) パソコンやモバイル端末からのインターネット接続
(3) ATMや無人店舗端末
(4) 企業顧客向けのファームバンキング

● コールセンター

　電話は、一般の顧客にとって最も手軽に利用できる手段です。金融機関は、単なる問い合わせ対応や照会機能を提供するだけでなく、金融機関側から顧客に積極的に商品を提案していくチャネルとしての強化を進めています。

　顧客側からの電話に対応することを、**インバウンド**業務と言います。金融機関としては、できるだけ多くの顧客がアクセスできるようにしたいのですが、営業店を設置するのは非常にコストがかかります。そこで、身近な手段である電話を通してサービスを提供しよう、という発想がコールセンターの発端でした。残高照会のような簡単な業務では、自動音声による無人対応が可能なパッケージシステムが、すでに広く導入されています。最新のシステムでは、顧客から電話が入った段階で電話をコールセンターが取らなくても、「誰から

電話が掛かってきているか」「その人の資産や取引状況は」というような情報が瞬時にオペレータの画面に出て、それを瞬時に把握してから電話を取るということもできるようになっています。

　また、反対に金融機関側から顧客に情報を提供したり、営業提案を行ったりする業務も展開しはじめています。これを アウトバウンド 業務と言います。テレマーケティングはアウトバウンド型セールスの代表です。金融機関は、顧客の属性（性別、年齢、職業、住所、金融商品取引履歴など）や家族構成、過去の提案履歴などの情報を保存して利用する仕組みを整えています。この情報を保存したものが、MCIF（Marketing Customer Information File）です。MCIFは、「第7章　情報系システム」で詳しく説明します。この情報を利用すれば、例えば定期預金の満期が近づいている時に新しい定期預金を紹介するとか、子どもの小学校入学に合わせて学資保険を提案するなど、個人の状況に合ったタイムリーな提案が行えます。このような提案を行うことを、「ワントゥワンマーケティング（One to One Marketing）」と言います。

　コールセンターを運営するコストを削減するため、拠点を地方や海外に設置する金融機関が増えています。アメリカの銀行が、同じ英語圏のインドなどにコールセンターを確保したのがさきがけです。日本では、沖縄や中国にコールセンターを設置するところが増えています。顧客が無料通話の番号に電話をかけると、それらの拠点のセンターが受けるようになっています。

●インターネット

　インターネットによるアクセスは、人手を介さずにシステム的に処理できることが多いため、24時間対応が容易なほか、コスト的にも有利なため、各社とも重要視しています。最近特にスマートフォンやタブレット（スマートデバイス）が注目されています。スマートデバイスはパソコンのように利用場所が限られないほか、従来の携帯電話に比べて圧倒的に多くの情報を提供できるという有利な点があり、金融機関はスマートデバイス向け機能の充実に力を入れています。

　銀行は「インターネットバンキング」、証券会社は「オンライントレーディング」、保険会社は「契約申し込み」や「契約内容照会」などの取引をインター

ネットで行える仕組みを提供しています。インターネットはオープンなネットワークなので、電話の場合よりもより堅固なセキュリティ対策を施す必要があります。インターネット取引で考えられるリスクは、以下の四つが代表的なものです。

(1) なりすまし
(2) 盗聴
(3) 不正アクセス
(4) アクセス集中による過負荷

　なりすまし対策では、本人確認の精度を高める必要があります。口座番号の暗証番号以外にさらに第二暗証番号を設定して確認する、という方法で安全性を高めているケースが一般的です。また、最近ではパソコンユーザーのキー入力や個人情報などを収集するマルウェア（悪意のあるソフトウェア）の存在も脅威となっています。このため、キーボードを使わずマウスで数字を入力する「ソフトキーボード」や、入力する暗証番号を毎回変える「ワンタイムパスワード」などの仕組みも取り入れられています。
　インターネット上でやり取りする情報は、通信路上で盗聴される可能性があります。それに備えて、基本的に情報は「暗号化」して送受信するようになっています。クレジットカード決済や銀行口座の決済では、安全性の高いプロトコル（通信規約）である、**SECE**（Secure Electronic Commerce Environment）が使われています。このほか、**SSL**（Secure Socket Layer）などの暗号化技術も利用されています。
　通信路上だけではなく、サーバーそのものに対する不正なアクセスや攻撃への対策も必要です。異常な量や頻度のアクセスがないかを監視する体制、インターネットと内部ネットワークを分離するファイアウォールなどの仕組みなどが一般的です。
　以上のような悪意を持った攻撃のほかに、高い負荷によるシステム障害にも備える必要があります。取引や照会が短時間に集中すると、サーバーに高い負荷がかかり、システムがダウンしてしまう可能性があります。例えば、株

式市場が活況になった時に売買注文が殺到し、オンライン証券や取引所のシステムがダウンする例が起こっています。サーバーの処理能力に余裕を持たせるのはもちろんですが、システム全体への影響を低くするために、アクセスに制限をかけるなどの対応策が必要です。

しかし、いくら対策を採ったとしても、「万全」というわけにはいきません。ソフトウェアのセキュリティホール（セキュリティ上の欠陥）は常に見つかりますし、システムへの攻撃方法はますます巧妙化しています。十分なセキュリティ対策を採る一方で、万一障害や不正アクセスなどを検知した場合には、被害を広めないための処置を迅速に行える対策を考えておく必要があります。

このようにインターネットは、安全性の面で考慮すべき点は多いのですが、利便性に非常に優れたアクセス手段です。オンライン証券会社では、リアルタイムに株価の時価が更新されるツールを個人に提供するのが、もはや当たり前の世界になっています。このように、提供するデータを深く広くすばやく提供すること、インターネットで顧客が取引できる商品や業務の種類を増やすこと、そしてその顧客がそのサイトにまたアクセスしてみたいと思うような工夫を施すこと、が重要な鍵になっていくでしょう。

● ATM、無人店舗端末

ATM（Automated Teller Machine、現金自動預け払い機）は、もともと店舗における人手を減らす目的で導入されました。現在では、有人店舗以外の場所に設置する動きが広まっています。現金の引き出しや振込などの日常的なサービスは、なるべく近くで済ませたい、という顧客のニーズに対応したものです。コンビニエンスストア、スーパー、デパート、駅など、人が集まる場所への設置が拡大しています。また、ATMのネットワーク網の相互接続が進み、銀行、証券、生保損保、ゆうちょ銀行の間で、相互に利用できるようになっており、利便性がますます高まっています。

無人店舗端末というのは、本部やコールセンターと接続できる端末で、遠隔オペレーションによって各種の取引や手続きができるものです。これまで新規の口座開設は有人店舗において、担当者と対面で行う必要がありましたが、この端末からオペレータの指示に従って操作することで、店舗以外や営業時

第 4 章　フロントシステム

▶ アカウントアグリゲーション　　用語解説

　アカウントアグリゲーションは、金融機関の複数のサイトから、自分の資産情報などを集めてきて、一括で表示する仕組みです。例えば、A銀行とB銀行とC証券に口座を持っていた場合、通常はそれぞれのサイトにログインして口座情報を見なければなりません。これは結構面倒な操作です。そこでこれらのサイトをひとつの画面にまとめ上げて、「あなたの資産一覧」画面として表示する仕組みがアカウントアグリゲーションです。

　大部分の人が確定申告を行う米国では、かなり以前からアカウントアグリゲーションの仕組みが利用されていました。日本では、自分の資産状況とログイン/パスワード情報が外部に漏れるのではないかという不安から、まだ米国ほど広がってはいません。

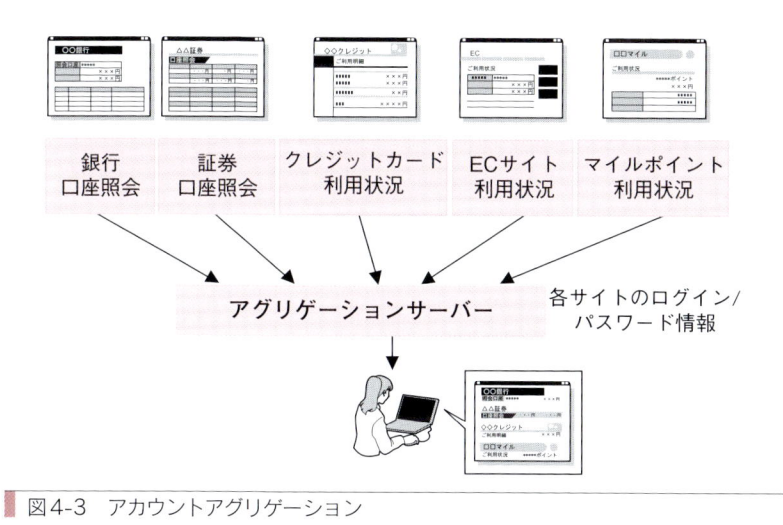

図4-3　アカウントアグリゲーション

間外でも利用できるようになります。テレビ電話機能を搭載した無人店舗端末も作られています。今後は、端末をいかに効率的に設置していくか、無人店舗端末で対応できる業務の範囲をどこまで広げられるか、という点が重要になっていくでしょう。

● ファームバンキング

ファームバンキングは、企業向けの銀行サービスのひとつで、企業と銀行のコンピュータ同士を接続し、さまざまな処理を指示する機能です。初期には、専用端末を企業に設置し、銀行と専用線で結ぶ形でしたが、最近はパソコンソフトが提供され、普通のパソコンとインターネットを使って利用できるようになっています。ファームバンキングでは次のような機能が提供されています。

(1) 口座入出金情報連絡、照会機能
(2) 振込、振替事前予約機能
(3) 社内経費清算処理
(4) 給与振込、税金処理などのデーター括伝送処理
(5) CMS（Cash Management System）

CMSは、主に企業の海外拠点の口座の資金の移動を一括して本部で行える仕組みです。この機能を利用すれば、会社全体としての効率的な資金利用が可能になります。

近年、以上に代表されるフロントシステムを集中的に管理することで、顧客との取引内容を総合的に把握しようという動きがあります。このようなすべての業務を統括する仕組みを、**ダイレクトチャネルセンター**と言います。顧客からどのようなチャネルでアクセスされても、それらの情報を統合的な取引履歴として管理し、顧客に合わせた効果的なマーケティングにつなげていこうという狙いがあります。アウトバウンド発信のテレフォンセンターやインバウンド受付のコールセンター、ダイレクトメール発信の仕組み、インターネットや携帯電話のチャネルなど、金融機関にとっても複数のチャネルを組み合わせて、個々の顧客に対してより効率的に整合性のとれた営業を進めていくことが求められています。

4-3 ディーリングシステム

　ディーリングシステムは、金融マーケットで取引を行うためのフロントシステムです。取引の相手も同業の金融機関ですから、同じようなあるいはもっと性能のよいディーリングシステムを持っているでしょう。ディーリングシステムは、ディーリングの世界におけるひとつの武器で、いかに収益機会を逃さず捉えることができるかが勝負となります。

　ディーリングシステムは、大きく三つに分けられます。

(1) 資金債券系システム
(2) 株式系システム
(3) 為替系システム

　資金債券系システムは、さらに金利系と債券系に分かれる場合もあります。ディーリングする対象物は、資金の調達や運用における利率や債券の利回りという「金利」です。株式系システムは、その名の通り株式を取引所で売買するためのシステムです。最近ではデイトレーダーと呼ばれるような個人も、金融機関内で使われているディーリングシステム並みの装備を持ってオンライントレードを行っています。為替系システムは、各通貨の為替レートの動きをもとに取引できる仕組みです。

ディーリングシステムの基本機能

　ディーリングシステムは以下の基本機能を備えています。

(1) マーケットリアルデータフィード
(2) プライス分析評価

(3) 約定引合
(4) 発注・約定・確認
(5) コンプライアンスチェック
(6) ポジション管理
(7) 運用評価

● マーケット情報

　時々刻々と変化するマーケットの動きを把握することはディーリングに必須の機能です。通常これらの情報は、情報ベンダーからのデータフィードによって取得します。ブルームバーグ、トムソンロイターなどが代表的な情報ベンダーです。このような情報ベンダーの端末には、マーケットの価格情報や各種のニュースなどがリアルタイムに提供されていて、マーケットの状況を捉えることができるようになっています。また、ブローカーとこの情報端末を通してメール通信を行える仕組みもあり、取引関係者間の情報交換のインフラにもなっています。

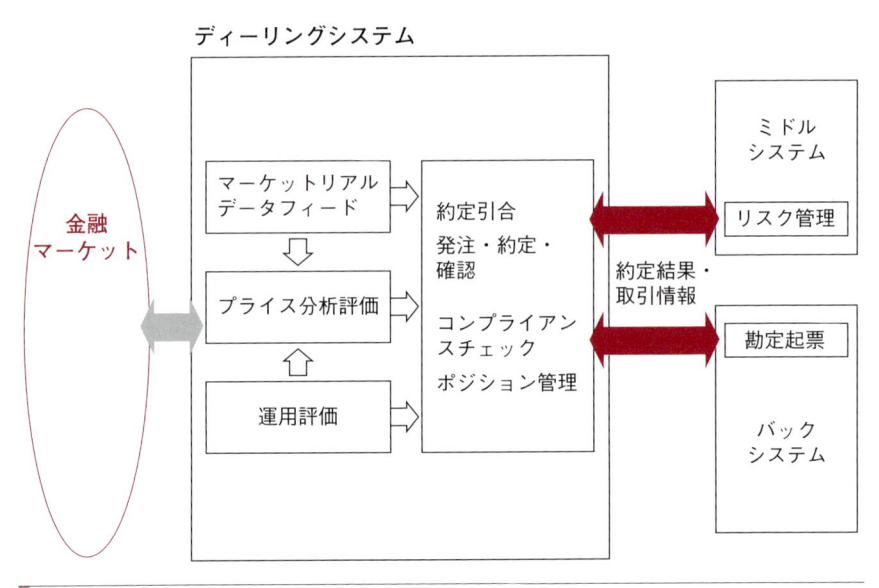

図4-4　ディーリングシステム

このようなマーケットの情報を受けて、金融機関のディーラーは売り時、買い時のタイミングを図ります。それがプライス分析評価の機能です。情報ベンダーから提供されるのは今のプライス情報で、今後そのプライスがどのように動くかという「読み」が勝負の分かれ目です。その判断のために、過去のデータや傾向を分析したり、世界の他のマーケットの動きを注目したりと、ディーラーはあらゆる情報を利用します。このような将来のプライスを判断する基本となる考え方がイールド分析です。これについては、後でもう少し詳しく説明します。

実際に発注するには、取引所取引であれば取引所に対して希望の価格を提示して約定するのを待ちます。OTC取引の場合には、複数のブローカーとの間で価格の引合を行います。具体的には、対象の銘柄や商品について先方の提示する価格を要求します。そして、その中で一番自分に有利な価格を提示した相手と取引を行います。相手がマーケットメーカーなら、基本的にいつも買いと売りの価格を提示しているので、価格が折り合えばいつでも取引できます。ただし、引合を実行したからと言って、その価格で取引が保証されているわけではありません。引合を行っている間も、マーケットは常に動いて

▶アルゴリズムトレーディング　　用語解説

近年、トレーディングの現場では、アルゴリズムトレーディング（アルゴトレード）という取引手法が広がっています。あらかじめ定義しておいたロジックやルールに従ってシステムが自動的に処理するものです。トレーディングの世界は、1秒間に何千回も取引ができるようになっており、取引ごとに人間が判断してディールをするやり方では勝ち目がなくなっています。最新の売買状況、過去の統計情報、などの膨大な情報を基にシステムが売買を判断してディールする仕組みが必要になっています。HFT（High Frequency Trading）取引と言って、ミリ秒単位で売買を繰り返して収益を積み上げる取引もアルゴリズムトレーディングの一種です。

大容量超高速で配信されるデータを受け取って、それを瞬時に分析して、膨大な取引パターンから選別して自動的に売買取引を執行する仕組み、これこそITなくして実現できるものではありません。ITの重要性がますます大きくなってきている例と言えるでしょう。

> ▶ **PTS（電子私設取引）**　　　　　　　　　用語解説

　日本株市場で最近注目されているのが、電子私設取引(PTS：Proprietary Trading System)です。通常、株式の売買は東京証券取引所などの取引所で売買されています。一方、PTSは証券会社が独自に持っている「私設」の取引システムで、東証などが昼間の時間帯しか売買できないのに対して、PTSでは夜間などでも取引ができるというメリットがあります。場合によっては東証などで売買するよりも良い条件で売買できることもあります。ただし、あくまでも私設の取引所なので、すべての銘柄がいつも売買できるわけではないことなどには注意が必要です。PTSでの取引が増えたのは、2010年に日本証券クリアリング機構が取引所での取引と同様にPTSでの清算にも対応する、ということがきっかけになっています。HFTの世界では、東証などの取引所とPTSを瞬時に比較して有利な方でトレードするというように、機関投資家が積極的に利用しています。

います。このように、ディーリングは瞬間の判断が求められる業務なのです。

● クレジットライン

　金融マーケットでの取引では、相手先に対して**クレジットライン**を設定します。クレジットラインとは信用枠のことで、この金融機関とはいくらまで取引してもよい、というクレジットラインの枠の範囲で取引を行うというものです。特定の金融機関と集中的に取引を行っていると、その相手先がデフォルト（債務不履行）して支払い不能になった場合に、大きな損失を被る恐れがあるために設定されています。クレジットラインのチェックを行うのは、自社が資金の出し手になる場合だけです。自社が資金の取り手になる場合には、逆に相手側の自社に対するクレジットラインの枠内に入っていないと相手は取引に応じてくれません。ブローカー経由で取引を行う場合、最初の希望価格の引合段階ではお互いに自社の名前を明かさないで注文を出していますが、実際に引合が成立して注文する段階で取引相手が明かされるので、クレジットライン枠の制限にかからないかどうかをチェックします。

　一般的にクレジットラインは、資金取引、債券取引、為替取引というよう

第4章　フロントシステム

B銀行に対するA銀行のクレジットライン設定の例

B銀行全体に対する全体枠　200M　＋　短期資金枠　100M
　　　　　　　　　　　　　　　　　長期資金枠　50M
　　　　　　　　　　　　　　　　　為替取引枠　100M

(1)B銀行との短期資金取引　　　100M　→　OK
(2)次に、B銀行との為替取引　　100M　→　OK
(3)次に、B銀行との長期資金取引　50M　→　NG
最初の二つの取引ですでに全体枠の200Mを使ってしまっているので、長期資金枠が余っていても最後の取引はできない

図4-5　クレジットライン設定の例

な商品単位で設定されています。また、関連グループに対してさらに上位のクレジットラインを設定していたりと、各金融機関は独自にラインの設定レベルや設定額を決めています。このほか、国別枠や、決済枠（セトルメントリミット）のような枠も設定しています。

● 発注約定管理

　発注約定管理機能は、実際に取引を執行して約定する仕組みの部分で、ディーリングシステムの心臓部と言えます。特に取引所取引では、取引所と直接接続して約定が素早く実行されるようなネットワークとシステムが求められます。もし取引所への注文ができなくなる事態が発生すると、重大な機会損失となってしまうからです。ブローカー経由の取引の場合には、電話でのやり取りだけのケースが多いのですが、その取引内容を**チケット**と呼ばれるメモに記入して、取引履歴を必ず残すようにしています。

　また、ディーラー個人やグループに対してはポジション枠が設けられています。**ポジション**は、持ち高とも言って、そのディーラーやグループが保有する取引残高のことです。為替スポットディーラーは毎日ポジションを解消しなくてはいけないのが通常なので（翌日に持ち越せないということ、ポジションをスクエアにすると言う）、ディーリングを行いながら自分のポジションが今どのようになっているのかを日中は常に注意しています。一方で、ポジ

ションを持ったまま翌日に持ち越してもよい（ポジションキャリーと言う）ディーラーもいますが、その場合にもキャリーできるポジション枠があらかじめ決まっています。

　このようなポジション枠のほかに、金融機関独自の設定や当局からの通達で守らなくてはならない約束ごとが数多くあり、そのチェック（**コンプライアンスチェック**と言う）も必要です。ディーラーのポジション枠やクレジットラインも広義にはコンプライアンスチェックのひとつです。ディーラーがマーケットを意識的に自分に有利に操作していないか、というチェックなども行います。市場の公正性を保ったり、ディーラー個人が不正を行わないようにしたりするためのコンプライアンスチェックは、マーケットでの取引状況に合わせて常に見直されています。

　最近では、**OMS**（Order Management System）と呼ばれるシステムが注目されています。大手の金融機関では大がかりなディーリングシステムを導入していますが、機関投資家や中小の金融機関はまだそのような状況ではありません。個々のディーラーがMicrosoft Excelのようなパソコンソフトで管理している情報を、日締めの段階でまとめてバックシステムに送信しているケースがほとんどです。これまではパソコン上での管理であっても、約定内容さえ間違えずに記録できればそれで十分でした。しかし、ディーラーが手作業でコンプライアンスチェックをしながら取引を行っていては取引機会を逸してしまいます。また、日中の取引が終わった段階で、フロントとバックのポジションが一致していることを自動的に確認できれば便利です。このような機能を実現するのがOMSです。

　実際に約定した取引内容は、日締めの前に取引を行った双方で再度、FAXやメールで取引内容を送り、間違いないことを確認します。これを**コンファメーション**と言います。この突き合わせ作業は人手で行っている場合が多く、フロント側の事務負荷が大きい部分のひとつです。このように、フロントの業務にはまだまだ手作業で処理している部分が多く残されています。

　事務の効率化と迅速化の観点から、証券取引については、**FIX**（Financial Information eXchange）というプロトコルで取引情報をやり取りする動きが広まってきています。まだすべての参加者が利用するところまでではありません

が、OMSを通じて取引者間で標準化されたフォーマットのやり取りが行われるようになると、引合→発注→約定→約定結果通知、の流れが大幅に効率化できます。FIXプロトコルに対応したOMSは今後次第に広がっていくでしょう。

● 運用評価

　運用評価は、想定したシナリオに基づいて取引した結果が、実際には想定通りの結果となったのか、それとも想定とは違った結果となったのかを分析し、その評価内容を次回以降のディーリングの判断の参考にするものです。「マーケットは生き物だ」とよく言われますが、思惑通りにはなかなか動いてくれないものです。そのような中で、安定したパフォーマンスを生み出すにはどうすればよいかを自分のディーリング結果を評価しながら考えるということです。想定したシナリオについて、何を根拠として考えてそう判断したのか、というレポート提出を、コンプライアンス部門が各ディーラーに求めることもあります。

プライシング機能

　ディーリングの目的は、収益を上げることです。そして、収益を上げるためには、将来の価格変動をどれだけ正確に予測できるかがポイントです。

● イールドカーブ

　イールドカーブ（Yield Curve、利回り曲線）は、短期金利と長期金利の関係を表すチャートで、縦軸に利回り、横軸に期間を取ります。
　普通は長期金利の方が短期金利よりも高い（カーブが右上がり）場合が多く、そのときを「順イールド」と言います。しかし必ず順イールドであるわけではありません。実際には、平成不況に入る直前の90年代初期に、短期金利がまだ高いままである一方で、将来の金利低下が期待されて長期金利が下がる「逆イールド」（カーブが右下がり）が形成されていました。このように、イールドカーブから、マーケットが将来の金利にどのような期待を持っているかということが読み取れるのです。

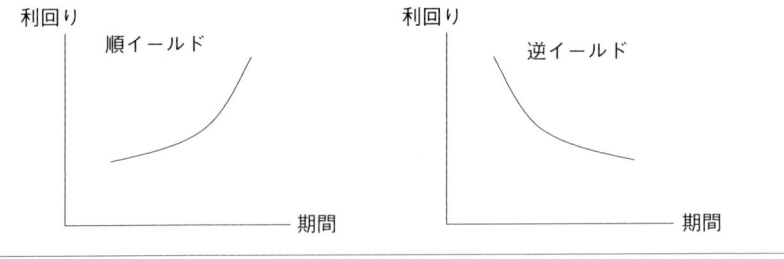

図4-6　イールドカーブ

イールドカーブには、大きく2種類のカーブがあります。

(1) パーイールドカーブ
(2) スポットイールドカーブ

　パーイールドカーブは、複利ベースの利付債の最終利回りのことです。最終利回りは、その銘柄の債券を最後まで保有した場合の利回りです。利付債は、償還まで何回かクーポンが支払われますが、これを複利で運用した場合の利回りをプロットします。マーケットでは「10年国債のパーイールドは？」というように使います。債券の銘柄によって利率が異なるので、パーイールドカーブも銘柄ごとに異なってきます。

　スポットイールドカーブは、複利ベースの割引債の最終利回りのことで、**ゼロレートカーブ**とも呼ばれます。割引債の場合は、残存期間に対して一つのレート（**スポットレート**と言う）しかないためにユニーク（一意）なカーブが作れるので、金融商品を評価する場合には、このスポットイールドカーブを使うのが一般的です。単純にイールドカーブと言う場合には、このスポットイールドカーブを指しますが、割引債はあらゆる期間に対して発行されているわけではないので、パーイールドの値を使って推定されるスポットレートからイールドカーブが作られます。

● スポットレート

　実際の例で説明してみましょう。少し数式が出てきますので、概念だけを

第4章 フロントシステム

捉えておきたい場合には読み飛ばしてもかまいません。

残存期間2年で、額面金額が100の割引債の価格Pが90だったとします。この割引債から求められる2年のスポットレート $r_{(2年)}$ は、

$$100 = 90 \times (1 + r)^2$$

から逆算して、

$$r = (100 \div 90)^{\frac{1}{2}} - 1 = 0.054$$

すなわち $r_{(2年)}$ は5.4％と求まります。

このような手順で、各期間に対応する割引債の価格からスポットレートを算出し、それらを結んだカーブが、スポットイールドカーブです。

割引債の価格が残存期間に対して一つしかないのは、償還時にしかキャッシュフローが発生しないことが理由です。もし信用度が同じであるにもかかわらず同じ残存期間で価格が違う割引債があったとすると、マーケットでは割安な割引債を購入する動きが進み、その結果として割安な方の価格が上昇し、元の状態に戻るはずだからです。

スポットレートが決まれば、すべての利付債の評価もこのスポットレートで評価して、割高か割安かを判断することができます。例えば、残存2年でクーポンレートが4％（年1回利払い）の利付債の価格Pが90であるとします。この利付債のキャッシュフローは、図4-7のように、三つの割引債を購入した

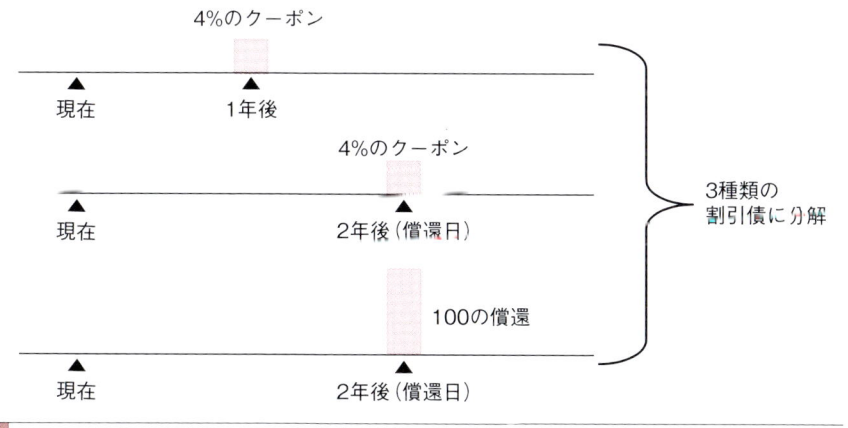

図4-7 利付債を複数の割引債に分解して考える

というように分解して考えることができます。

一つ目のキャッシュフロー、すなわち1年後のクーポン部分は、1年のスポットレートを$r_{(1年)}$とすると、

$100 \times 4\% = P1 \times (r_{(1年)} + 1)$

と表されます。P1は、1年物の割引債の価格です。

二つ目以降、すなわち2年後のクーポン部分P2と償還元本部分P3も同様に式を立てると、

$100 \times 4\% = P2 \times (r_{(2年)} + 1)^2$

$100 = P3 \times (r_{(2年)} + 1)^2$

となります。ここで、割引債の価格を合計した(P1＋P2＋P3)をP'とすると、

$P' = 4 \div (r_{(1年)} + 1) + 4 \div (r_{(2年)} + 1)^2 + 100 \div (r_{(2年)} + 1)^2$

となります。

このP'の値と、実際に分解する前の利付債の価格Pを比べると、通常は同じになるはずですが、マーケットでは常に価格が動いているので、どちらかが高くなる状態が瞬間的に発生します。その時に、割安な方を購入する、あるいは割高な方を売却することで収益の機会が生まれます。このように、割引債のスポットレートを使って利付債の理論価格を求めることができます。

● フォワードレート

スポットレートを使うと、将来の金利についてのマーケットの見方を**フォワードレート**という形で抽出できます。正確にはインプライドフォワードレートと呼ばれ、現在の金利の期間構造にインプライ（内包）されている将来の短期金利という意味です。スポットレートが決まれば、フォワードレートもユニーク（一意）に決まります。

例えば、金額Pで残存2年の割引債を購入して運用した場合に、2年後の将来価値は

$P \times (r_{(2年)} + 1)^2$

となります。同じ金額で、残存1年の割引債を購入して運用してから、1年後の償還金額をさらに1年間金利マーケットで運用したとすれば、2年後の将来価値は

$(P \times (r_{(1年)} + 1)) \times (r_{(1年後からの1年)} + 1)$

となります。ここで、市場はいつも裁定が働いているという前提で考えるとこの二つの将来価値は等しくなるので

$P \times (r_{(2年)} + 1)^2 = (P \times (r_{(1年)} + 1)) \times (r_{(1年後からの1年)} + 1)$

となり、この式から、1年後の1年物フォワードレートが次のように求められます。

$r_{(1年後からの1年)} = (r_{(2年)} + 1)^2 \div (r_{(1年)} + 1) - 1$

この考え方は非常に大切で、スポットレートが与えられれば、将来のどんな時点からのどんな期間のフォワードレートも計算できることになります。

また、割引債の価格を基準化して1円とすれば、残存期間n年の割引債の価格$d_{(n)}$は

$d_{(n)} = 1 \div (1 + r_{(n年)})^n$

で表されます。この$d_{(n)}$を、**割引率**（**DF**、Discount Factor）と言います。DFは金融商品を評価するうえでよく出てくる指標なので、覚えておきましょう。

金融商品を評価するときは、時価評価が基本です。そのために、将来価値にDFを掛けて現在価値を求める時価評価（MTM）が常に行われていて、これ

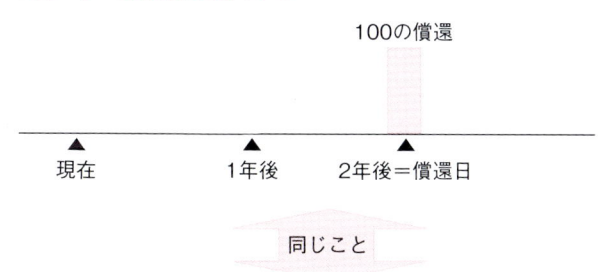

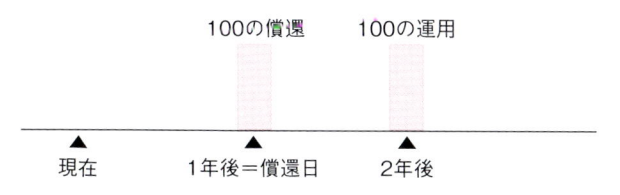

図4-8 フォワードレート

がフロントディーラーの収益として管理されています。

現在価値 ＝ 将来価値 × DF

ここまでの説明は一般的な債券や金利物の評価方法です。信用度の劣る社債では、標準的なイールドカーブに対して信用部分を加味したスプレッドを上乗せして評価するなど、実務ではもっと複雑な計算が行われています。

金利マーケットは金融マーケットの軸になるもので、為替マーケットも金利マーケットと裁定されるように動きますし、株式マーケットは金利と負の相関関係にある場合が多いです。デリバティブ商品の評価も、フォワードレートを参考に予測することが可能です。このように、金融商品評価の基となるイールドカーブはとても重要な情報と言えます。

● オプション価格

オプション価格だけは、他の金融商品とは少し異なる理論価格となるので、

▶ OIS金利　　　　　　　　　　　　　　　　用語解説

リーマンブラザーズのような大手の投資銀行が破たんしたリーマンショック後、相手がどんなに有名な金融機関であったとしても、その金融機関の信用力を細かくチェックする必要があるという反省のもと、カウンターパーティーリスク、すなわち相手が破たんしないリスクを担保しながら取引する、という形が多くなってきました。このカウンターパーティリスクを低減する目的で多くのデリバティブ取引が、担保付取引になっています。

担保付デリバティブ取引では、担保を差し入れるとその差し入れた担保に対して利息を支払うことになっていて、この時に使われるのが、OIS（Overnight Index Swap）金利です。これまでは将来のキャッシュフローの割引にLibor金利を使うことが一般的でしたが、最近はこのOIS金利を用いるのが主流となってきています。

ある一定のデリバティブ取引には、完全に相対な世界ではなく、決済を担う「清算機関」を利用することも、リーマンショック以降義務付けられていますが、この清算機関においてもOIS金利が採用されています。

このように、プライシングやリスク管理の算出手法は変化しているため、国債やLiborの金利構造だけでなく、OIS金利の期間構造も考慮に入れたシステムが求められています。

ごく簡単に説明しておきます。

　オプションの価格を評価するということは、そのオプションに対するプレミアム（オプションの権利価格）を算出するということです。一般的にはBlack=Scholes式（BS式）が使われます。これは、フィッシャー・ブラック（Fischer Black）とマイロン・ショールズ（Myron Scholes）が共同で発表し、その後ロバート・マートン（Robert C. Merton）によって証明されたオプション価格評価モデル式で、本理論は1997年にノーベル経済学賞を受賞しています。

　金融商品の価格の動きは、幾何ブラウン運動（水中の花粉の微粒子が細かく絶えず運動している様子）に従うと想定して、時間の微少な経過とともに、一定の率で上昇する部分とランダムに変動する部分からなる、という前提で定式化されています。このランダムに変動する部分が、ボラティリティに依存した標準正規分布に従うとしています。式はちょっと難解なので、このような理論式でオプションのプレミアムが求められているのだ、という程度に見ておいてください。

コール価格　　$C = SN(d) - K\exp(-r\tau)N(d - \sigma\sqrt{\tau})$
プット価格　　$P = -SN(-d) + K\exp(-r\tau)N(-d + \sigma\sqrt{\tau})$
　S：原資産価格　K：行使価格　τ：満期までの期間　r：瞬間利子率
　σ：ボラティリティ　$N()$：標準正規分布の累積確率密度関数

● 株式評価、為替評価

　株式は、裁定が働きにくいマーケットかもしれません。株価が動く要因がとてつもなく多くあるので、どれがどのように動くと株価にどう影響が出るのかを定量的に算式化するのが難しいのです。

　一般的には、株式のディーリングを行う場合には、次の二つのアプローチで分析評価を行います。

(1) ファンダメンタル分析
(2) テクニカル分析

> **用語解説**
>
> ▶ **ボラティリティ**
>
> 　ボラティリティ（Volatility、Vol.、ボラ）は、その商品の価格の変動度合いのことを言い、一般的には年率変化の標準偏差を指します。1年間に、価格が50から100の間で激しく動いた商品と、70から90の間であまり動かなかった商品であれば、後者の方が「ボラティリティが低い」と表現します。
>
> 　ボラティリティには、二つの種類があります。一つは過去のその商品の実際の値動きから計算できる「ヒストリカルボラティリティ」、もう一つはBS式と実際のオプション価格から逆算される「インプライドボラティリティ」です。後者は、市場参加者の今後のマーケットの見方がある程度織り込まれているという意味で、興味深い情報です。投資信託の販売で、リスクの大きな商品とか、リスクを抑えた商品とかいう説明がされていることがありますが、これは「リスクが大きい＝ボラティリティが高い」ということを意味しています。

　ファンダメンタル分析では、個々の証券の基本的で内在的な特徴を調査分析します。具体的には、企業分析、産業分析、経済分析などの調査を多面的に行いながら、投資候補となる企業を絞り込んでいくアプローチを採ります。企業の売上高や利益から、株式が割高かどうか、株式収益率のレベルはどうか、などを細かく分析します。

　テクニカル分析では、その企業の株価がこれまでたどってきた足取り（チャート）を調べて、割高か割安かを判断します。過去の高値に比べて現在の株価はどれくらいの水準にあるのか、移動平均線に代表されるさまざまなテクニカル指標から見て、買いか売りかを判断します。

　一般的には、証券会社やアセットマネジメント会社に専門のアナリストがいて、自分の専門業種についての見通しコメントを発信しています。これらの情報は「コンセンサスデータ」として、情報ベンダーの端末で参照できます。このように、株式のディーリングにおいては、非常に多くの情報から選択して判断することが求められます。

　為替についても、各国で発表される各種経済統計の情報や、当局の発言などに影響されて為替レートが動く場合が多いので、ニュース情報と経済情報を分析しながら、テクニカル分析も併用するような形で情報を分析します。

第5章

バックシステム

金融機関における「バック」とは、勘定処理を一手に引き受ける部門で、普通の会社で言えば「総務経理部門」に当たります。バックシステムは、勘定系システムとも呼ばれます。会計数字の管理を行うため、数字の正確さが厳密に求められます。また、システムの停止が業務に直接影響を与えるので、システムが止まらないようにする対策も重要です。

このようにバックシステムは、「正確な会計処理」「システムの安定性」「バックアップ体制」が大きなポイントです。

5-1 バックシステムの概要

バックシステムの基本は、約定した取引を記録し、その内容を元帳などに反映させることです。元帳とは、取引単位で実行された取引内容を管理する、一番「もと」になる情報を保存しておくための帳票です。一番代表的なものが、取引ごとに勘定科目単位の異動金額と残高を記載した総勘定元帳です。このほかに、顧客別残高元帳など各種の元帳があります。

バックシステムは、以下の基本機能を備えています。

(1) 取引管理
(2) 口座管理
(3) 勘定起票
(4) 期日管理
(5) 決済処理
(6) ALM分析評価
(7) 各種帳票作成
(8) 損益管理・決算処理

勘定系としての中心的な機能は(1)から(5)です。これらの機能がさらに、「国

第5章 バックシステム

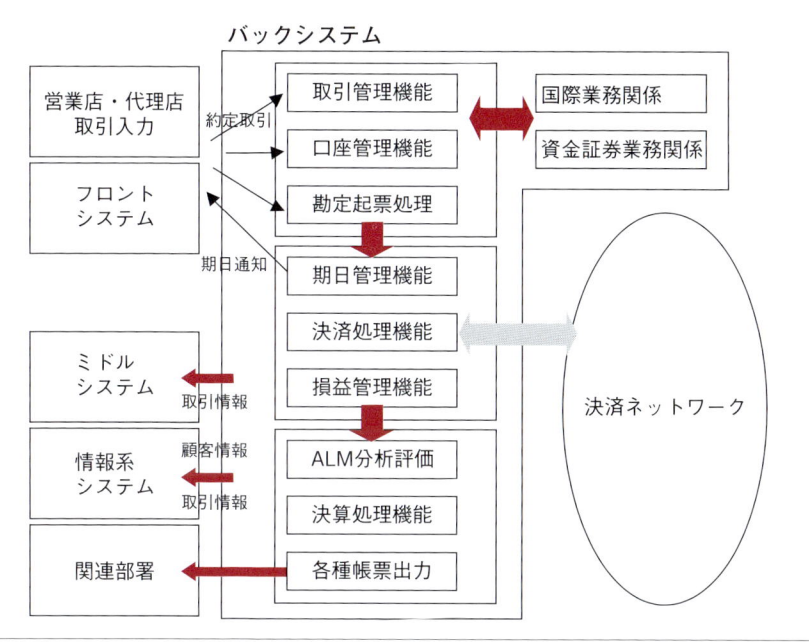

図5-1 バックシステムの全体像

際業務関係」や「資金証券業務関係」のシステムに連携しています。(5)決済処理については「5-2 対外決済システム」で説明します。

(6)から(8)は情報系からマネージメント系のシステムという捉え方でバックシステムとは切り離して考える場合もあります。ここでは、これらの経営管理系機能についても、勘定系ホストシステムの科目明細ベースの情報を体系化してでき上がっているということ考えて、バックシステムに含めて話を進めることにします。(6)ALM分析評価については「5-3 ALMシステム」で説明します。

フロントシステムから取引内容を受け取ったバックシステムが行う処理の流れは、図5-2のようになっています。

● 取引管理、口座管理

バックシステムは、フロントシステムから送られてくる約定済取引情報を取引管理機能によって記録します。すべての情報がフロントシステムから送

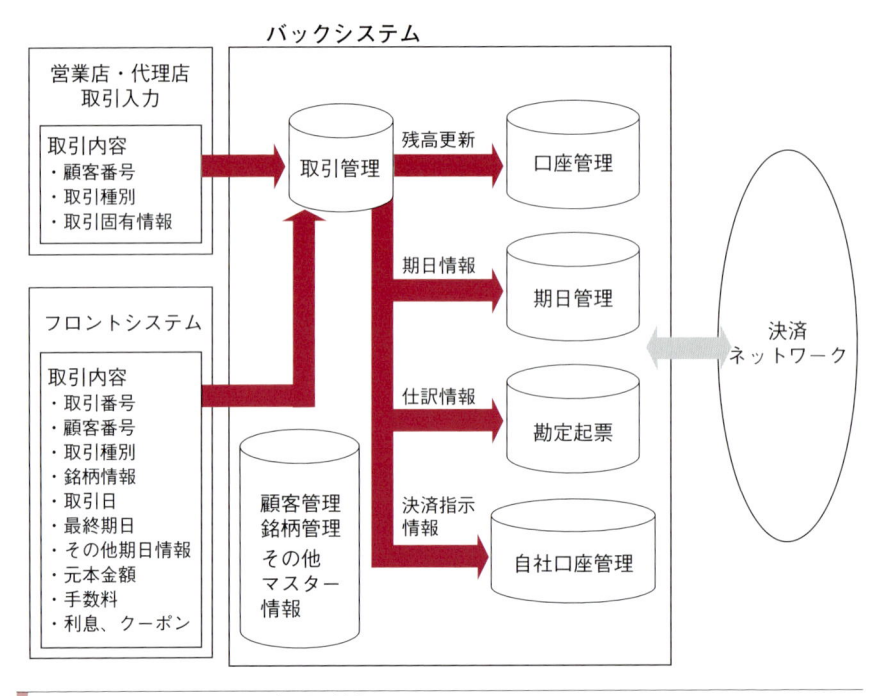

```
バックシステム
営業店・代理店
取引入力
  取引内容
  ・顧客番号
  ・取引種別
  ・取引固有情報

フロントシステム
  取引内容
  ・取引番号
  ・顧客番号
  ・取引種別
  ・銘柄情報
  ・取引日
  ・最終期日
  ・その他期日情報
  ・元本金額
  ・手数料
  ・利息、クーポン

取引管理 —残高更新→ 口座管理
        —期日情報→ 期日管理
        —仕訳情報→ 勘定起票
        —決済指示情報→ 自社口座管理

顧客管理
銘柄管理
その他
マスター情報

決済ネットワーク
```

図5-2 バックシステムの処理の流れ

られてくるわけではなく、営業店や代理店から直接取引情報が入力、あるいは伝送されてバックシステムに受け渡される場合もあります。

　情報の内容は、顧客名、通貨、取引の種類（貸出、債券売買、金利スワップなど）、期日情報（いつからいつまでの取引か、途中でのアモチや利息に関する予定がある場合はその情報も）、金額（元本、価格）、利率（変動金利であれば変動見直し情報）などで、取引ごとにユニークな（一意の）番号（取引番号）が付いています。取引の内容によって取引情報のデータ構造は異なります。例えば、スワップ取引であれば受け払いの通貨と金額をセットにしてひとつの取引情報として格納します。ATMによる預金の引き出しなど、銀行の預金に関しては「5-4　銀行の勘定系システム」で説明します。

　フロント側で確認済みの取引データについては、バックシステム側ではチェックを行いませんが、営業店などから直接入力されるデータは、入力の都度、確認用資料（Proof List）を出力し、上席者が確認をしながら処理を進

めていきます。これは、事務作業のミスや不正を防ぐ目的です。確認用資料の上段には、確認印欄が必ずあって、その流れで確認が完了していないと、最終的なバックシステムへの更新ができないことになっています。

　受け取った取引情報を基に、関連する元帳の残高情報を更新します。最も重要なのが顧客の口座残高情報と勘定別の残高情報です。また、実際のお金の流れを指示する対外決済が必要な取引の場合は、対外決済システムを通じて、外部の金融機関とお金や情報のやり取りを行います。

● 期日管理

　取引管理を行ううえで、期日管理情報を抜き出すことも重要な処理です。その取引に対して、将来どのようなイベントが発生するか、それが自動的に処理できるか、何らかの判断を行う必要があるか、を期日の数日前に把握できるようにするためです。例えば、Tibor 3Mベースの変動金利貸出取引であれば、3M金利が決まった2営業日後から新しい金利が適用されます。この場合新しい3M金利が決まった段階で、顧客に対し利率変更を通知するのが一般的です。また、金利支払い日に金利が入金されたかどうかを確認して、入金されていれば入金済みのオペレーションを、入金されていなければ確認のための処理を、それぞれ行わなければなりません。

▶ 銀行の役職名　　　　　　　　　　ちょっとひとこと

　証券会社や保険会社ではあまり見かけないのですが、銀行内での役職名は非常に複雑です。まず、上司のことは上司と呼ばずに「上席」または「役席」と言います。支店の中では、支店長をトップとして、副支店長、部長、次長、課長あたりをまとめてこのように呼びます。本部の組織の中ではさらに複雑です。部門長のトップは本部長と部長です。大手銀行で部長というと、平行員はなかなか話しかけられないぐらいの存在です。その下の役職名は、多種多様です。副部長、次長、部長代理。たいていはこの順番の系列ですが、銀行によって異なる場合もありますから注意しましょう。さらに上席調査役、主任調査役、調査役と続きます。普通の会社のような、課長とか係長という役職はありません。ITエンジニアとして銀行の人と仕事をする場合は、役職名で正確に呼ぶことが重要なときもあることを覚えておきましょう。

また最近では、日経平均株価がある水準を超えたら、そこで自動的に償還されるというような債券も販売されています。このように、あるイベントの発生によって取引の中身すべてが変わってしまうような取引もあり、期日管理は非常に複雑になってきています。

　ひとつの取引の中で期日管理すべき情報は、その取引の最終期限だけではなく、金利の利率、金利の受け払い、元本異動、など複数のイベントがあり、期日到来に向けての通知と確認オペレーションが必要となります。期日管理はこのようなイベントを抜き出して管理する「スケジュール帳」の役割を持っています。

● 勘定起票、各種帳票作成

　取引情報は最終的に仕訳情報に分解され、これを基に勘定科目別の残高情報を更新します。これを**勘定起票**と言います。**仕訳**は、取引情報を勘定科目ごとに分けて異動情報を記録することです。単純な貸出取引の場合に、仕訳情報と勘定別残高情報がどのように更新されるかという例を、図5-3に示します。

貸出取引（元本100万円、2年間、固定金利3％、年1回利払一括返済）

〈仕訳情報〉

開始日	1年後	2年後
貸出(資産科目) 100万円 現金(資産科目) 100万円	現金(資産科目) 3万円 利息(収入科目) 3万円	現金(資産科目) 103万円 貸出(資産科目) 100万円 利息(収入科目) 3万円

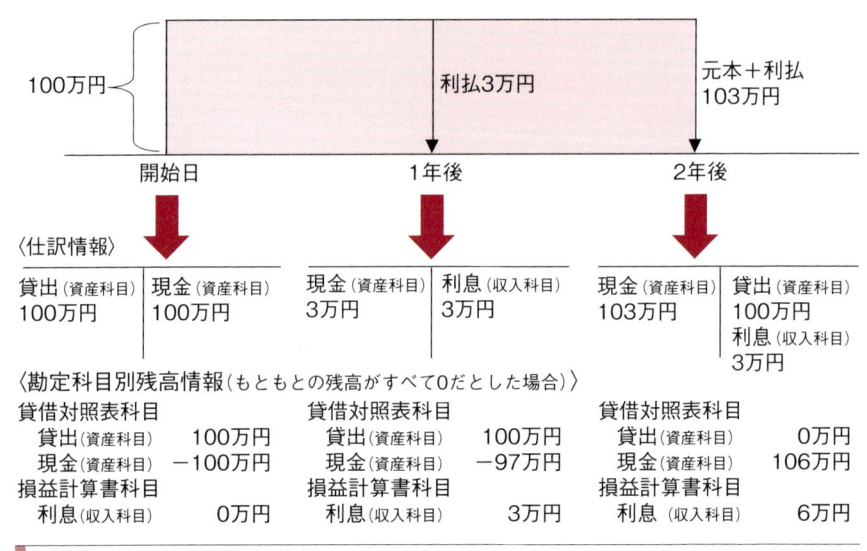

〈勘定科目別残高情報（もともとの残高がすべて0だとした場合）〉

貸借対照表科目 　貸出(資産科目)　　100万円 　現金(資産科目)　－100万円 損益計算書科目 　利息(収入科目)　　　0万円	貸借対照表科目 　貸出(資産科目)　　100万円 　現金(資産科目)　－97万円 損益計算書科目 　利息(収入科目)　　　3万円	貸借対照表科目 　貸出(資産科目)　　　0万円 　現金(資産科目)　　106万円 損益計算書科目 　利息(収入科目)　　　6万円

図5-3　仕訳と勘定別残高の例

正式な勘定別残高は決算時に把握しますが、部門単位には日次で勘定科目ごとの残高確認を行います。勘定起票は、一日の取引が終わってから（日締め後）のバッチ処理で行います。同時に、このバッチ処理の中で営業店に送る各種帳票（**還元帳票**と言う）や、保管用の管理帳票を大量に出力します。最近では、電子的な媒体での帳票出力や、電子的手段での上席者承認なども、行われています。

　バックシステムでは、確実に間違いなく処理する、ということが最優先課題です。データ量が膨大であるうえに、関連する複数のデータベースのテーブルを整合性を確実に保って処理しなくてはなりません。このため、一日の取引情報を締めて、取引単位の元帳レベルの異動情報と残高情報が合致していることを確認したうえで、勘定起票をまとめて実行する、という順序で、区切りながら処理を行います。このようにして、口座別残高、仕訳帳、勘定元帳のすべての数字を合わせているわけです。

● 損益管理、決算処理

　損益管理では、実際にどのくらいの収入、損失があるのかを把握します。第1章で説明したように、金融業の収益の源泉は以下の三つです。

(1) 利息、クーポン
(2) 売買損益
(3) 手数料

　利息を勘定元帳に記入するのは、基本的には実際に受け払いされたタイミングです。しかし、取引が決算日をまたぐ場合は、期末時点での利息損益を把握する必要があるため、決算特有の**未収未経過処理**を行います。決算上は、利息について取引期間中に均等に収入があったという扱いになります。したがって、全額前取りのときは翌期分の利息を「未経過利息」として差し引きます。全額後取りのときは今期分の利息を「未収利息」として加えます。1年間の貸出取引において、ちょうど8ヶ月目が決算日である例を図5-4に示しますが、前取りでも後取りでも決算時の残高は同じになることがわかるでしょう。

貸出取引：元本100万円、1年間、固定金利3%

決算日：開始日の8ヶ月後

(1) 利息全額前取りの場合
（利息部分のみ）

開始日仕訳

| 現金（資産科目）3万円 | 利息（収入科目）3万円 |

決算日仕訳

| 利息（収入科目）1万円 | 未経過利息（負債科目）1万円 |

すでに受け取った利息のうちの1万円は翌期分の利息

→ 決算日時点で計上される利息は2万円

(2) 利息全額後取りの場合
（利息部分のみ）

開始日仕訳

（仕訳なし）

決算日仕訳

| 未収利息（資産科目）2万円 | 利息（収入科目）2万円 |

今期分の利息2万円を受け取っていない

→ 決算日時点で計上される利息は2万円

図5-4　未収未経過処理の例

　費用の支払いについても同様の処理を行います。そして、決算翌日には決算日と反対の仕訳を行って、仕訳を元に戻します。このように、一営業年度の**期間損益**（その営業年度の期間に対応する利息や手数料の金額）を正確に算出するために、その営業年度に帰属する未収・未払となる損益は見越計上し、翌年度以降に帰属させる前受・前払の損益を繰延計上することで調整しているのです。正式な決算処理は年2回ですが、月次決算を行っている金融機関もあります。このような未収未経過処理は、金融機関特有ではなく、一般企業でも行っています。

　決算処理とは特に関係ありませんが、債券購入時の未経過利息の扱いを説明しておきましょう。決算日における利息の扱い方と同じ考え方をするためです。発行済みの債券を途中で購入する場合には、債券のクーポン日と購入日が必ずしも一致しません。クーポンが1年ごとの債券を、前回のクーポン日からちょうど8ヶ月後に購入したとしましょう。購入時点から次のクーポン日ま

第5章 バックシステム

> ▶ **決算補正手続き**　　ちょっとひとこと
>
> 　金融機関では決算にあたり、まず事前に決算準備の手続きを行います。金額が未確定であるものや、一次立替金のような未確定な仮受・仮払金の確認を行います。また、総勘定元帳と補助元帳の残高を突合させ、必要であれば一件ごとに内容を精査します。そして決算日には、損益補正（未収・前受収益、未払・前払費用）、財産評価（貸出金償却、有価証券評価、減価償却）、諸引当金、準備金の繰入・戻入を行います。貸出金償却は、回収不能となる可能性の高い貸出金などについて損金処理として償却する処理です。有価証券償却は、投資目的で保有する有価証券について、原価法（取得したときの価格で評価を行う方法）または低価法（取得時の価格と期末時点の評価額の低い方を採用する方法）によって評価し、損失相当額を償却する処理です。このように、決算の時には特別な勘定処理が発生します。

での4ヶ月分のクーポンは購入者が、それ以前の8ヶ月間分のクーポンはそれまでの保有者が受け取る権利があります。したがって購入者は、8ヶ月分のクーポン額を債券の購入価格と合わせてそれまでの保有者（売り手）に支払います。そして、購入者は次回クーポン日に1年分のクーポンを受け取ります。債券の売買の場合には、売買金額のほかに必ずこのような未収クーポン利息分の受け渡しが行われるので、覚えておきましょう。

　(2)の売買損益は、売買が確定したときに簿価金額と売買金額の差額が損益として計上されます。ただ、トレーディング目的の商品については時価評価が義務付けられているため、実際の売買が行われなくても、決算時点で簿価金額と時価との差額を損益として計上する場合があります。決算時に時価で評価された商品は、翌期からその商品の簿価自体が時価に変わります。

　(3)の手数料は通常、発生時点で損益に計上されます。けれど、利息的な意味合いを持つ手数料の場合には、利息のような未収未経過処理を決算時に行うこともあります。

　このほか、決算時に行われる特別なオペレーションとしては、有形固定資産の取得費用をある期間で分けて配分する減価償却処理や、貸倒れやその他費用支払いなどの将来の損失費用を今期に引き当てておく引当金処理などが

あります。

5-2 対外決済システム

　バックシステムが受け持つ重要な機能のひとつが、決済機能です。他の金融機関などとお金や物をやり取りする必要がある場合に、いくつかのネットワークシステムと接続します。

資金決済ネットワーク

　資金を決済するためのネットワークシステムには次のようなものがあります。

(1) 日銀ネット（当預）
(2) 全銀システム（内国為替）
(3) 外国為替円決済システム（外国為替）
(4) その他の資金決済制度（手形交換制度など）

● 日銀ネット

　日銀ネット（日本銀行金融ネットワークシステム）は、日本銀行（日銀）と金融機関との間で決済を行うネットワークシステムです。民間の金融機関は、日銀に必ず自社名義の当座預金（**日銀当預**と言う）を保有していて、金融機関の間の資金決済は、この当座預金の振替処理で行います。コールや手形売買のような金融機関間の短期資金取引の決済、国債売買の決済、この後に説明する全銀システム・外国為替円決済・手形交換の資金決済など、ほとんどの金融機関間のお金の流れが、日銀ネットによる日銀当預の振替で行われています。

　以前、日銀ネットは次の二つの決済方式を提供していました。

(1) 時点ネット決済
(2) 即時グロス決済（RTGS、Real Time Gross Settlement）

時点ネット決済は、毎日の一定時刻（「時点」と言う）までの受け払い金額を累積しておき、一度にその差額を処理する方式です。**即時グロス決済**（RTGS）は、支払いが発生した時点ですぐに決済する方式です。ある銀行の日銀当座の残高を示した簡単な例を、図5-5に示します。

時点ネット決済では、最終的に決済されるのが受払尻（うけはらいじり、総受取額と総支払額の差額のこと）なので、いつも大量の資金を用意しておく必要がありません。このため金融機関にとっては効率のよい資金決済方法です。けれども、万一ひとつの金融機関が支払い不能な状況に陥ると、そこですべての決済処理を一時停止して、その金融機関との取引を除いた決済金額を算出し直してから決済を再開する、というような処理をしなくてはなりません。このような状況になると、決済システム自体が一時機能しなくなるため、さらに支払い不能となる金融機関が増える、というような連鎖的な支払い不能が起こる可能性があります。

このため日本では、2001年に日銀ネットにおける時点ネット決済を廃止し、原則として即時グロス決済に一本化しました。この結果、ある金融機関が決済不能になっても、その影響を受けるのは取引相手の金融機関だけであり、他の金融機関の決済には影響が及ばないようになりました。ただ、全銀ネッ

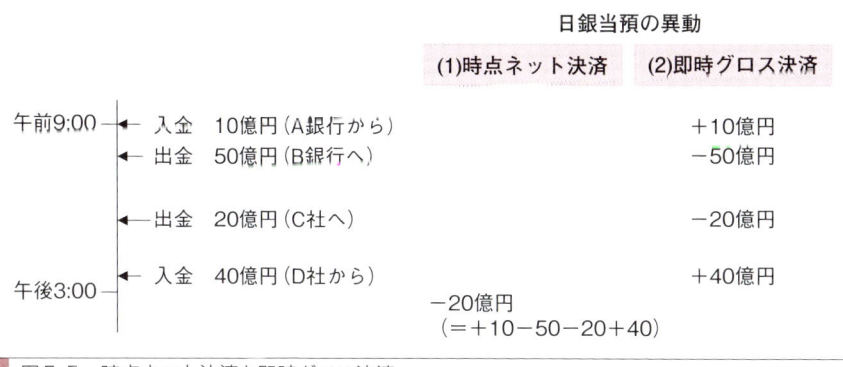

			日銀当預の異動	
			(1)時点ネット決済	(2)即時グロス決済
午前9:00	入金	10億円（A銀行から）		＋10億円
	出金	50億円（B銀行へ）		－50億円
	出金	20億円（C社へ）		－20億円
午後3:00	入金	40億円（D社から）	－20億円 （＝＋10－50－20＋40）	＋40億円

図5-5　時点ネット決済と即時グロス決済

トや外国為替のような外のネットワークからの情報連絡による最終決済処理などでは、情報が送られてきた時点での決済処理、という形で実質的には一部で時点決済が残っています。現在は、2015年〜2016年にリリースが予定されている新日銀ネットへの対応が行われています。新日銀ネットでは、通信メッセージがすべてXML (Extensible Markup Language)となり、日銀ネットの稼働時間が広がり、海外決済システムとの連携も行われます。

　日銀ネットは、「日銀ネット当預系」という資金決済系と、「日銀ネット国債系」という国債受け渡し決済系の二つに分かれています。日銀ネットとその他決済ネットワークの関連を図5-6に示します。

　日銀ネットが全面的に即時グロス決済に移行したため、日中のわずかな資金入出金のズレが資金ショートを起こす可能性が生まれました。金融機関は日中にこれまでより多くの資金を用意しておかなくてはならなくなったのです。このような金融機関の資金負担を減らす目的で、日銀は「日中取引貸越」を導入しました。金融機関が日銀に差し入れた担保の範囲内であれば、日中無利息で当座貸越による資金提供を行う、という仕組みです。さらに、資金決済についての「返金先行ルール」が浸透しました。各金融機関は朝方 (9：00) か

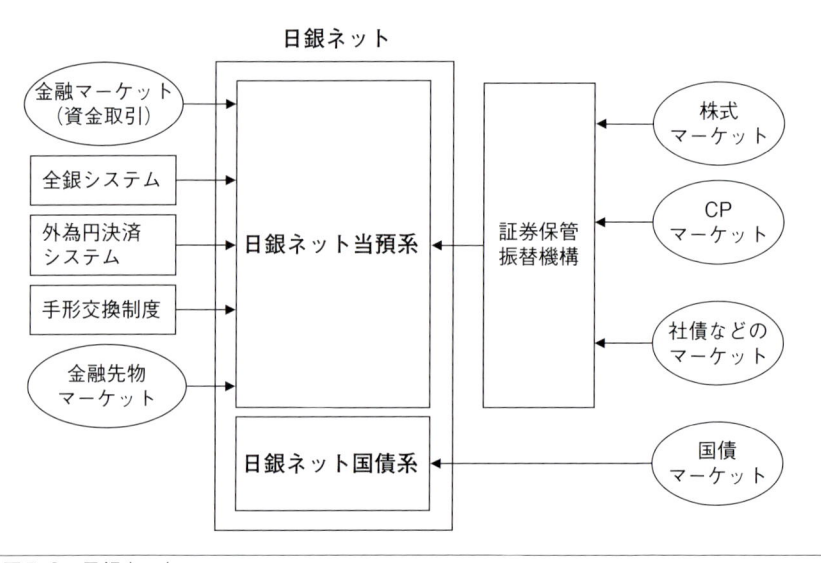

図5-6　日銀ネット

ら一斉に他の金融機関への返金を済ませ、そのあとに新規約定取引を実施するというルールです。また、コール取引などでオープンエンド取引が導入され、決済量を減らす効果を生んでいます。コール取引では資金繰りの調整のためのオーバーナイト取引が取引全体の中で大きな割合を占めています。返済期日を特定しないで約定する形の取引を可能としたことで、資金の取りと出しを毎日繰り返す必要がなくなりました。

● 全銀システム

　全銀システム（全国銀行データ通信システム）は、全国銀行内国為替制度に加盟する銀行相互の内国為替を処理する仕組みで、東京銀行協会に設けられた内国為替運営機構が運営しています。振込、送金、代金立替などの内国為替に関する情報を受け取って、当日の為替決済金額を各金融機関に通知するとともに、日銀ネットで決済を依頼します。この依頼は、日銀ネット側で16：15に時点決済されていましたが、新日銀ネットの稼働で、即時決済（RTGS化）されます。

　一方、金融機関にまたがるATMの利用は、全銀システムとは別に、**統合ATMスイッチングサービス**と呼ぶネットワークで決済金額を金融機関ごとにまとめて管理しています。ここで計算された決済金額は最終的に全銀システムを通じ日銀当預の中で振替が行われます。

● 外国為替円決済システム

　外国為替円決済は、海外の個人や企業が日本国内へ円資金の振込を行ったり、銀行間の外国為替の売買を処理する仕組みで、東京銀行協会が運営しています。外貨売買、輸出入取引、円建送金、コルレス先円勘定の振替などの決済を行っています。新日銀ネットの稼働に伴って、外国為替円決済も同時決済が導入されて、時点ネット決済は廃止されました。

　コルレス銀行を経由した外貨の振込の一般的な流れを図5-7に示します。

　外為決済は、国境を越えた取引（クロスボーダーと言う）で行われることが多いのですが、その場合、時差の存在から、片方の決済が完了しているにもかかわらずもう一方の通貨の決済が完了できていない、という事態が起こりま

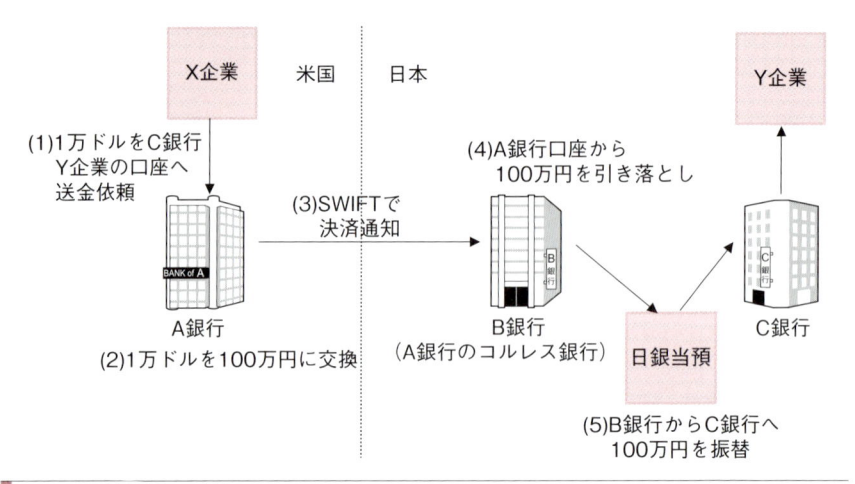

図5-7 外貨振込の流れ

す。このようなリスクに対応するため、支払いと受け取りを同時に行う**CLS**（Continuous Linked Settlement）が2002年に導入されました。この仕組みでは、金融機関はあらかじめCLS銀行に口座を開設して、その口座を通じて支払いと受け取りを同時に決済します。この決済方法は、証券決済のDVP（後述します）に対して、PVP（Payment Versus Payment）と言います。

また、国際間の決済情報の交換には、**SWIFT**（Society for Worldwide Interbank Financial Telecommunication）が提供するSWIFTNetが利用されています。

証券決済ネットワーク

次は、モノ、すなわち有価証券の決済に関する仕組みです。次のようなものがあります。

(1) 日銀ネット（国債）
(2) 証券保管振替機構（株式）

第5章　バックシステム

● 日銀ネット（国債）

　日銀ネット国債系は、国債の受け渡し決済に関するオンライン処理を行っています。国債は、大きく三つの保有形態があります。

(1) 国債証券（現物国債）
(2) 登録国債
(3) 振決国債

　国債証券は、実際に紙の証券を保有する保有形態ですが、金融機関の場合は取引量が多いためこのケースは少なく、登録か振決の形で取引を行います。
　登録国債というのは、国債の登録機関である日銀が持つ登録簿に権利保有者として登録を行う形の国債です。一方、登録手続きをより簡略化した振替事務だけで国債取引ができるようにした制度として、国債振替決済制度があり、この仕組みの中で金融機関から日銀に寄託される国債のことを、**振決**（ふりけつ）**国債**と言います。このように、国債の決済は、すべて日銀ネット国債系で処理されます。
　この中で特徴的な仕組みは、「国債DVP同時担保受払機能」です。**DVP**（Delivery Versus Payment）とは、資金と国債を同時に受け渡しすること言います。そうすれば、国債を渡したのに、資金を取りはぐれてしまった、というリスクがなくなります。この仕組みによって、金融機関は購入した国債を直ちに担保として日中貸越資金枠を拡大することができます。そして、その貸越を利用して別の資金取引を行うというように、全体の流動性を高めることができます。すでに社債などの一般債やCPはDVP決済でほとんどが処理されるようになっており、株式も2009年の株券廃止とともに決済のDVP化が進んでいます。

● 証券保管振替機構

　証券保管振替機構は、一般に**ほふり**と呼ばれています。証券保管振替制度とは、主に株式などについての売買取引や担保取引に関する帳簿上の移転を管理する仕組みです。株式以外でも、社債や地方債などの一般債振替制度、

▶ T+n（ティープラスエヌ）　　　用語解説

「T+n」という表現は、決済の世界でよく出てきます。「T」はトレード（Trade）日のことで、実際の取引から何日後に決済されるかを表します。日本の場合は、国債、社債、株式ともに、T+3です。つまり、取引約定日から3日後にモノの受け渡しが完了します。CPは、T+1またはT+2で決済されます。このような決済サイクルを短くすることはリスクを減らす意味でも重要なことで、有価証券の受け渡し決済は世界的にT+1（ティープラスワン）を目指した取組みがなされています。ある決められた日にまとめて決済するのではなく、約定日から一定期間内に決済が順次行われるこのような決済方法を、ローリング決済と言います。ちなみに、欧米諸国では、国債はT+1が、社債や株式についてはT+3が一般的です。

▶ 電子債権　　　ちょっと ひとこと

経済産業省は、IT化の進展や債権流動化ニーズの高まりの中で、産業金融インフラとしての電子債権法制と電子債権市場の創設を検討しています。電子債権市場が創設されると、シンジケートローンや企業間売掛債権への電子的な管理と流通の促進が期待できます。

現在のところでは法整備面が優先的に検討されていますが、実際にスタートすれば、電子債権法（仮称）を前提とした新たな電子債権の発行が確定し、保管振替制度との連携も不可欠となり、将来的には売掛債権などの流動化やセカンダリー市場の発展につながると考えられています。

CP（Commercial Paper、オープン市場で短期の資金調達）などの短期社債振替制度、投資信託振替制度があります。特にペーパーレス・電子化対応を推進しています。

電子化対応だけでなく、決済期間の短縮化（DVP化）と決済照合システムの機能拡充を目指しています。例えば、上場している有価証券の場合、各取引所で取引され約定した内容は、取引所から「日本証券クリアリング機構」に連絡されます。ここで複数の取引所での取引をまとめます。そのうえでDVP決

済の指示を、有価証券については証券保管振替機構へ、資金については日銀ネットあるいは個別の資金決済銀行へ連絡します。

国内非居住者との取引では、非居住者の代理として**カストディ**（有価証券の保護預かり、代理売買を行う業務）銀行が決済事務を行います。カストディ業務は銀行にとって、手数料を稼ぐことができる有力な業務のひとつです。

> **▶ シンジケートローン**　　　　　　　　　　　　　　　　　用語解説
>
> シンジケートローンは、大口の資金調達ニーズに対して、複数の金融機関が協調してシンジケート団を組成し、融資を行う手法です。アレンジャーと言われるシンジケートローンを束ねる役割の金融機関は、日本で言えば都市銀行クラスの銀行が行い、アレンジャーフィーを受け取りながら、親密な地銀などに声をかけてシンジケート団を結成します。船舶や飛行機、大規模プロジェクトファイナンス（企業ではなくプロジェクトに対するファイナンス）、国際援助的な資金援助などが主な対象ですが、最近は大規模不動産開発でもこのような手法がとられるケースがあります。
>
> 欧米のマーケットでは、このようなシンジケートローンがセカンダリーマーケットで非常に活発に売買されていて、銀行のトレーディング部門の大きな収益になっています。しかし、日本ではまだシンジケート団が非常に閉鎖的な関係の中で構成されていて、セカンダリーマーケットもほとんど機能しておらず、アジアの他のマーケットに比べても遅れている状況です。

> **▶ STP**　　　　　　　　　　　　　　　　　　　　　　　用語解説
>
> STP（Straight Through Processing）は、約定から決済までの一連の取引処理を、システムを利用してシームレスに行う仕組みのことです。有価証券の決済がT+1を目標に環境整備されている中で、金融機関内でもより効率的に決済処理を行うことが求められていますが、そのひとつの解決策がSTPです。一連の処理を極力人手を介さずに、スムーズに進められる仕組みをシステムで提供しようというものです。そのためSTPは、フロントシステムから、ミドルシステム、バックシステムへと各基幹系システムを串刺しにして管理するような形のシステムになります。

5-3 ALM システム

　ALM（Asset Liability Management）は、資産と負債を総合的に管理する手法です。預金と貸出の金利や期間を把握して、どの程度の流動性ないしは金利、信用、為替変更のリスクを負っているかを明らかにしたうえで必要な調整を行い、リスクの最小化と収益の最大化を図るために使います。ALMでは以下のポイントを確認します。

(1) 資産負債の運用調達ミスマッチ状況
(2) 資産負債の金利ミスマッチ状況
(3) 変動金利の指標金利内容

　これらの分析には、マチュリティーラダー（Maturity Ladder）表とギャップ（Gap）分析を使います。マチュリティーラダー表は、期間をひとつの軸に取り、どこまでの期間はいくらの運用、あるいは調達が行われていて、運用と調達の差（つまりギャップ）がどの期間でどの程度あるのか、というのを把握するための帳票です。簡単な例を図5-8に示します。

　最も単純な例は、最終期限までの残高推移を一覧表で集計して、運用と調達でどの程度のミスマッチがあるのかを把握するものです。一般的に運用が長期で調達が短期というケースが多いので、今後の調達予定と金額を把握します。ALMの観点では、長い期間でどの程度のミスマッチポジションを持っているのかを把握し、今後の運用調達戦略を検討します。1週間とか1ヶ月というような短い期間でのミスマッチは、ALMというより資金繰りの観点から管理されています。

　金利のミスマッチも重要です。例えば、1年の期間で調達していても、変動金利の見直しが3ヶ月ごとだと、3ヶ月以降の期間は金利未確定の状況です。この調達取引に対して、1年間の固定金利での運用を行っていた場合には、最

第5章　バックシステム

資産（運用側）				負債（調達側）			
ローン	10年固定	5%	1億円	コール	1ヶ月	1%	2億円
債券保有	3年償還	2%	1億円				

マチュリティーラダー表とギャップ分析（元本ベースの分析例）

	現在	1ヶ月後	6ヶ月後	1年後	3年後	10年後
運用	2億円	2億円	2億円	2億円	2億円	1億円
調達	2億円	2億円	0億円	0億円	0億円	0億円
ギャップ	0億円	0億円	2億円	2億円	2億円	1億円

将来必ず調達しなくてはいけないポジション

図5-8　運用調達のミスマッチ

終期限でマッチしていたとしても、後半の9ヶ月間が金利でミスマッチ状態になります。将来の利鞘の水準がどの程度変動するのかをシミュレーションで分析評価して、運用調達の戦略に生かします。このような、固定と変動の金利のミスマッチ状況もマチュリティーラダー表で把握できます。

さらに、指標金利がどう動くと全体の利鞘がどう変化するかが分析できます。細かく分析する場合には、元本ベースだけではなく、金利受け払い部分も含めることもあります。このように、マチュリティーラダー表とギャップ分析は、期間をどう区切るか、資産負債をどのレベルで分析するか、変動と固定の区分をどのように分けて表示するかなど、いろいろな分析に使われています。

このようなギャップはなるべく少ない方がリスクが少なくなりますが、それによって収益機会を逃すことにもなります。したがって、どの程度のギャップを持てばよいのか、という判断が金融機関のリスク管理として重要です。

金融の国際化に伴い外国通貨の運用・調達が増加していますが、この場合は、運用・調達のミスマッチ、金利ミスマッチ、指標金利の変動要因に加えて、為替の変動により発生するリスクもあわせて分析する必要があります。

5-4 銀行の勘定系システム

　銀行の勘定系システムは、預金、融資、為替という銀行の基本的な業務を支えるものです。この中の預金システムについて、少し詳しく取り上げましょう。銀行の預金システムは、コンピュータ業界に対して以前からずっと大きな影響力を持っていたからです。銀行業界は、他の業種に比べてかなり早い時期から、コンピュータの導入やオンラインシステムの構築を行ってきました。また、システム規模が大きく、常に処理性能の高いコンピュータを必要とするため、大型メインフレームの大きな市場となっていました。最近ではメインフレーム以外でシステムを構築する例も出てきていますが、コンピュータ業界での重要度が下がることは当面ないでしょう。

口座更新の仕組み

　預金システムの役割は、保有している顧客の口座データを保持し、それを適切に更新していくことです。口座の更新が必要なリクエストは、主に次の五つの経路で入ってきます。

(1) 自社の ATM
(2) インターネットバンキング
(3) 営業店システム
(4) 口座振替システム
(5) 統合 ATM スイッチングサービスなどのネットワーク

　口座のある銀行のATM（現金自動預け払い機）で、預金の引き出し、預け入れ、残高照会などの操作を行うと、それを預金システムが受け取り、保持している口座の残高を参照・更新します。最近ではほかの金融機関のATMで

もこれらの操作ができます。この場合は、**統合ATMスイッチングサービス**というネットワークシステム経由でデータを受け取ります。統合ATMは複数に分かれていたATM/CD（現金自動支払い機）中継システムを2003年に統合したものです。それまでは都銀キャッシュサービス（BANCS）、地銀CD全国ネットサービス（ACS）、信託銀行オンラインキャッシュサービス（SOCS）など、銀行の種類ごとのネットワークと、これらを接続する全国キャッシュサービス（MICS）に分かれていました。なお、ゆうちょ銀行は統合ATMとは別のネットワークでつながっています。都市銀行の場合、ATMから1日に受け取る処理件数は、ピーク時に1000万件程度の規模にまでなっているようです。

インターネットバンキングは、各社が取り組みを本格的に始めたところですが、今後は件数が増えていくでしょう。また、営業店システムからのデータは、銀行店舗の端末から入力されたものです。

もうひとつ重要な経路が、口座振替システムからのものです。ATMからの操作は、基本的に1回の操作に対して一つの処理だけですが、口座振替システムからは、複数（大量）の操作が一括して入ってきます。一般企業の支払い処理や給与振込、電話会社やクレジットカード会社による代金引き落としなど

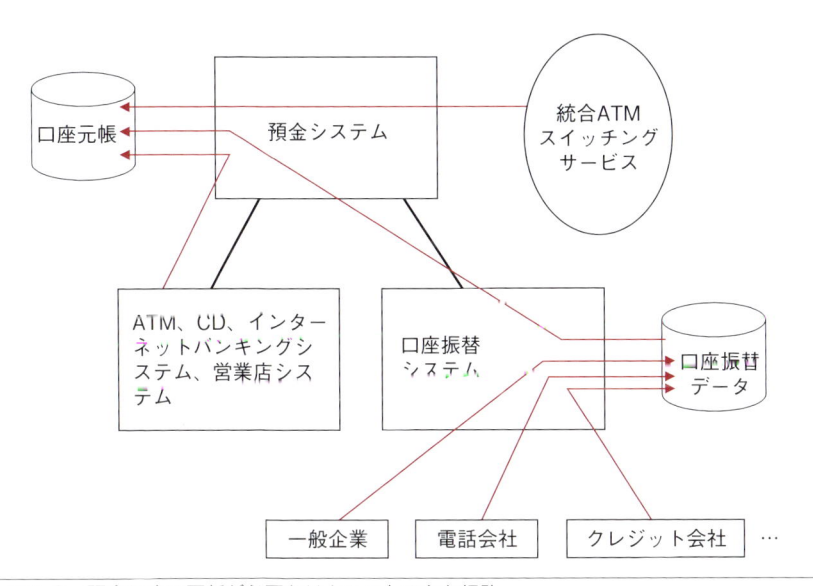

図5-9　預金口座の更新が必要なリクエストの主な経路

がこの仕組みを利用しています。都市銀行の場合、この処理件数はピーク時で1日2000万件を超えると言われており、ATM経由の件数を上回る大規模な処理になっています。

　口座振替のデータは、銀行の営業店、一般企業、クレジットカード会社などから、フロッピーディスク、磁気テープ、ファイル転送などの方法によって、銀行の事務センターに送られてきます。この集まったデータをバッチ処理によって口座振替システムに入力し、口座振替データを作成します。送られてくるデータの形式は送り元ごとにバラバラなので、相手先ごとに形式変換のプログラムを用意する必要があります。

　作成した口座振替データは、振替日ごとに口座元帳に対して更新をかけます。ただし、現在の預金システムは24時間休まず稼働しており、「停止中にバッチ処理で更新処理を行う」ということができません。オンラインの稼働中に少しずつ更新を行います。このような方法で口座振替データによって口座元帳を更新することを、**センターカット**と呼んでいます。また、オンライン稼働中に一括して更新処理を行うことを一般的に**オン中バッチ**（「オンライン中のバッチ処理」の意味）と言うことがあります。

　口座残高の更新処理を実行しながら、ATMからのリクエストを正しく処理するためには、多少の工夫が必要です。センターカットをどのように実現するかは、それぞれの銀行によって違いがあるようです。

　メガバンクほどの体力がない地方銀行、信用金庫、信用組合では、勘定系システムの開発・運用を共同利用という形で効率化しようとしています。勘定系システムは、非常に高い信頼性と正確性を求められるために、大きな開発コストと運用費用が必要な一方で、他社と差別化する要素はあまりなく、独自に開発するメリットが少ないシステムです。それよりは、システム開発だけでなくその後の運用も含めてアウトソースし、共同化する方が効率的で合理的なのです。代表的な地銀のグループには、Chanceプロジェクト（三菱東京UFJ銀行の勘定系をベースに常陽銀行など7行が参加）、じゅうだん会（八十二銀行のシステムをベースに7行が参加）、TSUBASAプロジェクト（千葉銀行など6行が参加）などがあります。

第6章 ミドルシステム

「ミドルシステム」のミドルとは、金融機関の中において、フロントとバックの業務の中間に位置し、会社全体を見通している部門です。フロントやバックのシステムでは、個別の取引内容を管理することを基本としています。一方ミドルでは、金融機関全体としてどのような資産負債構成になっていて、どのようなリスクを抱えているのかを、中長期的に把握し監視する役目を担っています。

このような大きな視点から経営管理を行うミドル部門は、普通の会社で言えば「経営企画部」にあたります。ミドルシステムによって把握している各種の指標は、会社をどちらの方向に動かしていくのか、といった方針を策定するための情報として使われます。ミドルとは、Plan-Do-Check-Actionサイクルによる戦略作成手法として捉えれば、会社全体のPlan、Do、Checkを推進する部門というわけです。

6-1 ミドルシステムの概要

ミドルシステムは、金融機関全体の「統合リスク管理」を行うためのシステムです。金融機関は、グローバルでしかも複雑に組み合わさったリスクを持つようになっています。このため、リスクを統合的に把握し、その内容を経営に反映させていく体制と仕組み作りが積極的に進められており、ミドルシステムの重要性が高まっています。BIS（国際決済銀行）規制のような金融当局からの要請もありますが、金融機関自身がリスク・リターンの関係の中で、自らの収益をいかにして最大化していくかを真剣に考える必要が出てきたためです。

金融機関の中には、資産負債構成割合と運用調達のミスマッチを把握するALM（Asset Liability Management）システム（「5-3　ALMシステム」を参照）を、バックではなくミドルシステムとして実施しているところもあります。逆に、ミドルの役割の一部を、フロントやバックのシステムが受け持っている

第6章 ミドルシステム

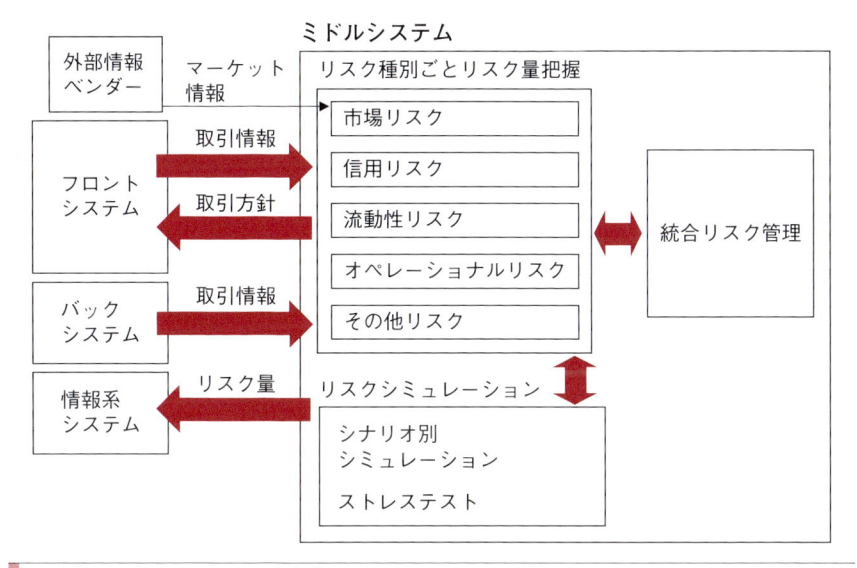

図6-1 ミドルシステムの全体像

場合もあります。

ミドルシステムは、以下の基本機能を備えています。

(1) リスク種別ごとのリスク計量化
(2) リスクシミュレーション
(3) 統合リスク管理機能

　金融機関が抱えるリスクの種類を分類して、それぞれがどれくらいの大きさのリスクを持っているのかを求めるのが、リスク種別ごとのリスク計量化です。計量化の手法は、リスクの種類によって異なります。市場リスクや信用リスクは、定量的に評価する手法がかなり確立しつつあります。一方、流動性リスクやオペレーショナルリスクなどは定量的な把握が難しく定性的に評価するウェイトが高くなっています（リスクの種類については「3-3　金融機関のリスク」を参照）。

　定性的評価の手法も個別案件の評価の中では重要で、今後も継続して残るでしょう。しかし、ミドルとして評価するリスクという観点からは、恣意性

が排除された客観的数値である定量的評価結果が重要であり、今後はますます標準化と高度化が進むでしょう。

計量化されたリスク量は、市場環境や経済状況に伴い常に変化します。現在の金利水準、為替レート、株式市場の株価指数などの要因が変化したときに、リスク量にどれくらいの影響が出るのかをシミュレーションするのが、リスクシミュレーションです。これによって、将来の環境変化に対しての影響度を、予測しておくことができます。もし、その影響度が金融機関の自己資金の中で対処できないような場合には、事前にそのリスクを減らしておくという行動につながります。

これら各種リスクに対する評価結果をまとめて、金融機関全体のリスク量を把握し評価する機能が、統合リスク管理です。統合リスク管理をどのような手法でどのように運営していくのがよいのか、という点については、まだ標準的な手法が確立しているわけではなく、各金融機関の置かれているさまざまな環境要因を考慮し、試行錯誤を繰り返しながらその精度を高めている状況にあります。

6-2 基本的なリスク評価手法

「3-4 BIS規制」でも説明したように、一番最初に定量的なリスク量把握の手法が発展したのが、市場リスクの世界です。市場リスクは、マーケットの動きに応じて変動する金融商品の価格に関するリスク量のことで、この中には、金利リスク、為替リスク、株式リスクなど、いろいろな金融マーケットの動きに応じたリスクが含まれています。

現在価値

リスク量を把握するときの基本は、**時価評価**(Mark to Market、**MTM**)です。

第6章 ミドルシステム

現在のマーケットで処分したとしたらいくらになるかが、金融機関が保有している資産の実勢価値になります。時価は、**現在価値**（PV、Present Value）とも呼ばれます。現在価値は、将来その資産あるいは負債が生み出す予定のキャッシュフローを、マーケットにおける市場金利で割り引いて求めます。

例えば、1年物の市場金利が2％であれば、現在の100円は1年後の価値が102円になります。この逆で、1年後の100円というキャッシュフローは、1年物金利で割り引いて、

$100 \div (1 + 0.02) = 98.04$

つまり、約98円の現在価値である、ということになります。

図6-2のような固定利息支払い型のローン取引の現在価値を求めてみましょう。元本が100万円で、利率が1％だとすると、年に1万円の利息の支払いがキャッシュフローとして確定しています。5年後には、元本が戻ってきますからこの時のキャッシュフローは利息分と合わせて101万円です。現在価値PVは、このローンから発生する将来のキャッシュフローをイールドカーブで割

年1回利息支払いのある5年後一括返済のローン
＜元本100万円で固定利率1％の場合＞

CFn：n年後のキャッシュフロー
rn：n年のスポットレート

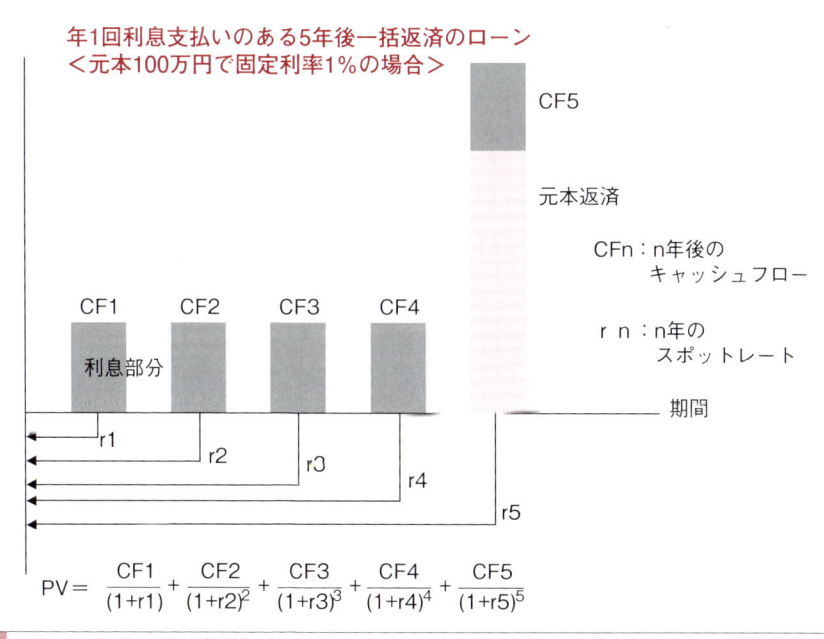

$$PV = \frac{CF1}{(1+r1)} + \frac{CF2}{(1+r2)^2} + \frac{CF3}{(1+r3)^3} + \frac{CF4}{(1+r4)^4} + \frac{CF5}{(1+r5)^5}$$

図6-2　現在価値の求め方

り引いて求めます(イールドカーブについては「4-3　ディーリングシステム」を参照)。

このように現在価値は、将来発生するキャッシュフローと市場金利を表すイールドカーブによって決定します。変動利息のローンのように将来のキャッシュフローが決まっていない場合には、イールドを利用して変動金利の指標となる金利水準を予測してキャッシュフローを決定します。Tiborベースのローンの場合は、Tiborのイールドカーブから将来のTibor金利を予測して、1年後や2年後の変動金利支払い分のキャッシュフローを求めます。このように、現在価値を求めるに当たっては、イールドカーブが非常に大切な役割を担っています。

イールドカーブの形が現在価値にどのように関係するのか、図6-3の例で説明しましょう。

イールドカーブは、スポットレートの推移を表したものです。金利1％の固定利息支払い型で、期間5年期日一括返済のローン取引のキャッシュフローを前提に、現在のスポットレート1年が0.5％だとして、5年後までにどのように推移するか、3通りのシナリオを考えてみます。

シナリオ1は、緩やかに上昇して5年後に1％にまで上がるという順イールドの場合です。このシナリオによる現在価値は、約100万円で元本とほぼ同

	1年後	2年後	3年後	4年後	5年後	
利息キャッシュフロー	10,000	10,000	10,000	10,000	10,000	
元本キャッシュフロー					1,000,000	
キャッシュフロー合計	10,000	10,000	10,000	10,000	1,010,000	
シナリオ1（緩やかな順イールド）						合計
スポットレート	0.50%	0.55%	0.65%	0.75%	1.00%	
現在価値	9,950	9,891	9,808	9,706	960,980	1,000,335
シナリオ2（急な順イールド）						
スポットレート	0.50%	0.70%	1.20%	1.70%	2.50%	
現在価値	9,950	9,861	9,648	9,348	892,693	931,501
シナリオ3（逆イールド）						
スポットレート	0.50%	0.45%	0.40%	0.35%	0.30%	
現在価値	9,950	9,911	9,881	9,861	994,985	1,034,588

図6-3　イールドカーブの形と現在価値の関係

じ金額です。つまり、このローンはシナリオ1のイールド構造を前提とする市場に合致している取引である、ということが言えます。

シナリオ2は、シナリオ1よりも長期金利がもっと高くなるケースです。このときの現在価値は約93万円です。元本の100万円よりも現在価値が低いので、現在のローンを解約して、100万円を今の市場で再度運用する方が利益が出ることがわかります。もちろん、取引を途中解約する時に発生するペナルティなど、細かい問題があるので、簡単にできるとは限りませんが、少なくともこのローンは時価ベースで損が出ている取引、ということが言えます。

シナリオ3は、金利が次第に低くなる逆イールドのケースです。この場合、1％の利息は非常に魅力的な商品です。現在価値は約103.5万円で、時価ベースで3.5万円の収益となっています。

リスク量を現在価値ベースで評価する利点は、期日もキャッシュフローも異なるさまざまな取引を、現在価値というひとつの指標ですべてを同列に比較することができることです。金利スワップのように、ひとつの取引の中で、金利の受けと払いの二つがセットになっている場合には、それぞれの現在価値の差（金利受け側PV － 金利払い側PV）で求めます。そのため、PVはNPV（Net Present Value、正味現在価値）と表現されることもあります。

感応度

感応度は、なにかの動きに対して、対象の動きがどの程度連動するかの大きさを表す指標です。一般的に感応度というと、金融マーケットの動きに対して、個別金融商品の価格がどれくらい連動して動くかという大きさを指します。

感応度の中では、金利商品のBPV（Basis Point Value）が代表的な指標です。BPVは、金利が1bp（bpはbasis pointの略で、0.01％のこと）動いた時に変化する資産あるいは負債の価値です。

図6-3のシナリオ1について、スポットレートが1bp上がったらどうなるかを示したのが、図6-4です。金利が1bp上がったことにより、現在価値が485円下がっています。この取引の場合、「BPVは－485円だ」と言います。

BPVは、「デルタ」あるいは「センシティビティ（sensitivity）」と呼ぶ場合

	1年後	2年後	3年後	4年後	5年後	
利息キャッシュフロー	10,000	10,000	10,000	10,000	10,000	
元本キャッシュフロー					1,000,000	
キャッシュフロー合計	10,000	10,000	10,000	10,000	1,010,000	

シナリオ1（緩やかな順イールド）						合計
スポットレート	0.50%	0.55%	0.65%	0.75%	1.00%	
現在価値	9,950	9,891	9,808	9,706	960,980	1,000,335

シナリオ2（シナリオ1が1bpパラレルシフト）						
スポットレート	0.51%	0.56%	0.66%	0.76%	1.01%	
現在価値	9,949	9,889	9,805	9,702	960,505	999,849

現在価値の差	1	2	3	4	476	485

↑ BPV

デルタマップまたはポイントセンシティビティ

図6-4　BPVの計算例

もあります。デルタとは、金利が現状のままの場合の現在価値と、1bp上がった（または下がった）場合の現在価値の差分のことです。デルタマップあるいはポイントセンシティビティは、期間ごとのデルタを表形式で表したもの（図6-4の下部）です。この例では、5年目のデルタが他の年のデルタに比べて一番大きくなっています。このような場合「5年目の感応度が高い」と表現します。つまり、5年のスポットレートの動きが、この取引の現在価値に一番大きな影響を与えるということです。金融機関は、取引ごとのデルタを合計しその分布を見て、ある特定の期間のデルタだけが突出している場合には、その期間にリスクが集中しているという見方をします。もし許容量を超えていれば、必要な対処のためのオペレーションを行います。

金利商品の場合にはBPVで感応度を計りますが、為替や株の場合は、ドル円レートが1円円高になったらとか、TOPIXあるいは日経平均が10％上がったらというような見方で感応度を計ります。

● 債券の感応度指標

債券の評価では、BPV以外に**デュレーション**（Duration）という指標をよく使います。デュレーションは、その債券の利回りが一定の割合で変動した時

	2年後	5年後
キャッシュフロー合計	1,000,000	1,000,000
利回り3%での債券価格	942,596	862,609
利回り5%での債券価格	907,029	783,526
債券価格の差	35,566	79,083
債券価格の変化率	3.8%	9.2%

図6-5　利回りが2%上昇した場合の債券価格の違い

に、債券の価格がどの程度変化するのかを示す指標です。

　簡単な例として、最終利回りが3%で償還日が2年後および5年後と、償還期日だけが異なる二つの割引債を考えます。それぞれの債券価格（PV＝現在価値）を求めると、次のようになります。

PV(償還日2年後) ＝ 約94万円
PV(償還日5年後) ＝ 約86万円

　これらの利回りが、2%上昇して5%になった場合の債券価格は次のようになります。

PV(償還日2年後) ＝ 約91万円
PV(償還日5年後) ＝ 約78万円

　図6-5に示したように、この二つの割引債の価格の変化率は、それぞれ3.8%と9.2%となります。同じ利回り2%の上昇でも、価格の変化率は償還期日が長い割引債の方が大きな影響を受けていることがわかります。このような、利回りの変化に対する価格の変化率を表す指標をデュレーションと言います。発行体の種類など他の条件が同じ場合には、残存期間が長い方、クーポン利率の低い方がデュレーションは大きくなります。

　デュレーションを正確に求めるためには、金利変化に対する価格変化の偏微分方程式（変化率を計算するための式）を解いた公式に当てはめて計算を行います。詳細な計算を行う際には、微分式の2次の係数である、コンベクシティ（Convexity）も含めて計算します。より詳しい内容に興味がある場合は、

> ▶ 利回り上昇と日本の財政の影響　ちょっとひとこと

　今、日本は景気を良くするために、異次元の金融緩和と呼ばれるような異常に低い金利の状態にあります。みなさんが銀行の預金をしていても、ほとんど利息がつきませんね。ただ、今後景気が良くなってくると、日銀も金融緩和を緩めてもう少し金利を高くしてくるはずです。
　では、このような将来の金利上昇は日本の金融機関、特に銀行にはどういう影響が出てくるのでしょうか。今は金利が低いので債券の価格はある程度維持されていますが、図6-5で示したように金利（債券では利回り）が高くなると、現在持っている債券の評価額（PV）は下がります。そうすると、日本の国債を大量に保有している銀行の資産評価が大幅に下がり、銀行の財務状況が大きく毀損するという影響が出ます。
　その結果、日本の銀行が保有している国債を大量に売却すると…。第2章のコラムで、日本の財政が良くないのに日本の格付けがそれほど悪くないのは、国債を買い支えているのが日本国内であるからだ、と書きました。しかしこの形が崩れてしまうことになりかねません。少し前にあったヨーロッパの国の経済危機のような状況に陥る危険もあるわけです。

債券分析の専門書を参照してください。
　デュレーションには次のような種類があります。

マコーレのデュレーション（Dmac）：
　　利付債を同じ現在価値の割引債に変換した場合の償還期限
修正デュレーション（Dmod、Modified Duration）：－Dmac／(1＋r)
　　利回りの変化に対する債券価格の変化率
ダラーデュレーション：PV×Dmod×1％
　　利回りが1％変化した場合の債券価格の変動額

　前述のPV(償還日2年後)＝約94万円、PV(償還日5年後)＝約86万円という割引債を例に考えてみると、Dmacはこれら割引債の残存期間です。償還日2年後の割引債（利回り3％）は、Dmac＝2年、Dmod＝－1.94、ダラーデュレーション＝約－18,000円（利回りが1％上がると価値が18,000円下がる）と

なります。同様に償還日5年後の割引債（利回り3％）は、Dmac＝5年、Dmod＝－4.85、ダラーデュレーション＝約－42,000円（利回りが1％上がると価値が42,000円下がる）となります。

● オプションの感応度指標

オプションの現在価値（PV）は、オプションを購入する時に支払うオプションプレミアムです。オプションプレミアムを求める場合には、一般的にはBlack=Scholes式を使います。また、オプションの感応度は、グリークレターズ（Greek Letters、ギリシャ文字）と呼ばれる以下のような指標を求めて分析を行います。

(1) デルタ（δ、Delta）
デルタは、原資産1単位の価格変化に対するオプションプレミアムの変化で、－1から＋1までの値をとります。

デルタ ＝ オプションプレミアムの変化 ÷ 原資産価格の変化

オプションを持っている場合に、同じ感応度を持つ先物を「逆向き」で持っていれば、市場が動いたときに変動するオプションの価値を先物でヘッジできます。デルタは、オプションと同じ効果を持つ先物がどれくらいかを知る目安になります。このようにデルタを利用して自分の持っているオプションのポジションを先物でヘッジすることを、デルタヘッジと言います。

図6-6では、グラフ1がコールオプションを保有している場合のプレミアムと原資産価格、グラフ2がデルタと原資産価格の関係を示しています。デルタは、グラフ1で示すオプションプレミアムと原資産価格のグラフの接線（1次微分）の傾きです。コールオプションは原資産を買う権利で、グラフ1のX軸のちょうど真ん中がATM（権利行使価格と原資産価格がほぼ同じ状態）、それより左側がOTM、一番左側がディープOTMとなっています。ディープOTMの時には、原資産価値が今（すなわちATM）よりもずっと低い状態のプレミアム（すなわちオプションの価値）なので、オプションの価値もほとんど0

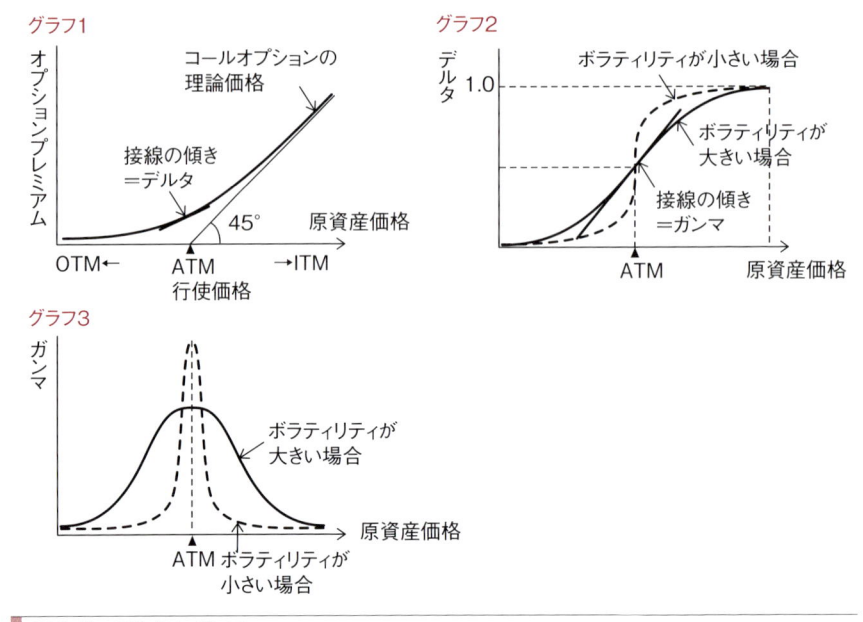

図6-6 デルタとガンマ

です。この状態では原資産の価格が変化しても、オプションプレミアムは0のままでほとんど変化しません。そして、この原資産価値がATMに近づくにつれて、デルタはおよそ0.5となります。さらに右側のディープITMになると、オプションの価値と原資産の価値は同じ動きをするようになるので、デルタは1.0に近づきます。

(2) **ガンマ**（γ、Gamma）

ガンマは、原資産1単位の価格変化に対するデルタの変化です。図6-6のグラフ2の接線の傾きが、ガンマになります。ATMの時に最も大きな値をとり、ディープITMまたはディープOTM（権利行使価格と原資産価格が大きく異なる状態）に向かって次第に0に近づきます。

　　ガンマ ＝ オプションデルタの変化 ÷ 原資産価格の変化

(3) ベガ (Vega)

　ベガはギリシア文字ではありませんが、通常はグリークレターズのひとつとして扱われています。ベガではなく、カッパ（κ）と言う場合もあります。

　ベガは、オプションプレミアムを決めるパラメータのひとつであるボラティリティの変化に対する、オプションプレミアムの変化を表します。図6-7のグラフ1がベガの値を示す代表的なグラフです。ゼロから無限大の値を取り、ATMで最も大きな値をとります。ATMの時に、最もボラティリティの変化がプレミアムに影響を与えることがわかります。

　　ベガ ＝ オプションプレミアムの変化 ÷ ボラティリティの変化

(4) シータ（θ、Theta）

　シータ（セータと呼ぶ場合もある）は、プレミアムの時間経過に対する感応

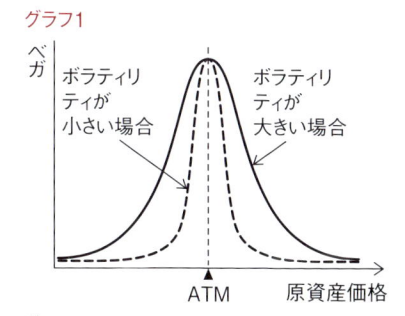

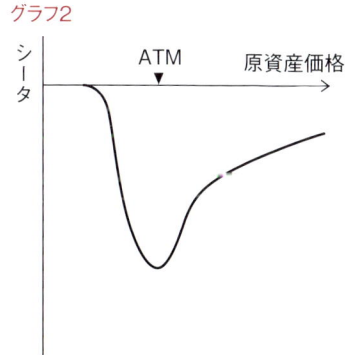

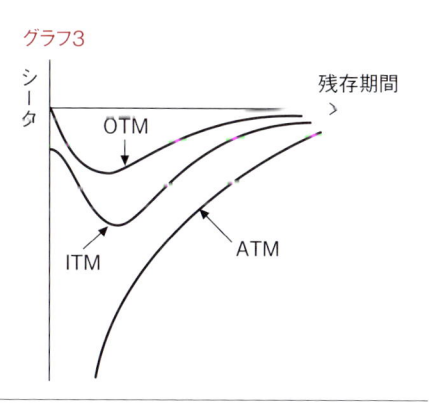

図6-7　ベガとシータ

> ▶ グリークレターズ　　　　　　　　　　　　ちょっとひとこと

　オプションを最初に勉強する時には、まずこのギリシャ文字に悩まされます。デルタって何？ガンマ？？ベガ？？？ そのほか、数学の記号として、小文字のシグマ（σ）や大文字のシグマ（Σ）とかも出てきます。

　このようなグリークレターズを自由に扱えるような理系人が、数学的センスを武器に金融業界で活躍する現象は、80年代の米ウォール街で始まりました。大手投資銀行が数学者や物理学者を雇い、金融工学を使った商品開発を始めたのが発端です。当時、米航空宇宙局（NASA）でロケット開発に携わっていたエリートたちが大量に金融業界に流入し、「ウォール街のロケット・サイエンティスト」と呼ばれていました。

　金融工学がもてはやされた90年代ごろには、「僕、文系だから…」が「よくわかりません」という意味で使われていたとも聞いています。ちなみに英語で、"It's all greek to me." は、「さっぱりわからん」という意味です。

度です。シータはほとんどの場合、負の値を取ります。これは、満期に近づくにつれてオプション価値が減少していくからです。原資産価値が低いとシータは限りなくゼロに近く、ATMの時に絶対値が最も大きくなります。このようすを図6-7のグラフ2に示します。グラフ3は、ITM、ATM、OTMのそれぞれの場合の残存期間に対するシータの変化を表したものです。

　　シータ ＝ オプションプレミアムの変化 ÷ 満期日までの残存期間の変化

6-3　ストレステスト

　ストレステストは、あるシナリオに基づいて金融環境が大きく変動した場合に、どの程度損益に影響が出るかをシミュレーションすることです。このテストは、BIS規制の中でも市場リスクの把握として求められている手法で、ほ

とんどの金融機関ではなにかしらの形で実施しています。

　どういう種類のストレスを与えるのか、というような具体的な方法について、特に決まったものがあるわけではありません。ストレスの与え方としては、過去実際に起こった事象を再現してみるヒストリカルシナリオと、仮想的にストレスを与えてみる仮想シナリオがあります。

　一般的には次のようなヒストリカルシナリオが使われています。

(1) 1987年のブラックマンデー
(2) 1994年の世界的な金利上昇
(3) 1997年のアジア通貨危機
(4) 1998年のロシア危機やLTCM破綻

　ブラックマンデーのときには、米国の株式市場が約20％強も一気に下落しました。アジア通貨危機の際には、まずタイバーツ（タイの通貨単位）が一気に25％近く値を下げて、その結果アジアの他の通貨も大暴落し、さらに株式市場も連鎖的に下落しました。また最近では、テロの発生に際しての、金融機関の業務全体に対する影響をシミュレーションすることも行われています。

　仮想シナリオは、景気動向に焦点を当てたものが多くなっています。景気の上振れに伴う金利の上昇、景気の下振れに伴う株価の下落や企業信用力の悪化などをシナリオとして設定して、シミュレーションを行います。

　ストレステストでも、金融商品の感応度を指標として使います。各金融商品の価格が動く要因を、リスクファクターと言います。例えば、株式であれば株式マーケットの動きに一番影響されますからTOPIXや日経平均の動きがリスクファクターになります。為替であれば為替マーケットの動き、円であればドル円レートの動きが最も大きなリスクファクターです。ただ、為替マーケットと短期金融市場の動きとの間には裁定が働いているため、金利の動きも間接的には為替のリスクファクターとなります。市場リスクの世界では、個別商品に対するリスクファクターがすでに見極められていますが、信用リスクや流動性リスクの世界では、まだリスクファクター抽出の研究段階にあります。

▶ LTCM の破綻

ちょっとひとこと

　1998年のLTCM（Long Term Capital Management）の破綻は、国際金融の歴史の中でも最大級の金融破綻事件でした。LTCMは、世界の中の投資家から資金を預かり、定量的なアプローチを基本として運用し収益を上げるファンド会社でした。実はこのLTCMの運用チームは、世界一流の学者を揃えたドリームチームで、その中には、ノーベル賞を受賞したオプション理論価格式で有名なマイロン・ショールズと、ロバート・マートンも含まれていました。当初は運用成績が非常によく、それに伴って運用資金も増え、ピーク時には10兆円を超える資金を動かしていたと言われています。ところが、1998年9月、史上最高の損失を出して破綻してしまったのです。世界経済の破綻も招きかねない状況でしたが、米連邦準備制度理事会（FRG）のグリーンスパン議長の判断ですばやく大量の資金援助が関連金融機関に対して行われ、世界経済の破綻は免れました。

　なぜ、このようなドリームチームが運用するファンドが破綻してしまったのでしょうか。原因の一つは、あまりに確率統計的観点からの法則に依存しすぎたからだ、と言われています。

　ものごとは、正規分布に代表される理論的な分布曲線に従い、大部分の場合、その曲線の最も高い値（確率が最も高い値）を中心にしたところに落ち着くと捉えられています。これは、Black=Scholes式の根幹にかかわる考え方でもあります。ほとんどのケースでこの理論は正しく、分布の中心から大きく外れたような事象が起こる確率は、非常に小さくなっています。しかし、全く発生しないわけではないということを、真剣に想定していなかったのでした。想定しやすい不確実性は確実に把握していて、結果として収益にも結びついていたのですが、ほとんど想定していないような非常に確率の低い不確実な事象が発生した場合の判断と対処を誤ってしまったのでした。

　LTCMは破綻してしまいましたが、それとBlack=Scholes式の真偽の議論とは全く別問題です。多くの場合の事象を説明するという意味での二人の学者の功績は大きく、現代でも金融業界では広く利用されている式であることは確かです。理論と現実のバランスが重要だ、という教訓でした。

6-4 統合リスク管理

「統合リスク管理」の具体的な管理手法については、現在明確なコンセンサスがあるわけではなく、各金融機関がそれぞれ自社に合う方式を模索している状況です。ただ、統合リスクの運用方針としての基本的な考え方としては、次の二つを挙げることができます。

(1) 金融機関はリスクに対してバッファとなる資本を保有すべきである。
(2) リスクを勘案した収益性を判断し評価しなくてはならない。

この運用方針を、実務上ではどのように運用しているのかを示したのが、図6-8です。

まず、金融機関全体としての経営体力(自己資本やその他資本に組み入れられる部分)に見合ったリスクアセットを算出します。リスクアセットは、業務上抱えるリスクから生じる損失に備えるための資本です。BIS規制の中で算出

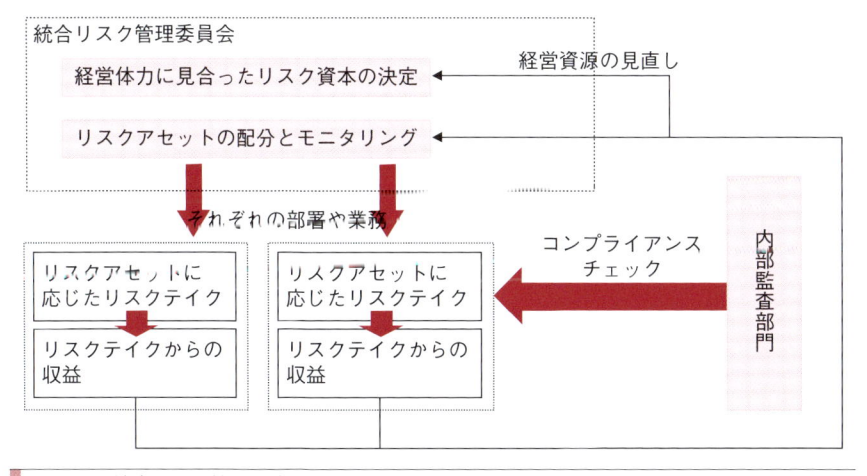

図6-8 統合リスク管理の仕組み

するリスクアセットと同じ概念の指標です。リスクアセットを算出するためには、金融機関自身が抱えるリスク量を把握する必要があります。このときの指標として、標準的に採用されているのが「VaR」です。VaRについてはこの後で詳しく説明します。

算出したリスクアセットは、金融機関の中の各部署（あるいは各業務）に配分されます。配分された後は各部署の中でリスクアセットに見合ったリスク枠を設定し、その中での最大収益を目指して業務を行います。現場の業務執行状況は、独立した監査部門が常にチェックを行います。期末などの区切りで、配分されたリスクアセットに応じて収益を調整したうえで各部署のパフォーマンスを評価します。そして次期に向けて新たに配分されるリスクアセットを決定する、というような流れになります。

このような評価方法を最初に取り入れたのが、RAROC (Risk Adjusted Return on Capital) です。RAROCは、もともとアメリカの大手銀行が用いていた手法で、「収益」を「キャピタルアットリスク」で割って求めます。キャピタルアットリスクは、リスクアセットと同様の概念で、RAROCが大きいと、リスク量に対して大きな収益を上げている、というように評価します。割り当てられたリスク資本に見合った収益が得られていない部門がある場合、次回からはもっとパフォーマンスの良い部門にリスクアセットが多めに回される、ということになります。

このようなリスクを勘案して収益性を評価するという考え方は、経営の効率化や業務戦略、リスク管理方針などすべてにかかわる仕組みであり、今までの日本の金融機関にはなかった新しい考え方と言えます。

VaRの基本

VaR (Value at Risk、バー) は、リスク量の計量指標として広く使われています。VaRは、「金融商品あるいはポジションをある一定期間保有すると仮定した場合に、一定の確率の範囲内（信頼水準あるいは信頼区間と言う）で、マーケットの変動によりどの程度損失を被る可能性があるかを計測したもの」です。BIS規制の中で市場リスクを内部モデルで計測することを奨励したこと

がきっかけで、VaRは急速に広まりました。

　金融機関に限らず、一般企業や個人投資家も、様々な金融商品を組み合わせて保有しています。このような資産の組み合わせを、ポートフォリオと言います（元々は「書類カバン」という意味）。VaRは個別商品単位でも算出できますが、ポートフォリオで評価した場合のリスク量も比較的正確に把握できます。VaRは通常金額で表示され、その額が大きいほど、そのポートフォリオが持っているリスク量が大きいということになります。

　VaRを計算するシステムの概要を図6-9に示します。まず取引データから、個別商品ごとの感応度を計算します。感応度をどの程度の細かさで採用するかは、金融機関によって異なります。例えば、金利系の取引であればBPVを感応度として採用する場合が多いですが、このBPVも、3ヶ月、6ヶ月、1年、5年以上と細かく分けるのか、それとも1年以内と1年超の大きな二つのくくりで求めるのかというようなことです。債券であれば、信用度に応じて何段階かに分けたうえで、償還期限までの期間をいくつかに分けてデュレーションを求めたりします。

　このようにして求めた感応度から、今度は商品ごとのVaRを求めます。最後にリスクファクター間の相関マトリックスで行列演算を行い、統合VaRを求めます。商品が追加されたり、それに伴ってリスクファクターが追加され

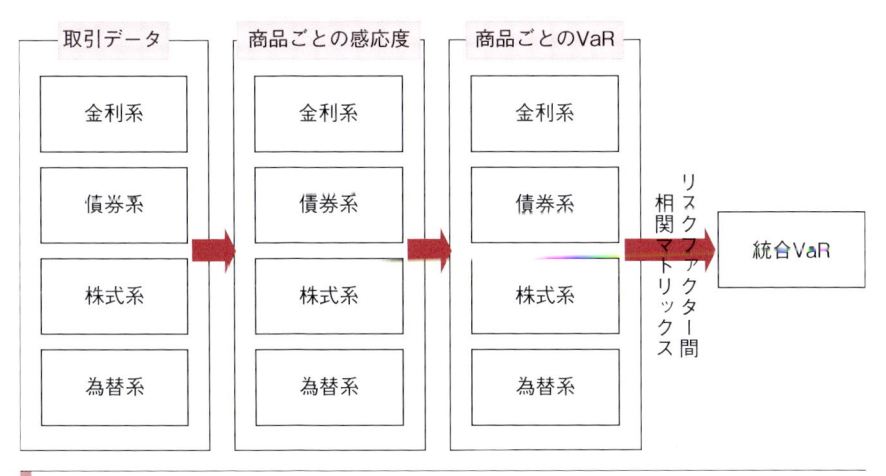

図6-9　VaR計算システムの概要

たりした場合には、その商品のVaRを計算するとともに、相関マトリックスに新しいリスクファクターの要素を加えて計算を行います。

VaRの求め方を具体的な例で説明しましょう。

まずは、10年間固定利率のローンという貸出取引です。ここでは、貸出先が返済できなくなるような信用リスクは除外し、市場リスクだけを考えてみることにしましょう。このローンは利率が固定なので、10年間のキャッシュフローは確定しており、不確定な要素がありません。したがって、この取引のVaRは0（ゼロ）です。

次に変動利付債券の購入について考えてみましょう。価格は10億円、償還期日は10年後、クーポン利率は6ヶ月ごとに見直されます。この場合、変動利付債自体の将来の価格が変動しますし、クーポン支払い額も変化します。

債券を1日だけ保有する場合と、1年間保有する場合を考えると、1年間保有した方が1日保有より価格の変動が大きくなる確率が高くなります。したがって、どの程度の期間保有するかによって、VaRの値は異なってきます。一般的には、リスクの種類によっても保有期間を変えて計算します。例えば、トレーディング勘定では10日、バンキング勘定では3ヶ月、政策投資株式では6ヶ月、信用リスクでは1年、という具合です。

ある債券の価格が一定期間後にどう変化するかは、一般的に、現在の債券価格を平均値とした正規分布と見なして取り扱います。正規分布は図6-10のような左右対称の釣鐘型の形状をしています。平均値mと標準偏差（値のバラつきを表すパラメータ）σで分布の形が決まり、$N(m, σ^2)$と表します。σは、分布している個々の値と平均値とのズレ（偏差）を表す指標で、σが大きくなると分布がなだらかになります。値がm－σからm＋σの間に収まる確率は68.3％、m－2σからm＋2σに収まる確率は95.4％で、mやσにかかわらず一定です。

現在の債券価格を100としたときに、10日後の債券価格がいくらになっているか。その分布は図6-11のようになります。図6-11では(b)の線の方が(a)の線よりも標準偏差が大きくなっています。つまり(b)の線の方がバラつきが大きく、リスクの高い商品であるということです。標準偏差は債券価格のボラティリティで決まります。国債のような比較的安定している債券はボラ

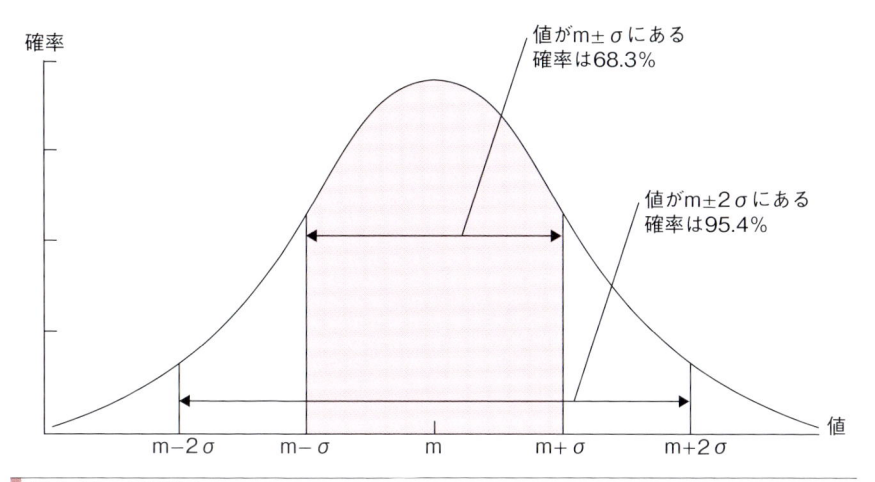

図6-10　正規分布

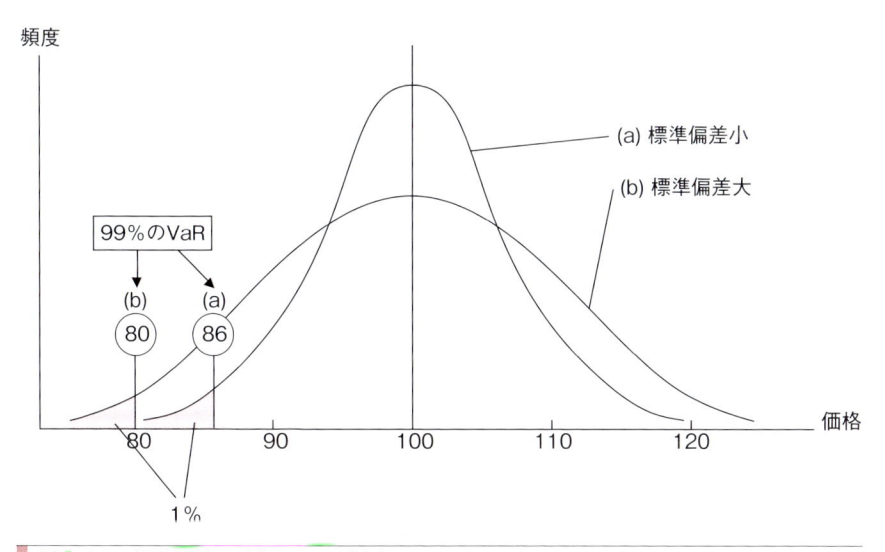

図6-11　標準偏差で形状とVaRが変わる

ティリティが小さいので(a)のような分布になる一方で、社債や外国債は価格の動きが大きいので(b)のような分布になる傾向にあります。それぞれの商品のボラティリティは、過去データ(実際のマーケットでどのような動きをしたか)を統計処理することによって求めます。

　VaRを実際に計算するには、信頼区間を決める必要があります。信頼区間

とは、平均値からどれだけ離れた値までを入れれば、その確率に達するか、ということで、一般的には99％や95％を使う場合が多いです。

図6-11の(a)の分布の場合、価格が86まで下がったところで99％になります。このときのVaRは100－86＝14です。この分布図は、10日後の債券価格の分布なので、「保有期間10日で、信頼区間99％におけるVaRは14である」と言うことができます。言い換えれば、99％の確率で最大予想損失額が14以下に収まるということです。(b)の分布だと、80まで下がると99％となるので、VaRは20になります。

ミドルセクションではこの値を常にモニタリングすることによって、統合リスク管理を行っています。

VaRの計算モデル

VaRを計算するモデルは、次の二つが代表的です。

(1) デルタ法（分散・共分散法）
(2) モンテカルロシミュレーション

● デルタ法

デルタ法は、市場での各金融商品の価格の分散・共分散をパラメータとして利用する方法で、アメリカの銀行であるJPモルガンが、RiskMetricsという名前で広めたのが発端です。比較的簡単にVaRが算出できるために、現在でも広く使われています。

VaRを計算するためには、価格の分布を求めること、すなわち分布の広がり具合を各商品単位に求めることが重要です。実際には、リスクファクターの分布から計算することになります。リスクファクターの選択方法は金融機関によって異なりますが、市場リスクの世界では、主に次の指標が使われています。

(1) ユーロ円金利

(2) ドル円為替レート
(3) 国債価格
(4) 株価指数

　デルタ法ではリスクファクターの価格の動きは正規分布に従うという前提を置きます。正確には微分式を展開して計算を行いますが、99％信頼区間のVaRであれば、次の式で簡易的に計算します。

　VaR＝｜P'(C)｜C σ×2.33
　　　C：原資産の価値
　　　P'(C)：原資産の価値に対する該当商品の感応度
　　　σ：正規分布 (N(0, $σ^2$)) の標準偏差
　　　「2.33」は、正規分布における P(z≦2.33 σ)＝0.99 の式中の値

　また、正規分布の特徴から、保有期間t日のVaRは1日分のVaRに√tを掛けて求めることができます。デルタ法では、原資産価格変動にかかわらずデルタ（感応度）は一定であると仮定しているので、あくまでも簡易的な計算手法です。
　このようなリスクファクターの動きが、個別の金融商品の動きに影響を与えているわけですが、影響の与え方がそれぞれ独立しているわけではありません。一般的に、金利が上がると債券の価格は下がります。債券で運用するより資金取引で運用する方に魅力が出てくるからです。また、株式市場が上がると債券価格が下がる傾向にあります。このように、あるリスクファクターの動きに合わせて、別のリスクファクターが関連して動く傾向を、相関係数（相関の程度を示す指標）という形で表現します。相関係数は、＋1から－1の間の値を取ります。ポートフォリオのVaRを求める場合には、この相関を考慮して計算を行います。実際の計算は、リスクファクターに対応する行列式で行います。これが、先ほど説明したリスクファクター間の相関マトリックスです。概念的な部分だけを図6-12を使って解説しておきましょう。
　ポートフォリオが(a)の分布の商品と(b)の分布の商品で構成されているとしましょう。二つの商品が、お互いの動きに関連しあって動くとすると（相関係

価格

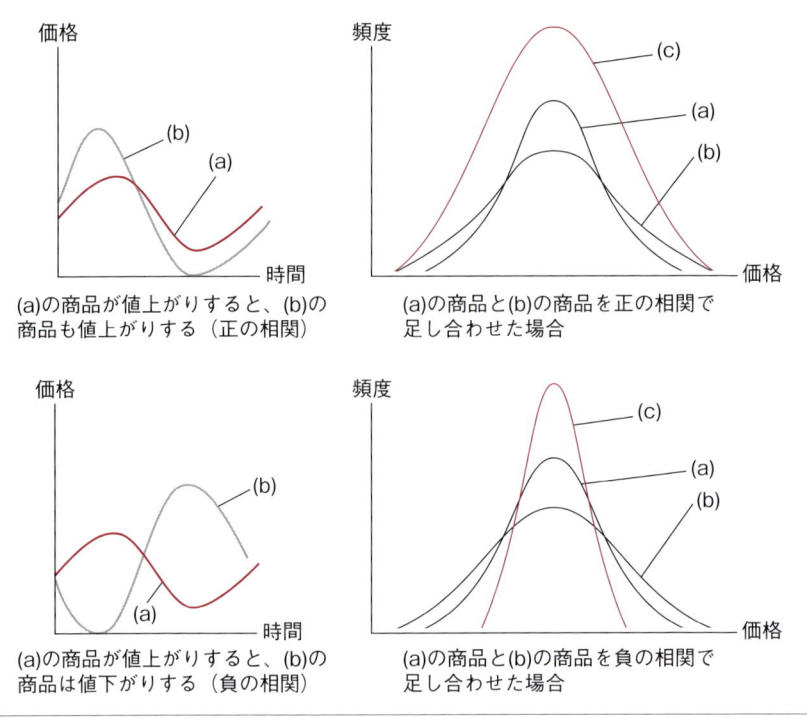

(b)
(a)

時間

(a)の商品が値上がりすると、(b)の商品も値上がりする（正の相関）

頻度

(c)
(a)
(b)

価格

(a)の商品と(b)の商品を正の相関で足し合わせた場合

価格

(b)
(a)

時間

(a)の商品が値上がりすると、(b)の商品は値下がりする（負の相関）

頻度

(c)
(a)
(b)

価格

(a)の商品と(b)の商品を負の相関で足し合わせた場合

図6-12　二つの商品を組み合わせたポートフォリオの分布

数が正の場合)、構成されるポートフォリオの価格分布は単純にそのまま足し合わせた(c)のような形になります。

　反対に、一方が上がると他方は下がる、という相関で動くとします(相関係数が負の場合)。この場合、ポートフォリオの価格分布はシャープな形になります。したがって、VaRが小さい、すなわちリスクが低いことがわかります。ポートフォリオによって、リスクが分散する「分散効果」が働いていることがわかります。

　このように各リスクファクターの分散効果も考慮してVaRを計算すると、ポートフォリオのVaRをより精緻に計算することができます。

● モンテカルロシミュレーション

　モンテカルロシミュレーションでは、コンピュータで乱数を発生させて、

リスクファクターをその乱数に基づいて変動させ、そこから得られた分布に基づいてVaRを計算します。

例えば、10日間の保有期間のドル円レートで現在のレートが110円だった場合、平均値が110円で、ある標準偏差を持った正規分布に従う乱数を発生させます。これを何万回、何十万回と繰り返し、ある信頼区間のデータを抽出してVaRを求めます。実際の計算はもっと複雑で、それぞれのリスクファクターを想定したうえで、リスクファクター間の相関も考慮した乱数を発生させるようなプログラムを動かします。

モンテカルロシミュレーションでは、非線形（1次式では表せない）のモデルの計算も1回1回計算を行いながらプロットするので、より実際に起こる現象に近い状態をシミュレーションすることができます。しかし、そもそもリスクファクターがある確率過程に従うということを前提としているため、もしそのような動きをしない場合には正しいVaRを求めることができません。それを除く目的で、過去のデータの動きをそのまま使ってシミュレーションを行う「ヒストリカルシミュレーション」という手法も研究されています。

一般的には、このようなあらかじめ想定した分布に基づいたシミュレーション結果と、想定外に近い事象が起こった場合に備えたストレステストの両方を併用しながら、統合リスク管理を行っています。

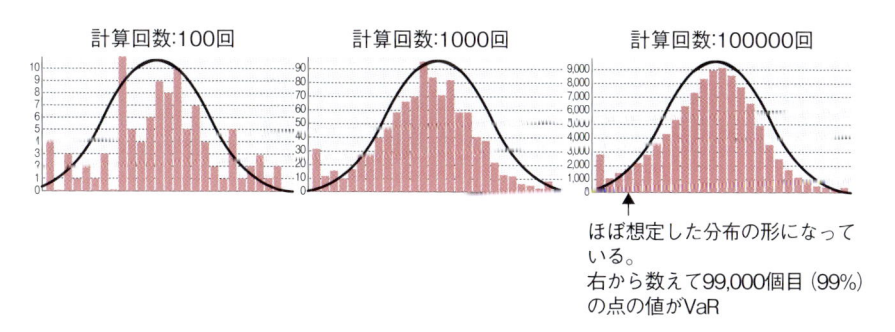

ほぼ想定した分布の形になっている。
右から数えて99,000個目（99%）の点の値がVaR

■ 図6-13　モンテカルロシミュレーションの例

> ▶ モンテカルロシミュレーション　　ちょっとひとこと

　モンテカルロシミュレーションを最初に考えたのは、現在のコンピュータの基礎を築いた一人であるフォン・ノイマン（John von Neumann）です。ノイマンは、物理学や気象学の中で起こる事象をコンピュータを使って数値的に解明しようとして、モンテカルロシミュレーションという手法を編み出しました。
　モンテカルロは、有名なモナコ公国の観光・保養地で、国営のカジノがあることで有名です。このカジノでサイコロを振ってランダムな数字を出すイメージから、モンテカルロシミュレーションという名前を付けたといわれています。ちょっとイカシた名前の付け方ですよね。

VaRの信用リスクへの展開

　統合リスク管理の指標としてのVaRは、市場リスクを把握するという観点で研究されてきました。けれども最近は、そのほかのリスク、特に信用リスクの世界にもこの考え方を適用する動きが出てきています。
　信用リスクの計量化にあたっては、以下のような検討が必要です。

(1) リスクファクターの抽出
(2) 変動させるパラメータの統計的予測
(3) リスクの計量化モデル

　信用リスクに関して(1)から(3)の検討を行うことは、難しい面もあります。例えば、デフォルトする企業の財務状態とデフォルトする確率は密接な関係があることはある程度予想できますが、公表されている財務情報からデフォルトにつながるリスクファクターを抜き出すのは、実際には非常に難しい作業になります。また、業種や企業の規模によって企業の財務構造は大きく変わりますが、その分析もそれほど簡単ではありません。さらに、人材、開発力、営業力、ブランド価値など、企業の業績に大きく影響を与えるけれど定量化が難しい部分は、どうしても定性的な評価に頼ることになります。

また、そもそもデフォルトとはどういう状態を定義するのか、という点もひとつの課題です。倒産したかしないか、というような0か1かの世界だけでなく、倒産にまで至る過程をどのように定義するかという点も問題となります。さらに、信用リスクの計測は、市場リスクのような1日とか10日というような期間ではなく、1年以上の長期の期間で計測されるリスクです。これも信用リスクのモデル化を難しくしている要因のひとつです。

「3-4 BIS規制」の新BIS規制のところでも説明しましたが、信用リスクの計量化は、大手だけでなく中小金融機関でもモデルの構築に着手しています。新BIS規制における信用リスク量は、将来発生が予想される損失の平均値である平均損失額（EL、Expected Loss）と信頼区間99％点の最大損失額（UL、Unexpected Loss）に分けて考えられます。

これを、全与信先から発生する損失に対して発生頻度と損失額をグラフにしたのが、図6-14です。正規分布と違い、右側に長い尾を引いたような形（ファットテイルと言う）になる特徴が現れます。この中で、ELまでの部分は一般貸倒引当金により必要コストとして見積もるもの、ULまでの部分はあらかじめ予想できない潜在的な損失部分として自己資本によりカバーすべきもの、と考えられています。

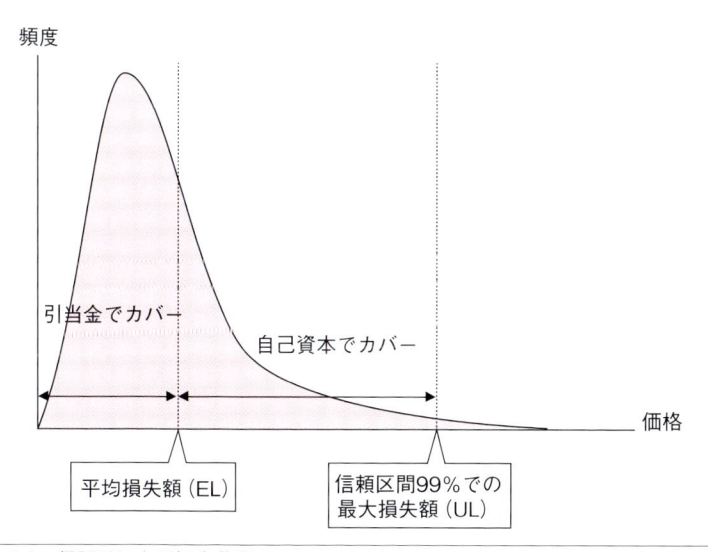

図6-14 信用リスクの損失分布

第7章 情報系システム

これからの金融機関に最も求められるのは、新たな価値を顧客に提供しながら大競争時代を生き抜いていくことです。新たな価値としては、高度な金融商品の開発や新しいサービスの提供などが考えられます。まさに「金融業とはどうあるべきか」という命題を、根底から考え直さなければならない時期に来ていると言えます。

　金融業界の中でも最近特に注目されているのが、リテール業務分野です。今まではどちらかと言うと、ホールセールが金融業務の中心でした。しかし、戦略的な営業活動を行ってこなかったリテールサービスが、実は収益機会の余地がまだまだ残されており、しかも非常にリスクが限定されているということに、金融機関が気付き始めたのです。1500兆円超とも言われる日本の個人金融資産の取り込み競争が本格的に始まっています。

　情報系システムは、金融機関内にある情報を有効に利用して、評価や分析した結果を戦略的な営業推進につなげるためのシステムです。普通の会社で言えば「営業企画部門」に相当するでしょう。このような部署では、将来に向けての戦略立案のために、各種情報をいろいろな角度から分析して、仮説検証を自由に行えるようなシステムが必要となります。

7-1 情報系システムの概要

　情報系システムで立案する戦略は、大きく三つに分類できます。

(1) 顧客戦略
(2) 商品戦略
(3) チャネル戦略

　まず大切な点は、誰に対するサービス提供なのかを明確にすることです。どのような顧客層をターゲットにするか、どこに重点を置いて営業活動を行う

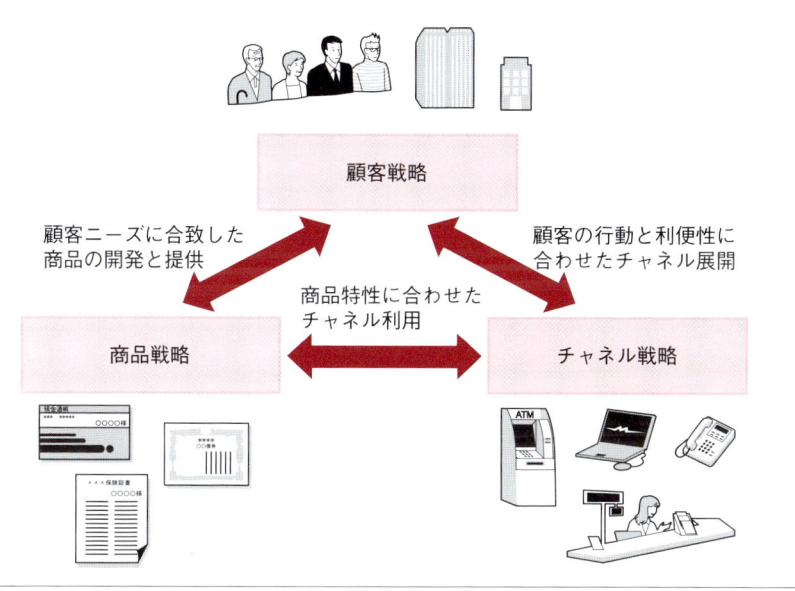

図7-1　金融機関のサービス戦略

か、どこを新たに開拓すべきかなど、「顧客」を軸とした営業戦略です。次に重要なのが商品戦略です。どのような商品をラインアップするか、いくらで提供するか、というような商品に関する戦略を推進すべき顧客別に立案します。

「誰に」「何を」「いくらで」が決定すれば、最後は「誰が」「どこで」「どのように」提案するのかという、チャネル戦略です。チャネル戦略では、従来の支店を活用するのか、コールセンターの充実か、インターネットチャネルの拡大か、というようなチャネル展開の可能性を、顧客や商品に合わせて立案します。最終的には、これらの戦略を合わせて総合的に検討しながら、具体的な営業推進計画へとつなげます。

情報系システムの役割

営業戦略を策定するには、自社で保有しているさまざまなリスク量とも関連付ける必要があります。したがって、情報系システムは、ミドルシステムで把握しているリスクデータを参照できなくてはなりません。このため、ミドルシステムと情報系システムをまとめて、広義の「情報系システム」と捉える

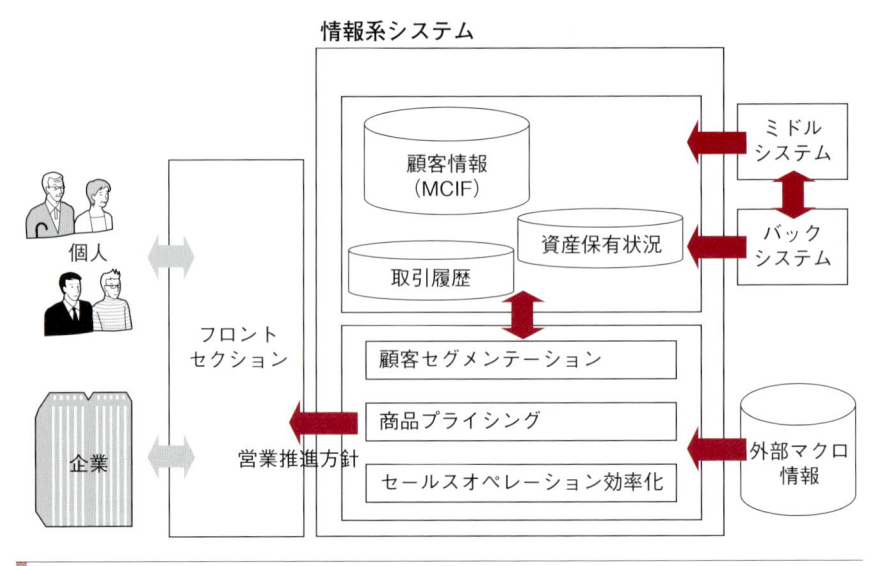

図7-2 情報系システムの全体像

こともあります。本書では、ミドルシステムはリスク管理という自社内管理用システム、情報系システムは顧客向けの営業推進に関する対外セールス用システム、という位置付けで説明します。

情報系システムでは、主に次の2種類のデータを分析の対象とします。

(1) 実際の顧客属性と取引履歴・残高情報
(2) 経済指標や経済環境に関する各種統計発表情報

　最も重要で分析価値のある情報は、顧客に関するリアルな生の情報です。どのような顧客がいて、彼らがどのような行動を取るのか、何を考えているのか、何を知りたいと思っているのか、というような潜在ニーズにかかわる部分まで分析できれば、営業展開にもすぐに利用できます。しかし、現段階ではバックシステムに登録されている顧客の属性情報や取引情報は、残高情報がメインとなっており、顧客の潜在的な金融ニーズを的確に把握できるまでにはなっていません。これらの情報は、主にバックシステムから情報系システムに渡されますが、バックシステムのデータそのままだとデータ量が膨大に

なってしまうので、ある程度集約したり集計した形になっています。バックシステムで行う日締めのバッチ処理で情報系システム用のデータを作成し、前日分の情報として情報系システムに転送するのが一般的です。最近では、当日情報が転送される体制を整備している金融機関も現れています。

　さらに、より効率的で効果的な戦略を立案するために、外部のマクロ経済情報などを利用して、市場環境の分析を行います。利用する情報としては、経済全体の動きを表すGDP（国内総生産）統計、企業の設備投資の状況を表す機械受注統計、景気の変化を見るための景気動向指数などがあります。国土交通省が月次で発表している「住宅着工統計」から、住宅ローンの今後の成長率を見通す、というような使い方もします。今後の経済環境がどのように動くのか、それに合わせてどのような金融商品やサービスに需要が出てくるのか、というような予測分析を行い、営業戦略の参考とします。このほか、どこのエリアのどの場所にどの程度の規模の店舗を新規に開設するのがよいかを検討する場合に、周辺人口、周辺環境、他社支店状況、今後の周辺地域の開発発展見込み、などを考慮しながら決定します。

MCIFとデータウェアハウス

　戦略立案については、こうすればよい、というような標準的なものはありません。各金融機関が独自に、強化していくターゲット顧客をイメージしながら、どのようなセールスプロモーションやマーケティングを実施していくのかを、試行錯誤しながら進めていかなくてはいけません。そのため情報系システムには、試行錯誤しながら進める形の業務プロセスに合わせて、システム内のロジックや分析手法を柔軟に変化させ、あらゆる角度から分析できる仕組みが求められます。

　最も重要な分析対象が顧客情報です。自社が保有している顧客情報を、情報系システムで利用するためにまとめたデータベースをMCIF（エムシフ、Marketing Customer Information File）と言います。これは、顧客一人ひとりの生年月日、職業、家族構成、資産保有状況などの個人属性情報を蓄えたデータベースで、統合顧客番号（MCIFコード）と呼ぶユニークな（一意の）番

号を付けて管理しています。

　最近、銀行が特に力を入れ始めたのが、EBM (Event Based Marketing) と呼ぶ仕組みです。結婚や住宅購入、子供の進学、退職など、顧客側に起きたイベントを察知あるいは推察して、そのタイミングに相応しい金融商品を提案して、効率的かつ効果的な営業をする仕組みです。また、顧客属性からだけでなく、顧客の口座に起きたなんらかの「異常な」動きを察知して、顧客に発生したイベントを推測してマーケティングを行うこともできます。少し前までは、このような分析を行うために対象のデータをデータウェアハウス (Data Warehouse、DWH) という仕組みで蓄積して分析を行っていました。最近では、銀行内の情報だけではなくSNS (ソーシャルネットワーキングサービス) などインターネット上でやり取りされている膨大なデータも含めた形での分析が行われるようになってきています。

　このような膨大な量のデータを分析し、データの中に隠れている有用な規則性を見いだすことをデータマイニングと呼びます。スーパーマーケットのPOSデータを分析したところ「紙おむつを購入する顧客の多くは同時に缶ビールも購入する」といった規則性が見つかり、両者を近づけて陳列したところ実際に売り上げが上がった、という例が有名です。これは、データの分析から明らかになった「クロスセル」の成功例です。金融機関であれば、ATMを頻繁に利用する若年層に対して、携帯電話やコンビニATMなどの新しいチャネルを利用して個人向け少額ローンを紹介することで、効率よく個人向けローンのセールスを行うことができる、というようなことが考えられます。

　このようなデータの分析は、利用者がある程度の予想を持って取り組むことが重要です。まったくなにも仮説がないところで、総当たり的に解析しようとすると大変な時間がかかってしまいますし、なかなか良い結果が得られません。データベースや分析ツールを用意するだけではなく、現場感覚を持って仮説を立て、それを素早く検証できるようなスキルを持つエンジニアが期待されています。

SFAとCRM

　営業業績を向上させるには、営業部門の業務支援と、顧客情報の管理を行うシステムが必要です。SFA（Sales Force Automation）システムは、営業業務の効率化、営業成績の向上、販路の拡大、営業戦略の立案・遂行などを支援するものです。SFAは、営業活動のプロセスや結果を分析することで、より効率的な営業活動を行うことを目指します。

　一方CRM（Customer Relationship Management）システムは、どのような顧客に対してどのような商品やサービスを提供すれば効果的かという観点で情報を分析し、顧客別のセールスプログラムを確立し、最適な営業活動につなげるためのものです。金融機関は、さまざまな場面で顧客に関連する情報を収集・蓄積しています。これらを集めて整理・分析し、自社の商品やサービスに反映させ、顧客満足度を高めていきます。

　最近では、SFAシステムとCRMシステムを関連付けながら、顧客との交渉段階で得られた情報も加味して、いろいろな角度で情報を分析できるようになっています。

7-2　顧客セグメンテーション

　マーケティングと言うと、大量生産と大量広告によるマスマーケティングを思い浮かべるかもしれません。長い間金融業でも、一般個人をマスマーケットと捉えたマーケティングを展開してきました。けれど、個人の嗜好性や特性が多様化している現在、個人を「マス」というひとくくりで扱う手法は、限界に来ています。

　これまで日本の金融機関は、マスマーケットに対して、コストに見合う十分な収益を上げることができていませんでした。一般的に欧米の金融機関は、リテール業務のコスト比率が50％を切ると言われています。一方、日本の金

融機関は60％から80％ぐらいです。コスト効率が悪い原因のひとつは、「なるべく多くの顧客に均質なサービスを提供する」という方針です。このような方針を見直すとともに、顧客を「マス」という大くくりで捉えるのではなく、もっときめ細かなマーケティングを行っていく必要があります。

そのためには、まず、顧客を細かく分類しなければなりません（「顧客セグメンテーション」と言う）。そのうえで、それぞれの顧客層に応じて異なった商品やサービスを提供しようということです。

ライフステージセグメンテーション

顧客を分類すると言っても個人にはいろいろな属性情報があります。その中で年代（年齢）に合わせた顧客セグメンテーションは最も一般的な方法です。例えば、図7-3のような年代ごとのライフイベントに伴って発生する資金ニーズを捉える営業方法が考えられます。生命保険では以前から最も基本的なマーケティングとして実行しているものです。

就職したばかりの20代では、自分のための消費、例えば自動車とか海外旅行などのための出費をローンで組むようなニーズがあります。30代前後とな

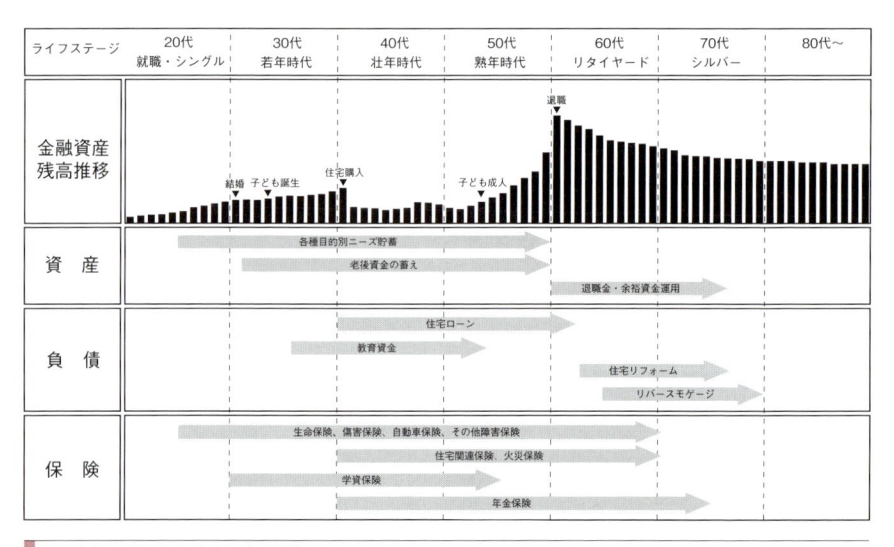

図7-3　ライフイベントの例

ると、結婚や新居のための費用が必要になります。このほか、このぐらいの年代からは将来のための財産形成や生命保険、貯蓄性保険に加入するニーズも増えてきます。子どもができれば教育費用が必要ですし、手狭になるために住宅の購入ニーズも高まります。老後が近づけば、年金資金に関するニーズも増えてきます。

このように、人生のいろいろな場面で、必ずその時々の資金ニーズや財産形成ニーズがあります。そのイベントに合わせたマーケティングを行えば、効率良く営業ができるはずです。例えば、幼児を持つ顧客に対しては小学校入学前のタイミングに合わせて学資保険を紹介する、定年が近づいた顧客に対しては老後資金としての一括払い型変額年金を紹介する、というようなアプローチです。また保険会社は、加入者が現在加入している保険を、その人のライフステージに合わせて見直し提案を行います。

これまで金融機関は、「顧客は待っていれば集まる」という意識を持っていましたが、これからは他業種と同様に、顧客ニーズを敏感に感じ取り、タイミングよくセールスをしていくことが必須となります。そのために、情報系システムによるデータ分析が必要なのです。

保有資産別セグメンテーション

もう一つは、保有資産の多少でサービスレベルを分けるセグメンテーションです。

総務省の「家計調査年報(貯蓄・負債編)平成24年」によると、世帯ごとの貯蓄現在高の平均は約1660万円です(二人以上の世帯)。しかし、図7-4からわかるように、少数の高額貯蓄保有者が平均値を押し上げているので、実際にはおよそ半数の世帯が貯蓄額1000万円以下に属しています。また図7-5からは、世帯主の年齢と貯蓄額に大きな相関があることがわかります。

一方、各社は自社の顧客属性を調べ、どのような顧客層から成り立っており、それぞれの層からどのような収益が上がっているのか、という分析評価を行います。その場合のセグメンテーション例が図7-6です。金融資産3000万円がひとつの区切りです。もちろん、この金額は業種や個々の金融機関により異

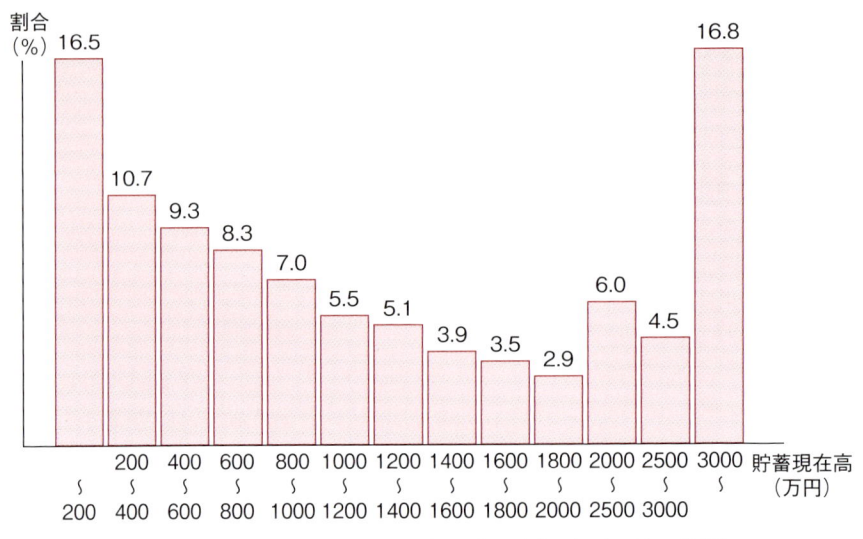

出典：総務省「家計調査年報（貯蓄・負債編）平成24年」（二人以上の世帯）

図7-4　国内世帯の貯蓄現在高

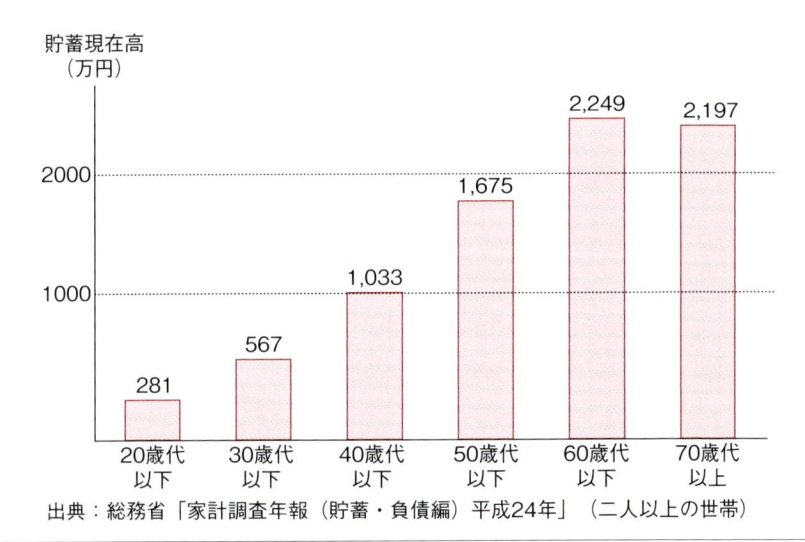

出典：総務省「家計調査年報（貯蓄・負債編）平成24年」（二人以上の世帯）

図7-5　世帯主の年齢別の貯蓄現在高

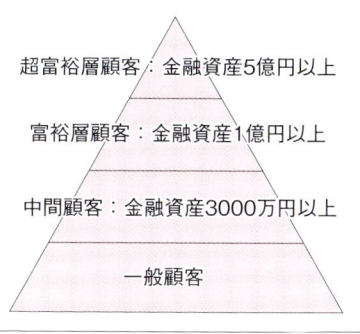

```
         超富裕層顧客：金融資産5億円以上
       富裕層顧客：金融資産1億円以上
     中間顧客：金融資産3000万円以上
            一般顧客
```

図7-6　保有資産別セグメンテーションの例

なります。例えば、銀行では1000万円以上の預金があれば大口顧客に分類しますが、証券会社での大口顧客は通常5000万円以上です。

　3000万円で区切った場合、数ではそれ以下の一般顧客が多数を占めますが、このピラミッド上位に属する少数の顧客が、金融機関にとって収益の多くを稼ぎ出せる大切なお客様なのです。このため、金融資産3000万円以上の層を、超富裕層、富裕層、中間層とさらに細かく分類します。このような金融資産額だけではなく、その金融機関との取引の親密度に応じた重み付けも行ったりする場合があります。

　そして、金融機関は次のような戦略を考えます。

(1) 最も収益率のよいセグメンテーション顧客に対しては、付加価値を提供したり、手厚いサービスを実施することで、さらに収益率を高める。
(2) 十分な収益が期待できるがまだ獲得できていないセグメンテーションに対しては、別のアプローチや別の商品を提供することで、今まで逃してきた収益機会を取り戻す。
(3) ほとんど収益が期待できないセグメンテーションに対しては、コストをできるだけ削減したサービス体制にする。

　金融機関、特に銀行の扱う基本的商品は「預金」「融資」に関連する商品で、一定の残高が一定期間以上滞留しなければ収益面で寄与しない収益構造になっています。一方、決済機能に関連する諸サービス（給与振込、年金、配

当金、公共料金振込、クレジット、自動振替など）を多数設定している顧客は、取引年数が経過するとともにストック残高が増加する傾向があります。つまり、商品やサービスの取引状況を基準に顧客をグルーピングする場合の主要因子は「ストック」と「フロー」の2項目と考えられます。一般的には、ストックもフローも高い顧客は、その金融機関をメインとして取引をしており収益性も高くなる傾向があります。また圧倒的に数の多い(3)に属する一般顧客層に対しては、場合によって利用料の引き上げや無料サービスの有料化というような戦略を検討します。

このように、取引している顧客を商品サービスの利用実態から一定の基準を設けて分類し、収益性が高いか否かを判定することで、顧客別の営業方針を明確にすることができるわけです。

プライベートバンク

限界に来ているマスマーケティングの代わりとなるひとつの手法が、ワントゥワン(One to One)マーケティングです。一人ひとりのニーズに合わせた個別のマーケティングを実施するということです。ひところほど騒がれなくなりましたが、金融業界では収益率の高い優良顧客に対して少しずつ広がっています。

金融業界における「ワントゥワン」の最終形が、**プライベートバンク**です。もともとは、ヨーロッパなどの超富裕層がその家の資産すべてを代々にわたって管理運用を任せる銀行のことを指します。このような超富裕層向けのプライベートバンクは、金融資産の管理だけでなく、絵画や不動産の管理、子息の海外留学手配など、ありとあらゆる財産に関する管理を行います。日本でも、大手の銀行や証券会社を中心として、超富裕層に対してプライベートバンク部門を独立に設立する動きが活発になってきています。

ただ、現時点では、担当者の資質が顧客の価値観に合っているかどうかという問題があります。つまり、プライベートバンクの対象となる顧客が望む本質的なサービスの質を理解できるようになるには、日ごろの行動も同等の経験をしていなければいけないはずです。サラリーマン中心の社会である日本にお

いて、このような資質を持った担当者を育成できるかどうかは疑問であり、成功する要因が見当たらないのも事実です。

最後に、最近注目されている経済の分野のひとつである**行動経済学**を紹介しましょう。「人間の行動は経済学で考えているような常に合理的で最適な行動を取るわけではなくて、時には感情に流されたり、非合理であるのになぜかそちらを選択してしまう、というような行動をする傾向にある」ということを研究したものです。この理論は、2002年のノーベル経済学賞を受賞した心理学者のダニエル・カーネマン教授の理論から始まる画期的な経済学の新理論です。「経済心理学」と呼ばれることもあります。

例えば、株式の投資で損失を出し続けている投資家がいて、次に投資する銘柄を探しているとしましょう。過去の損失とは関係なく、その時点で許容できる範囲のリスクに対して最もリターンの良い銘柄を探すのが最も合理的な選択です。けれども、過去に損失を出している投資家は、通常の場合と比べて、リスクが高くリターンも大きく狙える「大穴株式」を選択したがる傾向にある

▶ラップ口座　　ちょっとひとこと

　ラップ口座（Wrap Account）は、2004年4月の規制緩和で広がり出したサービスです。主に証券会社が、個人投資家の意向に基づいて、株式や投資信託などで資産運用と管理を行い、預かり資産残高に応じてサービスの報酬を受け取る口座のことです。投資信託のように、顧客からの資金を一つのファンドに集めて運用するのではなく、顧客一人ひとりの運用取引に応じた口座を顧客ごとに分別管理するため、**SMA**（Separately Managed Account）とも言います。売買手数料や口座保管料などの種々の手数料が、ラップ口座では資産残高に応じた手数料のひとつにすべて含まれているため、包まれているという意味で「ラップ」口座と言います。ある程度の資産を保有する富裕層は、証券会社に運用を任せる形で資産を預けることから、投資一任勘定とも言います。資産を預ける個人から見ると、専門家であるプロに、自分の嗜好に合わせた方針で運用を任せることができるので、自分のライフステージや資金ニーズに合わせた運用を期待できるというメリットがあります。米国ではすでに広く浸透している口座ですが、日本では未知数の段階です。

ことが観察されています。リスクが高いということは、大きなリターンの場合もありますが、同時に大きな損失の可能性もあるのです。けれども、「もしかしたら」という期待感を自分の中で過大評価して、このような経済的に非合理な行動に出る場合が多いのです。そして実は、このような人間の非合理な行動が、金融マーケットの動きに大きく影響を及ぼすことも研究の中でわかってきています。

将来は、人間の行動心理も研究されて、これからの行動に対して「あなたはこういうタイプなので、こういう行動を取るかもしれませんが、こういうリスクがありますよ」というような先読みアドバイスを提供してもらえるようになる日が来るかもしれません。

7-3 商品プライシング

金融商品を、どのような顧客にいくらで提供するのかというのは、重要な営業戦略です。このためには、個々の顧客セグメンテーションに対して重点的に販売する金融商品を何にするかを決め、さらに最適なプライシング（値付け）を行う必要があります。プライシングは、ローンであれば金利、債券であれば利率です。さらに各種の手数料率も対象となります。

プライシングの原則

プライシングを行うために把握しておくべきポイントは次の二つです。

(1) 商品提供に当たり必要なコスト
(2) 計測されたリスク量に応じた商品価値の評価

プライシングは、この(1)＋(2)に金融機関で取る利鞘を乗せて決めます。た

だし、コストを価格に直接反映させていいわけではない点に注意してください。例えば、顧客が銀行の自分の口座からお金を引き出す場合、支店窓口と自社ATMではコストが大きく違います。だからと言って支店窓口での手数料を引き上げるのは得策ではありません。窓口での引き出し手数料は他社と容易に比較できるからです。つまり、金融機関の扱う商品やサービスの基本である金利や手数料は、競争が激しいため同様の体系に収束する傾向が強いのです。一方、海外での引き出し手数料というように、顧客が比較対象としなかったり重要視しなかったりするものについては、少し高い価格設定でも営業的にそれほど不利にはなりません。このように、プライシングでは各種の要因を加味した設定が必要です。

　一方で、正確なコストを把握することはとても大切です。決済処理だけのために銀行を利用しているような顧客に対しては、ATMやネットバンキングのような低コストのチャネルに誘導するようなパッケージ商品を提供する、ということも考えられます。また、遠くの銀行に行くよりも、近くのコンビニエンスストアに行くことを最優先に考える顧客なら、コンビニATMの利用を有料にしてもいいかもしれません。どこでコストを回収するのか、という観点もプライシングを考えるうえで重要です。

　プライシングのもうひとつのポイントは、リスク量に応じた価値を算出することです。保険商品であればアクチュアリーという専門の担当者が計算を行って、保険内容に見合った保険料を算出しますが、これもプライシングのひとつです。損害保険会社の自動車保険ならば、運転者の年齢や自動車の車種、過去の事故履歴など各種情報をもとに、保険料を計算します。

　銀行では貸出の際の与信がそれに相当します。どの銀行も、与信能力の向上に乗り出しています。

　これまで銀行は企業向け貸出について、基本的に過去3年分の財務情報と担保の状況に応じて貸出額や金利を決めていました。過去の実績に重点を置いて審査していたため、将来性のあるベンチャー企業には不利な金利条件となっていました。このため、将来性のある企業に投資をするベンチャーキャピタルにとっては、大きな投資機会ともなっていたのです。また、貸出金利のバリエーションが少なく、超優良企業は貸出を受けるよりも自分で債券や

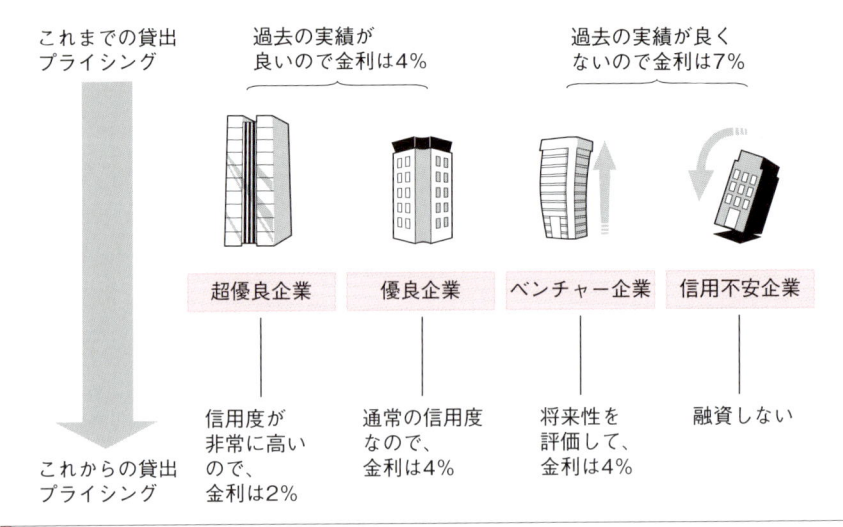

これまでの貸出プライシング	過去の実績が良いので金利は4%		過去の実績が良くないので金利は7%	
	超優良企業	優良企業	ベンチャー企業	信用不安企業
これからの貸出プライシング	信用度が非常に高いので、金利は2%	通常の信用度なので、金利は4%	将来性を評価して、金利は4%	融資しない

図7-7　銀行が目指す貸出プライシング精密化の例

株を発行する方が効率的なため、そのような企業は直接金融の世界に流れてしまう、という状況が起こっていました。

　なるべく多くの情報を基にして、それぞれの会社に適した細かなプライシングを行うことができるようになれば、このような機会損失を銀行が取り返せるかもしれません。「ワントゥワンの融資」というわけです。このためには、融資先の信用リスクをこれまでより正確に把握することが必要です。そのため、それぞれの金融機関は独自にスコアリングモデルを構築しています。

　「3-4　BIS規制」でも説明しましたが、このような信用リスクの定量化はまだ発展途上の状態です。クレジット会社では一般消費者向けのローンなどでほぼ自動化されたプライシングの仕組みを作っていますが、それより規模の大きな貸出、例えば個人向け住宅ローンや、中小企業向けの融資などでは、近年ようやく自動化され始めたところです。今後は、定量的な統計分析に基づき、適切な意思決定プライシングが行われるようになるでしょう。そうすれば、オペレーションの標準化によるコスト削減や、継続的なプライシング精度の向上に結びつき、金融機関にとっての大きな競争上の優位となるでしょう。

債権の流動化

　信用リスクの定量化ができれば、貸出債権をまとめて販売するというような債権流動化が可能となります。簡単な債権流動化の仕組みを図7-8と図7-9で説明します。

　多くの個人に融資を行うノンバンクは、リスクの低いものから高いものまで、さまざまなリスク量のローン債権を抱えています。この個人向け債権をまとめて一つの貸出ポートフォリオにしたうえで、いくつかの債券に分けて設計し直します。この分けたひとつずつを、**トランシェ**（Tranche）と言います。トランシェとはフランス語で、食材の薄切りやひと切れ、という意味です。図7-8は三つにトランシェ分けした例です。

　分ける基準は、債券のクーポンや償還時の支払いの優先順位です。優先順位の高い債券を**シニア債**、中間的なものを**メザニン債**、優先順位の低い債券

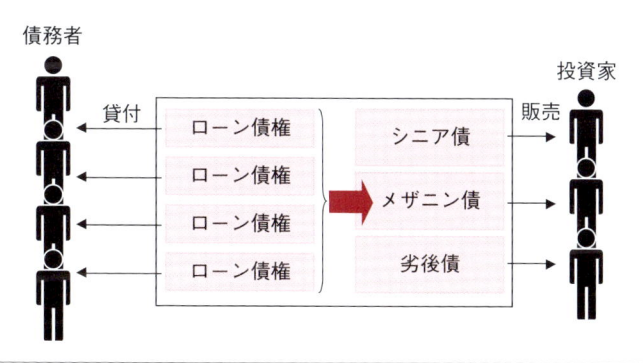

図7-8　債権流動化の仕組み

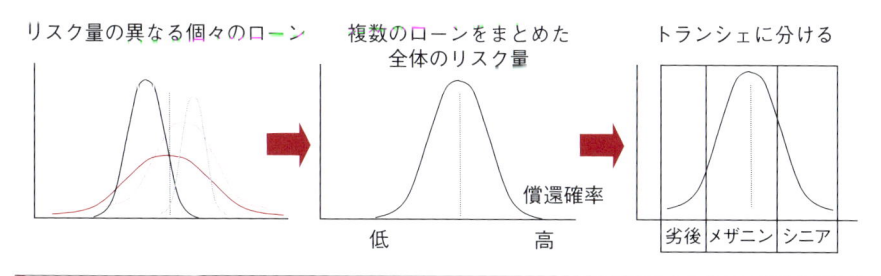

図7-9　リスク量の異なるローンを一つにまとめ、いくつかのトランシェに分ける

> ▶ **サブプライムローン** 　　　　　　　　　　　用語解説

　サブプライムローンは、米国において低所得者向けに貸付けられたローンのことで、優良顧客向けのローンをプライムローンと言うのに対し、「プライムでない」という意味でサブプライムローンと呼ばれています。ローンの種類としては住宅ローンが多いですが、自動車ローンなども含まれています。

　このような劣後債に近い形のローン債権は、信用度が低い半面高い利率が期待できるため、投資銀行やファンドが好んで購入していました。住宅価格が大きく上昇している場面では低所得者であってもその住宅を転売してローンを返済することも可能でしたが、このような住宅への熱がいったん冷めると、一斉にローンの支払いが停滞し、ローン債権の価値も大きく下げる結果となりました。このため、債権を購入していた金融機関にも非常に大きな損失が計上されることとなりました。

　この問題は、金融機関が債権のリスクをしっかり把握していなかったことが最大の要因ですが、このような債権の格付けをきちんと行っていなかった格付け会社の責任も大きいと言われています。また、現在の金融マーケットの環境では、「旨み」のある投資機会を得ることが難しくなっており、大きな収益を狙うためにより大きなリスクを取る方向に向いてしまう金融業界のあり方も問題と言えるでしょう。

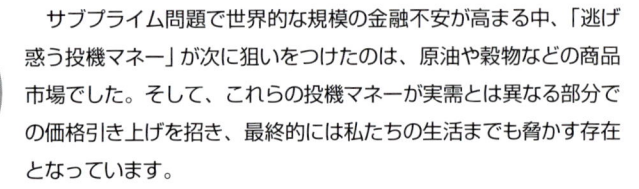

　サブプライム問題で世界的な規模の金融不安が高まる中、「逃げ惑う投機マネー」が次に狙いをつけたのは、原油や穀物などの商品市場でした。そして、これらの投機マネーが実需とは異なる部分での価格引き上げを招き、最終的には私たちの生活までも脅かす存在となっています。

を**劣後債**と呼びます。個人に貸し付けたローンの支払いや償還が行われると、優先的にシニア債の支払いに充てます。シニア債は、支払いがきちんと行われる可能性が高い（リスクが低い）代わりに、金利は高くありません（リターンが低い）。一方劣後債は支払いが滞る可能性が高い（リスクが高い）代わりに、金利が高くなっています（リターンが高い）。銀行から融資を受けるより有利な条件で資金を調達できるので、多くのノンバンクはこのような債権流動化の仕組みを利用しています。

　つまり、いろいろなリスク特性を持った債権を数多く集め、それらを組み合わせれば、さまざまなリスクとリターンを持つ債券を販売できるようになり

ます。このような仕組みを一般的に**証券化**と言います。最も有名な例は米国の住宅ローン債権の証券化で、政府系機関が中心となって発行しているファニーメイ（FNMA）やフレディマック（FHLMC）が代表的です。住宅ローンという長期のローンを基にしたものであるため、同じように長期の債務を抱える生命保険会社が、ALMマッチングのために長期の債権として購入する場合が多いです。

　また、短期の融資を証券化する動きも最近は増えています。クレジットローンや自動車ローンなどが多数証券化され、一般の投資家が購入できるようになっています。このようにさまざまな貸出債権を集めて、リスクリターン特性を再設計して証券化したものを、**資産担保証券**（Asset Backed Securities、ABS）と呼びます。このような金融商品の設計のためにも、個々の債権のリスク特性を把握することは必須です。そのリスクに基づいて証券化商品のプライシングが行われています。

7-4　情報管理／セキュリティ

　最近、金融機関だけではなくさまざまな業界で、情報漏えいの事故や事件が起こっています。システムによって大量の情報の保存や加工ができるようになった反面、大量の情報が持ち出され、不正に利用される危険性も増大しています。さらに、2005年4月に「個人情報の保護に関する法律（個人情報保護法）」が施行されたこともあり、個人のプライバシーにかかわる情報保護に対する関心が高まっています。

　金融機関は、ほかの業種に比べて多くの個人情報をシステム上に保有しているほか、万が一情報が漏えいした場合の被害が大きくなる傾向があります。したがって、他の産業以上に細心の注意を持って情報管理を行わなければなりません。厳密な情報管理の必要性は、情報系システムに限ったものではなく、むしろ基幹系システムが抱えているデータの方がより重要かもしれません。

ただ、基幹系システムについてはこれまでもデータの安全性にかなり注意が払われていましたし、情報管理の仕組みも充実しています。一方情報系システムは、「更新を伴わない、失っても被害の少ないデータを扱う」という性質から、情報管理が手薄である可能性もあります。

　金融機関における顧客の情報管理は、金融監督庁が定める「利用者保護ルール」などによって、以下の7項目をベースに詳しく定められています。そのため、システム面も含めその指針に基づいた管理体制の構築が必要となります。

(1) 顧客情報管理

　顧客に関する情報は金融取引の基礎をなすものなので、その適切な管理と取り扱いを確保するための対策を講じなければいけません。

(2) プライベートバンキングなどの留意点

　一般の定型業務とは異なり、個別性・特性を加味し、利用者の自己責任原則と預金者や投資家・委託者双方の観点から、業務運営を行いそれに伴うリスクを適切に把握する体制の整備が必要です。

(3) 事務の外部委託

　事務を外部に委託する場合は、顧客を保護すると同時に金融機関の経営の健全性を確保するために適切な態勢を整備する必要があります。

(4) 事務リスク

　役職員が正確な事務を怠る、あるいは事故や不正を起こすことにより被るリスクを適切に管理できる内部管理態勢を整備する必要があります。

(5) システムリスク

　コンピュータシステムのダウンや誤作動などシステムの不備、コンピュータの不正利用や不正アクセスによる情報の漏洩などにより、顧客や金融機関が被るリスクを最小限にとどめるためのシステム管理態勢を整備する必要があります。また、ATMシステムに関しても、セキュリティ対策(偽造などへの対応)を同様に採らなければいけません。

(6) インターネットバンキング

　インターネットバンキング取引に対する内部管理体制を、セキュリティ、利用者保護などの面から整備する必要があります。

(7) システム統合リスクプロジェクトマネジメント

　統合や合併に伴うシステム統合により、利用者や金融機関相互の決済システムに重大な影響を及ぼし、顧客や金融機関が損失を被るリスクを軽減する対策を講じる必要があります。

　以下では、金融システム全体について、セキュリティを保ちながら適切に情報を管理するための方策を簡単にまとめます。

● 技術的対策

　本来は、外部からいっさい見えないようになっているべき個人情報が、会社のWebサイトで見られるようになっていた、という事故が相次いでいます。また、システム上の脆弱なポイントを突かれて不正なアクセスが行われ、情報を盗み出されるケースもあります。

　このような事故や攻撃に対応するためには、まず最初に、コンピュータシステムやネットワークに必要なセキュリティ対策を実施することが必要です。例えば、適切なアクセス権限の設定と制御、アクセス履歴の保存、重要データの暗号化などです。もちろん、個々のコンピュータに対して、セキュリティパッチのこまめな適用やウイルス対策ソフトの導入なども忘れることはできません。外部からの不正侵入だけではなく、パソコンの内部データやキー操作を外部に送信するスパイウェアやピアツーピアソフトなど、内部から外部への漏えいを起こすソフトの脅威も増えています。

　セキュリティを保つために行わなければならない技術的対策は数限りなくあります。しかし、その時点で考えられる最善の対策を実施しておくことは、システム管理者や運用担当者としての必須事項です。

● 運用的対策

　情報の漏えいは、ネットワークを経由するとは限りません。コンピュータや記録メディアが物理的に奪われる可能性もあります。重要情報を保存しているノートパソコンを外出先で置き忘れたり、盗まれたりするケースも頻繁に発生しています。外に持ち出すパソコンには重要情報を保存しない、パソコ

ンのログインにパスワードや指紋認証機能を付ける、重要情報を記録したハードディスクやCD-Rは物理的に破壊したあと廃棄する、などの運用規則を設けておく必要があります。

コンピュータセンターや一般のオフィススペースへの入退館管理も重要です。各人の入退館の履歴管理を行うことや、携帯式のパソコンの持ち込みや持ち出しを制限する、などです。金融機関の中にはカメラ付き携帯電話の持ち込みを禁止しているところも増えています。

● 人的対策

セキュリティ関連の事故や事件を防ぐために最も重要なのは人的対策です。システムの開発作業や保守作業には、多くの人間と多くの会社がかかわっています。従業員だけでなく、このような外部業者や派遣社員も含めた関係者全員に対して、情報セキュリティ確保のための誓約書を締結し、教育と訓練を定期的に実施することが必要です。そもそも、情報にアクセスできる人数を極力少なくすることも有効な対策のひとつです。ICカードの導入や生体認証機能の採用など、人物を特定するための技術的な対策の併用も進んでいます。

また、万一事故や事件が起こった場合の対処もあらかじめ規定し、日常から訓練を行うことで、適切な初動対応と処理作業ができるようになります。

第8章

一流の金融エンジニアを目指そう！

8-1 金融業界でこれから起こること

　現在、世界の金融業界において重要性を増しているのが、国際資本市場の仕組みの見直しです。金融の自己資本規制、コーポレートガバナンス、会計制度などがその対象となっています。最近の各種規制の強化は、金融自由化の時代に逆行しているように見えるかもしれませんが、実はそうではありません。

　金融の世界では、どんなものでもお金の価値に換算してサービスを提供しています。けれども、このように換算された価値は、時々のマーケット環境、あるいは景気の状態、あるいは参加している投資家のマインドによって大きく変わります。これが金融商品の難しいところです。ですから、金融機関が自由競争の中で新しい金融商品やファイナンスサービスを広げられるようになればなるほど、それらが内包しているリスクを正確に把握し、万一金融マーケット危機が起こった場合の対処を準備しているかどうか、が問われるのです。昨今の金融業界への各種規制強化は、自由化と同時に必要な過程なのです。

　残念ながら日本の金融機関は、グローバルな金融マーケットにおいて先進的な立ち位置にあるとは言い難い状況です。メガバンクグループは、欧米の金融機関を買収したり合併することで、少しでもグローバル的存在感を確立しようとしています。中長期的には欧米の主要な銀行グループとの競争を意識しているのです。

　一方、地銀のようにメガバンクよりも規模が小さい金融機関は、国民が保有している金融資産をどのように有効に活用させるか、を主要な経営課題として取り組んでいます。中小証券会社の中には、ディーリング業務を一切やめて、リテールのみに経営転換した会社もあります。まさに、選択と集中が日本の金融業界で起こっています。

　金融業界は、常に動いています。その時代に応じて、規制対応が強く求められたり、新規商品の開発を販売に力が入れられたり、ダイナミックにさま

第8章　一流の金融エンジニアを目指そう！

ざまな動きがあります。そんな中で、エンジニアである皆さんも、一度身に付けた知識で安心することなく、常に最新の情報を得るよう心がけてください。

◇　　　◇　　　◇

　金融機関がこれから相手にしなくてはいけない競合は、いわゆる金融機関だけではなく、もっと幅広い企業になります。また、金融商品自体の多様化も今後どんどん進んでいくはずです。そのためには、独自でなんでも対応しようとするのではなく、他業種企業との積極的な戦略提携も視野に入れたビジネス化が必須となります。

　例えば、今やほとんどの人が利用しているインターネットの世界では、利便性と手数料の安さが勝負です。複雑な金融業務やノウハウを売りにするというよりも、ビジネススキームのアイデアとスピードが命です。インターネットをホームグラウンドにして戦っているヤフーや楽天などのような企業の発想についていけるような金融機関の姿勢が必要になります。

　セブン銀行やイオン銀行の台頭も見逃せません。流通業は、一般消費者の声を吸い上げて商品化するという部分で、金融機関よりもずっと経験と知識があります。このような銀行が今後どのようなビジネスを展開していくのか、目が離せません。

　現代の金融大競争時代を生き抜くために必要な要素は、アイデアと実行力です。そしてそれを支えるのが、IT（情報通信技術）なのです。すでにお金の流れ自体がシステム上での付け替え処理となり、電子マネーというバーチャルマネーが広く流通するようになった今、ITの優位性なくして新しい商品やサービスの提供はありえません。最新のIT関連技術と今の時代が求める新しいアイデアを盛り込んで、顧客の立場に立ったサービスを提供できなくては、この先の競争に勝ち残っていくことはできないでしょう。

◇　　　◇　　　◇

　金融業界で主導権争いが繰り広げられている分野をいくつか見てみましょう。まず、銀行の生体認証機能です。キャッシュカードのセキュリティを向上させて、他人の不正利用を防ぐ目的で大手銀行が中心となって提供している機能です。東京三菱銀行が展開する手のひら静脈認証と、三井住友銀行やみずほ銀行が展開する指先認証の二つの勢力があります（執筆時点）。主に富

裕層向けサービスに力を入れる三菱UFJフィナンシャル・グループでは、認証に時間が多少かかるもののセキュリティレベルの高い手のひら静脈認証を採用すると決定しました。最近注目されているのは、顔認証です。来店しただけで、お客様の「顔」を認識して、「ようこそ、＊＊さま」という対応が金融機関側から仕掛けることができるようになります。このような認証機能は顧客の使い勝手にも影響を与えます。今後どのように展開していくのか、興味深い分野です。

　最近注目されているのが、ポイントやマイレージです。これらは元来、顧客囲い込みのための「おまけ」として提供されてきたサービスでした。けれど、航空会社などのマイレージへの交換ができたり、特別なポイントサービスの提供を受けられたりと、一般消費者にとっては非常に魅力的な商品となりつつあり、今後もまだまだ伸びる余地があります。これらは、電子マネーとは違う性格のものですが、一般消費者からは「個人の資産」の一部として捉えられるような性格の商品になってきています。ポイント付与サービスを提供する立場では、それに見合った引当を積む必要が出てきます。貯めたポイントが運営会社の消滅によりなくなってしまわないような消費者保護の仕組みをどこまで手当てする必要があるのかというような、検討すべき課題も多く残されています。お金とは違う性格を持ちながら、お金と同様の効果が期待できるポイントを、金融機関として金融業務やマーケティングにどのように利用していくか、知恵の出しどころかもしれません。

　今後の注目は、スマートフォンを利用した簡単な決済サービスです。少額の決済をいかに簡単に行えるようにするのか。米国ではPayPalのような個人間決済の仕組みが広がってきていますが、今後日本でもこの流れは広がっていくことでしょう。新しい便利なデバイスが増えれば、それを利用した新しいファイナンスのサービスも開発され、そこでやりとりされる膨大なデータ分析によってさらに新しいサービスが考えられるようになります。ソーシャルレンディングと言われる、個人間でのお金の貸し借りを仲介するサービスなど、今までは考えられなかったようなサービスが広がる可能性があります。

◇　　　◇　　　◇

　銀行業務の中で、規制緩和による競争が一段と激しくなっている分野が、

住宅ローンです。銀行にとって、個人向けのローン業務、中でも住宅ローンはリテール業務の大きな柱のひとつになってきています。今までこの分野のメインプレーヤーは銀行と住宅金融公庫でしたが、最近はネット専業銀行の参入が目立ってきています。ネットだけで手続きが完結する仕組みなのでコストが下がるため、有利な金利を提供できます。住宅ローンは、ローンを借りる人の信用度の審査と担保となる物件の価値の評価が重要ですが、これらの手法はどこの金融機関でもそれほど変わらずに、差別化できる要素としてはコストの勝負となりつつあります。一方、個人のライフスタイルをきめ細かく調査して今までの日本の銀行が提供できていなかった新しい顧客層の取り込みを宣言した金融機関もあります。個人に対する信用リスクの審査に関してレベルの高い能力を持っているために、個人に応じてきめ細かな金利を設定できるのです。

例えば、女性がマンションを購入しようとした場合に1階の部屋だったら融資を行わない、という取り決めがあるという話を聞いたことがあります。女性が1階の部屋を購入するということは、そこに長く住むつもりがないはずで、途中で貸付金が回収できなくなる可能性も高いというのが理由のようです。同じ女性としては、女性だけがそのような不利な扱いを受けることに不満を感じます。これに限らずいろいろな過去の慣習に縛られる審査が残っているような状況ですから、新規参入組が食い込める分野はまだまだ残っているのです。

一方信託銀行は、今まで行ってきた富裕層向けの信託業務の実績を生かし、土地有効利用と不動産収入を目的としたアパートローンを積極的に展開しています。これは、不動産を所有する土地オーナー向けのローンで、その土地に賃貸物件を建てて定期的な不動産収入を得ると同時に、遺産相続の対策を行うことを狙いとしています。また、高齢者向けには、自宅を担保にしてお金を借りて老後資金とする仕組み（リバースモゲージローンと呼ぶ）を提供しています。今までの延長での住宅ローンではなく、新しい生き方のスタイルと関連したサービスが提供されつつあります。

◇　　◇　　◇

次は証券業界です。証券仲介が解禁になったことに伴って、銀行の囲い込み競争が激化しました。地方においてはその土地で昔から営業をしている地方

銀行がその地域で生活する人々の中心となっていて、信頼されているという状況があります。この顧客チャネルを取り込もうと、証券業界では地銀の取り込み競争が非常に激しくなっています。関連地方銀行と親密な関係を持っている三菱UFJフィナンシャル・グループの三菱UFJ証券や、みずほグループのみずほ証券が、地銀との提携に動いています。しかし今のところ、野村證券や大和証券のような大手証券会社が長い実績とノウハウを武器に、多くの地方銀行との提携を進めている状況です。

このような証券業界からの熱いアプローチを受け、銀行側でもリスク商品販売支援チームを立ち上げて、証券口座獲得に乗り出しています。投資信託の販売は、現物株式の仲介業務より一足早く始まっています。大手の地銀の中では、銀行とは別に証券会社を立ち上げて、富裕層向けの投資商品の販売はこの証券会社を通して行う、という動きもあります。このように銀行での証券仲介業が広まっているため、証券会社としては銀行では提供できない魅力的な商品開発が必要となっています。例えば、資産運用ニーズの高い顧客向けにオーダーメイドで商品を開発することが考えられます。著作物、アイデア、特許など無形なものも含めたあらゆる財産を証券化して販売流通させる仕組みを提供するというビジネスもあるでしょう。銀行よりは柔軟に商品の開発と提供ができる証券会社が狙える分野、と言えます。

今後は、金融商品について製造と販売が完全に分かれていくのではないか、と言われています。高度な商品や顧客ニーズにマッチした商品を開発して提供する金融機関と、すでにでき上がった商品をより多くの人に販売する販売特化型金融機関、というわけです。しかも、この販売特化型金融機関は本来の金融機関である必要はなく、いろいろな形の代理店であればよい、と考えられます。損保ジャパンは東京ガスと提携して、東京ガスの点検や作業を行う人が個人宅を訪れた際に、同時に火災保険の紹介をするという営業も始めています。金融商品の販売では、あらゆる機会を捉えて逃さない営業網を作ることが重要になります。

◇　　　◇　　　◇

ファンドビジネスの分野にも動きがあります。映画制作に投資するファンド、その年に収穫されて作られるワインに投資するファンド、風力発電事業

に投資するファンドなど、ユニークな商品が開発されて手軽に購入できるようになりました。このような特殊なファンドはリターンに未知数の部分がありますが、個々の顧客ニーズに応える商品開発という意味では、まだまだいろいろなファンドが考えられるでしょう。

最近特に注目されているのは、企業再生に関するファンドと不動産ファンドです。企業自体や企業の持つ不動産などの資産を買い入れて、再生したうえで価値を高めてから売る（エグジットする）ことで、大きな利益を上げるファンドです。この場合、金融機関は単純にお金を提供するだけではなく、実際の事業や不動産運営管理というようなビジネスの中身にまで精通し、それらの価値を実際に高める働きかけを行わなければ大きな収益を上げられません。地方銀行に求められているリレーションシップバンキングの構想も、地域の中小企業に単純にお金を貸すだけではなく、経営に関するアドバイスやコンサルティングを行いながらより深くお付き合いをしていく、というビジネスモデルです。つまり、顧客の事業内容や状況を表面だけで知っているのではなく、より突っ込んで知っていなければ債権を引き受けるという金融業務はできない、ということです。

バブル崩壊以降現在まで、ファンド分野で大きな取引で収益を上げたのは、外資系のファンド会社です。リップルウッド・ホールディングスが新生銀行の上場で得た利益は数千億円とも言われていますし、アメリカの投資ファンド会社ローンスターが筆頭株主となって同じく上場を果たした東京スター銀行も大きな利益を得ています。このような外資系ファンドは、「ハゲタカファンド」などとも呼ばれていますが、実際に企業としての再生を果たしてその後の事業も順調に伸びていることを見ると、やはり彼らの果たした役割は大きいと言えます。今までの日本の銀行では発想できない新しいアイデアを実践しながら、それが日本の顧客にも受け入れられるものであれば、新しい金融の流れができていくのかもしれません。

◇　　　◇　　　◇

個人や企業にとって、お金はそれ自体持っているだけで意味があるわけではなく、お金を使って初めて価値を持ちます。そのときに使う目的が必ずあるはずです。個人で言えば商品の購入代金や自動車購入時ローン、企業では事

業用設備の購入かもしれません。このように、お金が動く時には同時に商品やサービスも動きます。その場合に金融機関が、単純なお金の動きだけを扱っているようでは、取り残されてしまいます。このようなビジネスの動きにまで踏み込んだ、質の高い金融サービスを提供できるかどうかが、生き残りの大きなカギです。そして、そのための仕組み作りと有効なインフラ構築には、ITの技術力が必要です。金融大競争は、金融IT競争と言えるかもしれません。

8-2 金融エンジニアとして生きていくには

　みなさんは、なぜ金融エンジニアになったのでしょうか？ またはなろうとしているのでしょうか？ 金融が好きだからですか？ たまたま配属されたからですか？ 自分で希望して金融エンジニアになった人は、そんなに多くないかもしれませんね。

　では、そういう皆さんは今、充実して仕事をしていますか？ 金融エンジニアに限らず、仕事を成功させるカギは仕事を楽しむことです。楽しくない仕事は本人のためになりませんし、一緒に働くメンバーにも良くない影響を与えます。どんな仕事にも、必ず楽しみがあるはずです。その楽しみを見つけられるかどうかは、仕事のやる気に大きく影響します。もし、どんなに努力しても楽しみが全く見つからないのであれば、仕事を変わることをお勧めします。けれども、今まで多くの方とお会いしてきた経験から言うと、そういう人はどんな業種、どんな仕事をしても楽しみを見つけることはできない可能性があります。仕事に楽しみを見つけることも、とっても大切な能力のひとつなのです。

　金融エンジニアは、システムの納期厳守や仕様変更対応など、辛くストレスのある仕事状況が続くことが多いかもしれません。けれどもそれは、ある程度仕方のないことです。なぜなら、金融業界は、これまで述べてきたように、ものすごいスピードでダイナミックに変化しているからです。少しでも立ち止まっていると、競合相手に飲み込まれてしまうような環境にあるのです。そ

んな大きなうねりの中で、ユーザーと一緒に悩み考え、実行してみて、成功して、ある時は失敗もして…、という繰り返しを経験できることが、楽しくないはずがないと思います。決められた仕事だけを決められた時間にこなしていくのを期待するのであれば、金融エンジニアではない仕事を選んだ方がいいでしょう。

　エンジニアは、高度な知識と知恵を兼ね備えたスペシャリストです。多くのシステムベンダーは、人月単価を上げるために、ある程度の年数を経験した技術者には一律にマネージャーを名乗らせています。しかし、これは大きな間違いです。経験年数だけで、そのエンジニアの能力と価値が決まることはありません。あくまでもどれくらいのレベルのアウトプットが期待できるか、がすべてです。本当に優秀なエンジニアであれば、戦略系コンサルタント以上の単価でも仕事がどんどん来るでしょうし、エンジニアと言えるかどうかわからないようなレベルであれば、人月単価の減額要求がユーザーから来るだけでしょう。

　今も昔も、エンジニアやプログラマの人月単価を下げてほしいという強い圧力が、システムベンダーに対してユーザー側から出されています。これがなかなか解消しないのは、エンジニアやプログラマの質に問題があることも一因だと思います。最後は、どれだけのアウトプットが成果物として出てくるか、なのです。会社に属していようといまいと、そのエンジニアがユーザーから信頼されて高く評価されていれば、仕事が継続的に舞い込んで来ますし、最終的な成果物に対しての価値もしっかり評価されるはずです。エンジニアの仕事を「時間」で計る慣習は、絶対にやめるべきだと思っています。

◇　　　◇　　　◇

　金融エンジニアとして必要なことは大きく四つあります。

(1) 自分の付加価値を高める
(2) いろいろな経験を積む
(3) 提案できる力を持つ
(4) 素直になる

(1)の「自分の付加価値を高める」ということは、自分で自信を持って売りにできる知識や技術を獲得するということです。一人の人間が、業務知識もありコンピュータの知識も豊富で、なにからなにまでこなせるということはなかなかありません。そんなスーパーエンジニアにならなくても、あるひとつの分野でもいいので「これだけは誰にも負けない」というものを持っていると、それが売りになってビジネスが広がる可能性が高まります。それは、業務知識に限らずコンピュータのネットワークやセキュリティに関する知識でもいいのです。自分の売りを磨いて、それを自分の付加価値にするようにしましょう。全体がぼんやり光っているよりは、ある角度から見るとまぶしいほどの光を放つ玉になることを目指しましょう。単純なプログラミング作業は、すでに中国やインドのような海外の技術者の方がコストも安く品質もしっかりしたものを提供できるようになっています。あえて、日本国内で開発する必要はない時代です。そのような空洞化現象の中では、売りになるものを提供していくことしか生き残りはありえません。

　では、自分の付加価値を上げるにはどうすればいいでしょうか。若い皆さんであれば、最初に「こういうエンジニアになりたい」というモデルとなる先輩を見つけるのがいいかもしれません。そして、「なぜその先輩のようになりたいのか」と「自分がこうありたいと思う将来像イメージ」を照らし合わせて、これから特に伸ばしていくべき分野を絞ってみるのがよいでしょう。その時に気をつけるのは、今の自分の姿に囚われないことです。今の自分がどうであれ、あるべき姿を勝手に思い浮かべましょう。どんなに今の自分から遠くても一向に構いません。逆に、遠ければ遠いほどいいかもしれません。そのあるべき姿に向かって、計画的に獲得していくスキルや経験を考えてみることです。

　今の自分の姿を前提に考えてしまうと、それより少し成長した、実現性が極めて高い目標しか描けなくなります。実務家タイプの人にはよくあるケースです。けれども、これでは大きなスキルアップはありません。とにかく、大きくジャンプするためのあるべき姿を思い浮かべるようにしましょう。常に思い続けていれば、きっと望みの機会はやってきます。その時こそ、今まで蓄えていた自分の売りをすべて出すのです。チャンスは必ず訪れます。なんだか、いかがわしい占い師みたいですが、常に備えを怠らずに、その時が来るのを待

ちながら自分なりにしっかり準備をしつつ、その時が来たと思った時に即座に行動する、というのがよいと思います。

◇　　◇　　◇

　(2)の「いろいろな経験を積む」はその言葉の通りです。経験にまさる学習はありません。理論的なことばかりをこねくり回していても、実務では全く使えないということがよくあります。それは「現場を知る」ということです。できるだけ、いろいろな経験を積むことをお勧めします。

　そして、失敗の経験を大切にしましょう。失敗は、そのときの本人にとってはとても苦しい経験ですが、その次の仕事の中で生かしていくことができる貴重なものです。重要なのは、そのときに周りがどう動いてどう対処したのか、です。同じ失敗を繰り返さないようにすることはもちろんなのですが、エンジニアにとってはそれ以上に「対応の仕方」を学ぶということも大切です。

　金融エンジニアがかかわる仕事では、ひとりだけで仕事をするというケースは少なくて、ある程度の人数でチームを組んで行っている場合が多いでしょう。そんな中で、だれかの失敗をだれがどんな風に解決したのか、ユーザー側とはどう連絡・調整をしたのか、という対応がカギです。失敗しないのに越したことはないですが、システムがうまく動かなかったり、仕様を勘違いしていたりすることは、避けられるものではありません。そういう時に、リーダーや先輩がどのように行動して問題点を解決したのかは、今後ITエンジニアとしての振る舞い方の参考になるはずです。若い時には手本となるモデルを早く見つけて、自分に取り込めるところはどんどん真似をしていきましょう。もし、モデルとなる人が見つからないようなら、そのプロジェクトは失敗する危険性があります。注意しましょう。

　経験を積むことで獲得できるもうひとつの知恵は「システムの勘所」です。「ここはちょっと問題が発生するかもしれない」とか、「この部分はもう一度詳細にレビューしておこう」とか、そういう「勘」です。優秀なエンジニアには長年の経験と勘で、問題が起こりそうな箇所が事前に分かることが多くなっています。問題が起こりそうな箇所が事前に分かっていれば、重点的な監視と事前準備によって、大きな問題に発展する可能性を減らすことができます。優秀なエンジニアがプロジェクトを成功に導けているのは、プロジェクト全体

を見回して、どこにどんなリスクがありそうかを素早く把握できるからだと思います。残念ながら、システムの勘所は経験からしか獲得できません。そこで、なるべく多くの経験をして、いろいろな失敗も味わいながら「勘」を養っていく必要があるのです。年齢が上がっていくと、失敗を経験するのが体力的にしんどくなってきます。若いエンジニアの皆さんは、自分を守ることを第一に考える古い体質に染まらずに、積極的にお客様の前に出て、いろいろな経験をしてください。

◇　　◇　　◇

(3)の「提案できる力を持つ」は、自分の付加価値を高めたうえで初めて獲得できるものです。提案できるということは、ユーザーの置かれている環境や状況、ユーザーが抱える問題点や解決すべきポイントがわかっているということです。あなたの顔見知りであるベンダーの営業マンは「こういうパッケージシステムがあるけれども、いかがでしょうか？」とか、「なにかお仕事ありませんか？」という、御用聞き営業をしていませんか。そういう営業で受注したとしても、それはたまたま運が良かったからにすぎません。ベンダー側から、ユーザーの抱える問題解決の提案ができなくては、本当の営業ではないと思います。

システムを知っていて、しかもお客様の問題点や課題点もわかる人が、システムを作って売る、のが理想的です。このように考えると、問題解決ができるハイレベルのエンジニアは、実は最高の営業マンにもなれるのです。システムの勘所さえわかっていれば、システムの詳細をすべて理解しておく必要はありません。お客様の状況がどのような状況にあり、なにが問題点かをよく知る機会がある位置にいれば、次にどのような提案すればよいかがわかるはずです。エンジニアの皆さんは、時には営業にアドバイスをするくらいの積極さで動いてほしいと思います。

ただ、ユーザーへの提案を、自分たちのすごさをアピールする場だと勘違いしているエンジニアをよく見かけますので注意しましょう。確かに、自分たちの経験や技術をアピールしたい気持ちはわかりますが、本当にお客さんが求めているものが何なのかがよくわかっていない、自分本位のプレゼンになっている場合があります。このようなプレゼンは本当に時間の無駄です。アピー

第 8 章　一流の金融エンジニアを目指そう！

ルしたことで満足したエンジニアだけが幸せになる最悪のプレゼンです。特にいままでの経験に自信があるエンジニアほど、こういうワナに陥ってしまう傾向にあります。提案は「まずお客様ありき」です。お客様に響く話ができなければ全く意味がありません。したがって、エンジニアはプレゼン能力を磨くことも重要な課題です。

◇　　　◇　　　◇

　最後に、(4)の「素直になること」です。これにはいくつかの意味があります。ひとつは、失敗をした時には素直にそれを認めることです。「そんなこと当たり前だろう」と思うかもしれませんが、これが意外に難しいのです。特に自分の技術にプライドを持っている技術者は、非常に大きな問題になるかもしれないプログラムのバグを見つけると、すぐに調査や修正に取り掛かろうとします。バグの報告をする前に黙々と調査を始めたり、いきなり修正作業を開始したりします。自分の責任は自分で取る、あるいは自分のミスを公表したくない、ということなのでしょうが、これは間違っています。

　それが開発フェーズであれば、そのバグやそれに対する修正が、ほかのモジュールやサブシステムに影響を与える可能性を考えなければなりません。すでに運用フェーズにあるならば、ユーザーに連絡して、業務を一時中断してもらう必要があるかもしれません。影響を受けるのはあなた一人ではないのです。素直になるという意味は、間違いやミスは潔く認めて、すばやく関係者が情報を共有できるようにすること、です。

　こんな若手のエンジニアがいました。練習のために単純な利息計算のプログラムを作ってもらったのですが、どうも日数の数え方がおかしくて正しい答えが返ってこないのです。日数計算のロジックを聞いてみると、システムの持っているシステム時間からいろいろ計算をして日数計算をしているらしいのです。これには驚きました。4月2日から5月2日までは何営業日あるのか、というような計算をするだけだったので、事前にはあまりていねいにプログラムの作り方をすり合わせていませんでした。これが悪かったのかもしれません。1年の各月が何日かの簡単なテーブルを持って、あとはうるう年のロジックと休日かどうかを判定するロジックを入れればでき上がり、だと思っていました。

　システム時間は、秒より細かい単位で時刻をカウントしています。この情

報を足したり引いたりして、結局よくわからない計算を繰り返す難解なロジックになっていたのです。一番悪いことは正確な日数計算ができない、ということでした。もっと誰にでもわかるシンプルなロジックに変更するように言うと、なんと彼は「せっかくこの方式でここまで作ったのだから、これを直したい」と言うのです。何が成果物として求められているかよりも、今までの自分の努力を無駄にしたくないという思いが強かったのでしょう。プログラムの作り変えを説得するのにかなりの時間をかけなくてはなりませんでした。彼は自分でこうと思ったロジックを貫きたかったのかもしれませんが、仕事は目的を達成しなければ意味がありません。自分の気持ちを抑え、それを納得する、という素直さが、エンジニアの仕事には不可欠です。

　また、やはり業務は現場のユーザーの方が一番良く分かっている場合が多いです。どんなに本などで勉強しても、実際のマーケットに関わってビジネスをしている金融機関の現場の方しかわからないこともたくさんあります。ですから、金融機関側に常駐してそこでの現場のノウハウを獲得するために修行をすることも、金融エンジニアのキャリアパスとしてとても重要なことです。そんな時には、現場で学べるだけ学ばせてもらいながら、自分にできることでしっかりその現場で結果を残す、という意識が大切です。受け身にならず、どんな仕事も与えられたチャンスととらえるような前向きな気持ちを持ってください。

　最後にもうひとつ大切な素直になるという意味は、「本当につらくなったら、躊躇なくマネージャーに報告すること」です。エンジニアはまじめで一生懸命に仕事をすることが多いので、自分ではどんなにがんばってもこなしきれない仕事でも、できないと言えずに抱え込んでしまう傾向があります。前にも書きましたが、エンジニアの仕事は楽な仕事ではありません。それにしても個人の許容量には限界があります。自分で「限界を超えそうだな」と思ったとき、「もうこれ以上は無理」と思ったときには、とにかく一度ちょっと仕事を止めてマネージャーやそのほかの人に相談してみましょう。仕事のために自分を壊してしまってはなにも意味がありません。「この人はちょっとお休みすべきではないか」という状況が周りから見えた場合には、声をかけてあげることが必要かもしれません。エンジニアは、いろいろなストレスを抱えて仕事をしていま

す。このような仕事を、刺激を楽しさと感じながら進めていくためには、休息の時間が絶対に必要です。時々は自分をリフレッシュするような工夫と時間を持つことも、心がけてください。

◇　　　　◇　　　　◇

　いろいろ書いてきましたが、ぜひとも言いたいのは、こんなにドラスティックで刺激にあふれる業界で、しかも成長著しいITを売りに仕事ができることは、すばらしいチャンスにあふれている、ということです。そのチャンスを利用して、果敢に挑戦していくべきです。しかも、売り物は「自分の価値」なのです。自分でどこまでできるかが勝負できる、厳しいけれどやりがいのある分野です。

　いろいろつらいこともあるでしょう。悔しいことや納得できないことにもめぐり会うでしょう。けれども、それはきっと貴重な経験として、必ず何年後か何十年後かの自分に良い形で戻ってきます。金融エンジニアは一度始めたらやめられなくなる職業だと私は思っています。これを機会に、さらに皆さんのスペシャリティを高めていっていただければうれしいです。楽しんでください！

索　引

数字・英字

1本 — 99
401k — 21
ABL (Asset Base Lending) — 17
ACT (Actual) — 99
ALM (Asset Liability Management) — 158
ATM (At the Money) — 78
BIS 3次 — 113
BIS規制 — 110
Black=Scholes式 — 139
BPV (Basis Point Value) — 169
CB (Convertible Bond) — 59
CD取引 — 54
CLS (Continuous Linked Settlement) — 154
CMS (Cash Management System) — 126
CP取引 — 55
CRM (Customer Relationship Management) — 197
CVA (Credit Value Adjustment) — 107
DF (Discount Factor) — 137
DVP (Delivery Versus Payment) — 155
EBM (Event Based Marketing) — 196
EDINET — 115
FB取引 — 54
FIX (Financial Information eXchange) — 132
FRA (Forward Rate Agreement) — 73
FRN (Floating Rate Note) — 58
Future — 70
FX取引 — 27
HFT (High Frequency Trading) — 129
ITM (In the Money) — 78
JGB (Japanese Government Bond) — 58
JOM (Japan Offshore Market) — 53
Libor (London InterBank Offered Rate) — 91
MCIF (Marketing Customer Information File) — 122、195
MTM (Mark to Market) — 101、166
NISA — 34
NPV (Net Present Value) — 169
O/D (Over Draft) — 37
OIS (Overnight Index Swap) 金利 — 138
OMS (Order Management System) — 132
O/N (Over Night) — 97
OTC取引 — 50
OTM (Out of the Money) — 78
PTS (Proprietary Trading System) — 130
PV (Present Value) — 167
RAROC (Risk Adjusted Return on Capital) — 180
RTGS (Real Time Gross Settlement) — 151
SECE (Secure Electronic Commerce Environment) — 123
SFA (Sales Force Automation) — 197
SMA (Separately Managed Account) — 203
S/N (Spot Next) — 97
SSL (Secure Socket Layer) — 123
STP (Straight Through Processing) — 157
SWIFT (Society for Worldwide Interbank Financial Telecommunication) — 65、154
TB取引 — 55
Tibor (Tokyo InterBank Offered Rate) — 92
T/N (Tomorrow Next) — 97
T+n — 156
VaR (Value at Risk) — 112、180

索引

あ行

アウトオブザマネー	78
アウトバウンド	122
アウトライト取引	66
アカウントアグリゲーション	125
アクチュアリー	31
アスク	64
アセットアロケーション	34
アットザマネー	78
アメリカンタイプ	80
アモチ	94
アルゴリズムトレーディング	129
イールドカーブ	133
板	61
インカムゲイン	61
インザマネー	78
インストアブランチ	19
インターバンク市場	49
インバウンド	121
インベストメントバンク	27
売現先	55
運用サイド	8
運用利回り	88
営業日	96
エキゾチック	76
円転取引	69
円投取引	69
オープン市場	49
オフショア	53
オプション	78
オペレーショナルリスク	109
オン中バッチ	162
オンバランス/オフバランス	41

か行

買現先	55
回号	58
外国為替円決済システム	153
外国為替証拠金取引	27
外国通貨建て	64
カウンターパーティーリスク	138
格付け	44
格付け機関	45
額面金額	58
カストディ	157
片端	96
株価指数	75
株価指数先物	74
株式市場	50
カラー	82
為替スワップ取引	66
還元帳票	147
勘定起票	146
間接金融	10
ガンマ	174
基幹系システム	118
期間損益	148
機関投資家	8、34
逆ザヤ	31
キャップ	82
ギャップ分析	168
キャピタルゲイン	61
金融コングロマリット	17
金融商品取引法	114
金融ビッグバン	6
金利先物	72
金利スワップ	75
クーポン	50
クォート	72
グリークレターズ	173

229

クレジットデフォルトスワップ	107
クレジットライン	130
クロスレート	66
計算誤差	87
現在価値	167
現先取引	55
原資産	74
権利行使価格	78
コールオプション	79
コール取引	52
コールマネー	52
コールローン	52
公社債市場	50
公正価値算定	105
行動経済学	203
国債	58
固定金利	89
後場	61
コルレス銀行	41
コンファメーション	132
コンプライアンスチェック	132

さ行

債券先物	73
最終利回り	90
裁定取引	68
先物	66、70
差金決済	71
サブプライムローン	208
シータ	175
時価会計	101
時価評価	101、166
直物	66
自国通貨建て	64
自己査定	107
自己資本	110

資産担保証券	209
市場リスク	108
実現損益	100
時点ネット決済	151
シニア債	207
ショート	80
償還	58
証券化	209
証券仲介業	25
証券保管振替機構	155
譲渡性預金	54
商品勘定	103
情報系システム	119
所有期間利回り	90
仕訳	146
新BIS規制	112
新株予約権付債券	59
新現先取引	56
シンジケートローン	157
新日銀ネット	152
信用リスク	106
スウィープ	25
ストレートボンド	59
ストレステスト	176
スプレッド	31、64
スポット	97
スポットイールドカーブ	134
スポット取引	66
スポットレート	134
スワップ	74
スワップション	83
政府短期証券	54
セカンダリーマーケット	43
積数	94
セルサイド	32
ゼロクーポン債	58
ゼロレートカーブ	134

全銀システム ……… 153
センターカット ……… 162
前場 ……… 61
想定元本 ……… 70
即時グロス決済 ……… 151
ソブリン債 ……… 108

た行

ダイレクトチャネルセンター ……… 126
短期国債 ……… 55
短資会社 ……… 52
単利 ……… 88
チケット ……… 131
調達サイド ……… 8
直接金融 ……… 10
通貨先物 ……… 74
通貨スワップ ……… 77
ティック ……… 72
手形取引 ……… 53
手仕舞う ……… 71
デフォルト ……… 112
デュレーション ……… 170
デリバティブ ……… 70
デルタ ……… 173
デルタ法 ……… 184
転換社債 ……… 59
東京オフショア市場 ……… 53
東京金融先物取引所 ……… 51
統合AIMスイッチングサービス ……… 153、161
当座貸越 ……… 37
当座預金 ……… 37
投資勘定 ……… 103
投資信託 ……… 32
当初証拠金 ……… 71
登録国債 ……… 155
トランシェ ……… 207

取引所取引 ……… 50
ドルコール取引 ……… 53

な行

内部格付け手法 ……… 112
日銀オペ ……… 55
日銀当預 ……… 150
日銀ネット ……… 150
値洗い ……… 71
ノンバンク ……… 32
ノンリコースローン ……… 39

は行

パーイールドカーブ ……… 134
バイサイド ……… 32
発行市場 ……… 43
半日物 ……… 98
ビジネスマッチング ……… 17
ビッド ……… 64
評価損益 ……… 100
標準的手法 ……… 112
標準物 ……… 74
ファームバンキング ……… 126
ファンド ……… 32
フェイル ……… 98
フォワードレート ……… 130
複利 ……… 88
プットオプション ……… 79
プライベートバンク ……… 202
プライマリーマーケット ……… 43
プライムレート ……… 91
振決国債 ……… 155
プレーンバニラ ……… 76
プレミアム ……… 78
ブローカー ……… 52

フロア	82
ベーシスポイント	73、76
ペイオフ	38
平残	94
ベガ	175
ヘッジ	103
ヘッジ会計	103
ヘッジファンド	34
変動金利	89
変動証拠金	71
変動利付債	58
ポートフォリオ	181
ホールセール	13
ポジション	131
ほふり	155
ボラティリティ	140

ま行

マーケットメーカー	58
マスタートラスト	20
マチュリティーラダー表	158
末残	94
未収未経過処理	147
メガバンク	15
メザニン債	207
モンテカルロシミュレーション	186

や行

約定	61
ユーロ	53
ヨーロピアンタイプ	80
与信	12
四本値	61

ら行

ラップ口座	203
リース	33
リスク	11
リスクアセット	110、179
リスクファクター	177
利付債	58
リテール	13
リバースモゲージ	217
利回り	90
流通市場	43
流動性リスク	109
両端	96
利率	90
リレーションシップバンキング	17
劣後債	208
レポ取引	56
レンタル	33
ローリング決済	156
ロウソク足	61
ロング	80

わ行

ワラント	59
割引債	58
割引率	137

著者プロフィール

土屋清美（つちやきよみ）
株式会社 Sound-F　代表取締役社長

電通国際情報サービスで、主に銀行向けのバックシステムやミドルシステムなど、大規模プロジェクトに従事。特に、マーケットリスク関連プロジェクト（BIS対応）や日銀決済関連プロダクトのプロジェクトマネジメントを担当。
その後、株式や債券、不動産を含む資産管理運用ソリューションの企画営業をベンチャー企業で経験した後、2006年6月に株式会社Sound-Fを設立。
データに基づいた定量的な解析手法をベースとして、難しい（本当はそれほど難しくない）金融商品やサービスを、一般消費者に向けてわかりやすく理解し納得してもらえるようなサービスを中心に、証券会社や銀行に複数導入している。最近は、不動産ファンド・REITのアセットマネジメントのパッケージの展開や、市場系・デリバティブ・リスク管理のプロフェッショナルコンサルティングサービスをメガ金融グループ関連に提供。
http://www.sound-f.jp/

協　　力──大和田尚孝
イラスト──新田優子
装　　丁──折原カズヒロ
制　　作──クニメディア株式会社

本書は、2008年6月23日発行の『基礎から学ぶSEの金融知識　改訂版』の一部を加筆・修正し、新しい書名で発行したものです。

ITエンジニアのための金融知識

2013年11月25日　　初版発行

著　者●土屋　清美
発行者●高畠　知子
発　行●日経BP社
発　売●日経BPマーケティング
　　　　〒108-8646　東京都港区白金1-17-3
　　　　　　　　　　NBFプラチナタワー
　　　　http://ec.nikkeibp.co.jp/
印　刷●図書印刷株式会社

本書の一部あるいは全部について、日経BP社から文書による許諾を得ずに、いかなる方法においても無断で複写、複製することを禁じます。
購入者以外の第三者による電子データ化および電子書籍化は、私的使用を含め一切認められておりません。

Ⓒ 2013　土屋清美　Printed in Japan　ISBN978-4-8222-9561-5